中華文化思想叢書

由「命」而「道」
——先秦諸子十講（修訂版）

上冊

黃克劍　著

目次

上冊

下冊

總序

　　國學是中國傳統學術的簡稱，它應該是包羅宏富的。其中，以孔孟為代表的儒學，以老莊為代表的道家以及諸子學，以屈宋為代表的楚辭學，以左遷為代表的史學，以韓柳歐蘇為代表的文章學，以《詩經》、樂府、李杜韓白蘇辛周姜為代表的詩詞學，以周程張朱為代表的理學，以關王白馬高孔洪為代表的曲學，以《三國演義》、《水滸傳》、《紅樓夢》為代表的小說學，還有其餘相關的如古文字、音韻、訓詁學、目錄版本學等諸種學問，應該是國學的主要內涵。我們的國家是偉大的多民族團結融合的國家，我們不能把國學局限於某一局部，這是顯而易見的。同時，國學也不是凝固、僵化的，而是隨著歷史的進步在不斷豐富發展，唐代的國學總比秦漢要豐富，後代往往勝過前代，國學經典著作的解讀，也隨著時代的進展而有所深化、有所革新，國學的典籍、文獻資料也有所擴展增添。近百年來，大量甲骨文的發現，青銅銘文的發現，戰國秦漢魏晉南北朝簡牘、古籍的發現，敦煌寶藏大量經卷典籍的發現，西部大量古文書簡的發現，不是使我們的國學、我們傳統文化的內容都大大地豐富了嗎？使我們對自己的文化傳統有了更深一步的認識和了解嗎？所以，國學是我們整個中華民族的民族精神、民族思想、民族意志的共同載體，是我們偉大中華民族的精神長城，是我們偉大民族頂天立地的思想根基、力量根基，也是我們不可被戰勝的強大自信力量的源泉。

　　從內容上看，國學與傳統文化部分內容是重疊的，但國學並不能

完全等於傳統文化研究。西方文化進入以前，中國已經有兩千年以上的學術文化傳統，形成了一個自己的體系。在西方文化大舉襲來的情況下，近代中國產生了「國學」的觀念，來應對西方文化進入後的文化格局，作為一個與西學、現代學科相區別的一個分類，來指稱中國傳統的學術。而「中國傳統文化」的觀念，其範圍就廣得多，既包括學術的形態，也包括非學術的形態。也就是說，「中國傳統文化」要比國學的內涵大，國學是一種特殊的「中國傳統文化研究」。從研究的態度上看，國學的特殊性首先是對中國傳統文化的自覺擔當意識。搞國學的人之所以要研究中國傳統文化，不是為了個人的生計、名利，也不是為了某種具體的功利，而是要自覺地擔當起保護、弘揚中國傳統文化的使命。古代先哲「先天下之憂而憂，後天下之樂而樂」的精神境界，「濟世安民」、「修身、齊家、治國、平天下」的治學宗旨，應該首先得到繼承和弘揚。在研究方法上，國學研究不排斥學習、借鑒、引進外來的研究方法，但更強調對傳統研究方法合理因素的吸收和繼承，或者說，它是在傳統的訓詁、考據、義理、詞章方法基礎上，去吸收、融合西方現代的學術研究方法。之所以如此，是因為國學不僅是在現代西學衝擊下對固有知識體系的一個簡稱，同時也因為這個固有的知識體系裡面它有一些內在的脈絡，一些固有的體系結構，而對此是不可以用西方文史哲的研究方法來簡單處理的。相反，只有既立足於中國學術傳統，又具有現代學術意識，才有可能在國學研究中作出突出貢獻。

中國人民大學國學院自2005年創辦起，一直受到社會各界的關注，這既是鼓勵也是鞭策，要求我們必須更好地工作，不辜負時代的要求、人民的希望。近三年來，我們循序漸進，擇要取精，在教學、科研上對國學進行了有益的探索。我們不提倡對「什麼是國學」作定義式的討論，甚至陷入曠日持久的爭論之中，而是鼓勵我們的老師在

教學、科研中去摸索國學的基本內涵，搞清國學自身的規律及特點。
讀者看到的這套「國學研究文庫」，便是中國人民大學國學院部分老
師的研究成果，同時也收入了一定數量來自社會的稿件，每部稿件都
經過專家的嚴格審定，達到了該領域的較高水準。本文庫將每年推出
幾部，希望能持之以恆，積少成多，對方興未艾的國學事業添磚加
瓦、推波助瀾。

馮其庸

2008年4月3日

初版自序

在「先秦諸子思想」作為一門課程為漢語言文學專業的研究生們講授了八次後，我應劉景琳先生之約，把遺忘中先後留住的那些話語連綴成這部書稿。它多少借用了講演錄的體例，卻並沒有貪圖時行的錄音整理的方便。這是一次勉為其難的嘗試，原想在盡可能淺近地陳述讀解古籍的心得時，盡可能少地失去唯有曲盡其致的雅語才足以涵養的那份神趣，但臨到遣詞造句才知道這對於我終究還是力不應心。

大約十五年前，我由考尋當代新儒學思潮的淵源開始回味那個產生過孔孟老莊的時代。無可名狀的向慕之情中多了幾分敬畏和羞愧，一個早就過了不惑之年的學人第一次帶著切己的生命遭際問訊於往古聖哲時的心境是親切而緊張的。我曾迂回到柏拉圖的直逼「理念」的「中的標準」（Medium）以反觀孔子的「中庸」之道，也曾借重康得的起於「好的意志」的「至善」去探詢儒者「明明德」而「止於至善」的心靈消息，但在最初的那些年裡，見諸文字的多是西學的討究，而透露我對原始儒道思索蹤跡的就只有《〈周易〉經傳與儒、道、陰陽家學緣探要》和《孔子之生命情調與儒家立教之原始》了。近十年來，又一次的執教生涯把我放置在兩種大得多的張力下，這張力一在於學術運思的跨度，一在於學人良知與學術生存環境的抗衡。前者從我先後講授過的五門課中的兩門課可約略窺見——這兩門課是「現當代西方文論專題」和「先秦諸子與中國人文精神」；後者卻多少吐露在我應邀撰寫的一篇學術隨筆中，那文字中有這樣一段話：

「名、利在通行的評價體制內的直言不諱使學人委身為欲望的奴隸，學術在遺忘了它的天職後遂變為學者們沽名釣譽的場所：從馬克思那裡討學問的人，不再記得這位哲人的『要直撲真理，而不要東張西望』的告誡，言必稱孔孟的那些心性之學的祖述者，竟至會淡忘了那『羞惡』、『辭讓』之心；修西學的人固然陌生了耶穌的境界和蘇格拉底的風骨，而操著魯迅口吻動輒嘲人以『正人君子』之流者，自己卻成了真正的『小人』。」毋庸贅說，這兩重張力以迥然不同的方式成全了我同「先秦諸子」的宿命般的學緣。

與蘇格拉底前後的古希臘哲學處在同一時代等高線上，蜂起於春秋戰國之際的諸子之學為中國的人文運會養潤了生生不已的靈根。對「生」的眷注是深藏在中國初民心底的最動情的祕密，到了老子和孔子出現時，這在往後依然持續著的眷注的焦點發生了意味深長的轉換──這轉換可一言以蔽之為：由「命」而「道」。這之前，牽動著生死、利害的「命」意識是籠罩一切的；這之後，伴隨卻又穿透著命運感的「道」把人們引向心靈境界的提升。「道」是諸子絕唱這篇大詩的詩眼，從這裡看入去，可分辨出老、莊以「道法自然」所「導」──「道」亦或作「導」──於人的是「致虛」、「守靜」、「無為」、「復樸」的人生價值取向，可領略到孔、孟以「道（導）之以德」所指點於人的是「善」、「信」、「美」、「大」、「聖」這一「文質彬彬」、由「仁」而「聖」的心性陶養之途；墨家的「兼相愛，交相利」固然是以「天志」（「道」的別一種命名）為最後依據對世人所立的一種教化，而法家在把「道」化作「南面之術」（「人主之道」）後所自覺致取的是「富」國「強」兵以雄視天下的功利效果；甚至惠施的「合同異」、公孫龍的「離堅白」之類「琦辭」、「怪說」也在有著特定價值內涵的「道」的燭引下「欲推是辯」以「化天下」，而以「尚德」對「數術」作了點化的陰陽家在重新理會那無從擺脫的

「命」時也由衷地矚望於「道」。

　　「道」並不是半個多世紀來被人們說濫了的所謂「規律」，也決不可比附於以「不可挽回的必然」過重地牽累了古希臘人的「邏各斯」（λόγος）。正像路的拓闢和延伸只在行路人的腳下，「道」只在致「道」者真切的生命祈向上呈現為一種虛靈的真實。只有詩意的眼光才能發見詩意，歷史中的良知也只有當下的良知才能覺解；在諸子不得已留下的言詮中與「道」相遇，乃在於以本己的生命體悟默然契接那有過至深體悟的生命。無疑，不論是傳世文獻還是出土文物，都只能活在富於生命感的闡釋中，闡釋者從闡釋物件那裡所能喚起的是闡釋者自身生命裡有其根芽的東西。虛靈的人文傳承也許在於生命和歷史的相互成全——以盡可能蘊蓄豐贍的生命由闡釋歷史而成全歷史，以闡釋中被啟動因而被昇華的歷史成全那渴望更多人文潤澤的生命。我稱這種使生命和歷史有可能相互成全的研究方法為生命化的方法。誠然，這方法同歷來對學術的功利經營無緣，它承諾著歷史的生機，亦當求證於生命的歷史。

克　劍

2006年3月13日於北京遠郊

「學」在先秦的自覺

——從史巫之學到致道之學

（修訂版序）

　　這是一部還算走運的書，在由線裝書局出版四年後，又為中國人民大學出版社所看重。書的改版使我有機會對原版中的訛誤和疏漏略作勘正和修飾，也使我得以趁著字句的斟酌再度回味那個出現在兩千多年前而至今仍令人驚歎的諸子蜂起的時代。而且，為我所樂意的是，我正可借此就「學」的自覺的話題追寫一段文字，以修訂版序的方式補述正文的未盡之義，並多少對「學」在當下塵海中的遭際——其愈益被了解為知識的記誦或技藝的襲取因而愈益為牽累於功名利祿的欲念所驅使——向有緣者作一種警示。

　　從一定意義上說，有了文（文籍）獻（賢者）就有了「學」。「學」的本字「敩」在甲骨文中已見雛形（𢍰，𡴎），但其或可能指示某種祭祀活動，或用於人名[1]，學之為學的含義尚在朦朧處醞釀中。「惟殷先人，有冊有典」[2]，這「冊」、「典」當指甲骨卜辭、刻辭的有序輯集，而卜辭、刻辭及其有序輯集即隱示著學問意趣上的「學」的初萌。占卜意味著以趨利避害為祈求的華族先民對人難以操

---

[1]　參見徐中舒主編：《甲骨文字典》，348-349頁，成都，四川出版集團四川辭書出版社，2006。

[2]　《書·周書·多士》。

控的某種神祕力量的叩問，正是這叩問培壅了「學」的最初的根荄，
儘管先民們因著那神祕力量而漸次產生的「命」意識這時還若現若
隱、茫昧不清。

「《易》之興也，其當殷之末世，周之盛德邪？」[3]產生於殷周之
際的《周易》樸訥而虛靈，其以「陰」、「陽」交感所演繹的一即是
多、多即是一的象徵系統，紹述了殷人由神話花蒂而來的「帝」崇拜
中隱含的尚「生」意識，延續了占卜之「學」的一線之脈。它不曾徑
直提出「陰」、「陽」的概念，但「--」、「—」涵藏並默示了可表之以
「陰」、「陽」而不盡於「陰」、「陽」的微旨。「一陰一陽之謂道」[4]，
這說法雖出於詮釋《易經》的《易傳》，然而以此概括「易」趣推演
的總體格局及寓於其中的盎然「生」意則至為貼切。「易」之趣致首
在於變易，變易的原由乃在於「陰」、「陽」兩種性態或勢用的交感，
而「陰」、「陽」交感所引致的變易中所默運著的卻是一種「生生」的
幾賾。《易》以「人謀鬼謀」[5]《易‧繫辭下》。見用於占筮，只是吉
凶休咎的卜問畢竟繫著「天地絪縕，萬物化醇，男（陽）女（陰）構
精，萬物化生」[6]境遇下的非可究詰的機緣。陰、陽相摩相濟以使森
然萬象生生不已誠然有其常則，但這常則並不就是定命；它為人乃至
他物在一定境況中的可能選擇留下了或大或小的餘地，同時也因此使
選擇者遭逢種種未可逆料的或然情境。境遇的或然在中國先民那裡催
生了沉重的「命」意識，儘管這「命」與古希臘人所篤信的「命運」
迥然有別。古希臘人心目中的「命運」，用伊比鳩魯的話說，乃是一

3　《易‧繫辭下》。
4　《易‧繫辭上》。
5　《易‧繫辭上》。
6　《易‧繫辭上》。

種「不可挽回的必然」[7]。相對於「命運」這一「不可挽回的必然」，殷周之際的中國人所關注的「命」的或然性要大得多。古希臘的自然哲學——從泰勒斯提出「水是萬物的始基」的命題到德謨克利特一味稱述其渦旋運動的原子論——雖有人的命運關切的背景，但所探討的「始基」是純然客在或先在於人的，中國古代「命」意識下的「人謀鬼謀」則始終有人的參與。單是因著這一點，中西之學在源頭處即已有了微妙的分別。

以占筮方式卜問運數以作人事決斷，這關係到天人之際的學問構成中國獨特的史巫之學。史巫之學亦可謂史、巫、祝、宗之學或祝、宗、卜、史之學；巫、祝、宗、卜、史之職分皆與占卜（占筮）、祭祀相繫，其所司所問即構成當時最切要的學問。此之為學雖繁瑣龐雜，但其初衷終在於人生有待處的趨利避害、葆任生命。卜筮、祭祀之所祈不外生存際遇中的可能大的福佑，而總會帶給世人以生機的鬼神上帝的可取悅、可憑靠則是巫、史、祝、卜、宗從來就篤守不疑的信念。《尚書》、《國語》、《山海經》等典籍都曾記述「絕地天通」的上古傳說，其中《國語》所載楚國大夫觀射父在回答楚昭王詢問時對這一傳說的敘述最為詳盡。其云：「古者民神不雜。……及少皥之衰也，九黎亂德，民神雜糅，不可方物。夫人作享，家為巫史，無有要質。民匱於祀，而不知其福。烝享無度，民神同位。民瀆齊盟，無有嚴威。神狎民則，不蠲其為。嘉生不降，無物以享。禍災薦臻，莫盡其氣。顓頊受之，乃命南正重司天以屬神，命火（北）正黎司地以屬民，使復舊常，無相侵瀆，是謂絕地天通。」[8]事實上，這裡所謂「古者民神不雜」只是託古以達到當下目的的一種說辭，「民神雜

7　〔古希臘〕伊壁鳩魯：《致美諾寇的信》，見北京大學哲學系外國哲學史教研室編譯：《古希臘羅馬哲學》，369頁，北京，商務印書館，1961。

8　《國語·楚語下》。

糅」、「民神同位」而「夫人作享，家為巫史」才是有權力「絕地天通」者要解決的問題。傳說中的故事是無從考稽的，但它當是某種境況透過社會意識之棱鏡時的折射。換句話說，以天人交通為務的巫、史、祝、宗之術曾有過一個從不同群落各是其是到權力集中的官府對其規範齊一的過程，史巫之學在公例意味上成其為學時業已是官家之學。

兩周之際而至春秋末造，史巫之學的主導地位漸次為致道之學所取代，與之同步的是卜命的數術見絀於問道的教化。這時，堪以「軸心時代」[9]之聖賢相稱的老子、孔子出現了，可視為典型的中國式思想範疇的「道」被提了出來。「道」是對通常所謂「道路」向著形而上的昇華，也是對春秋後期流行的「天道」、「人道」等說法的哲理化。「道」有「導」意；在老子那裡，它貫洽天地萬物，以「法自然」[10]為人默示一種虛靈的生命境界。老子以「素」、「樸」論「道」，也以「素」、「樸」說「德」，他引導人們「見素抱樸」[11]、「復歸於樸」、「復歸於嬰兒」[12]，所「道」（導）之「德」超越世俗功利而一任「自然」。這由「自然」之性分引出的「道」，已不再像先前人們分外看重的「命」那樣使人陷在吉凶休咎的考慮中，而是啟示人們「致虛

9　此為二十世紀德國哲學家雅斯貝斯語。雅斯貝斯說：「看來要在西元前500年左右的時期內和在西元前800至前200年的精神過程中找到這個歷史軸心。正是在那裡，我們同最深刻的歷史分界線相遇。我們今天所了解的人開始出現。我們可以把它簡稱為『軸心期』。」（〔德〕雅斯貝斯著，魏楚雄、俞新天譯：《歷史的起源與目標》，7-8頁，北京，華夏出版社，1987）他指出，正是在這一時期，印度、中國、古希臘分別出現了佛陀、孔子、蘇格拉底這樣的可視為人類之導師的聖哲。

10　《老子》二十五章（《老子》引文以王弼《道德經注》為底本，參以馬王堆出土帛書甲乙本、郭店楚墓竹簡本，下同）。

11　《老子》十九章。

12　《老子》二十八章。

極，守靜篤」[13]以脫開一切外在的牽累。比起老子來，主張「道之以德」[14]的孔子顯然更可比擬於「軸心時代」出現在古印度的釋迦牟尼、出現在古希臘的蘇格拉底、出現在古猶太的耶穌。他由內在於人心的那點「仁」的端倪、由人的性分之自然提升出一種應然的「仁」的價值，從老子所說「道法自然」的那個「自然」出發，卻不停留在「自然」處。從人的性分之自然引出「仁」，這很像蘇格拉底在古希臘哲學中所做的那樣，「求援於心靈的世界，並且到那裡去尋求存在的真理」[15]；從明證於人心的「仁」的根芽自覺地導引出「仁」而「聖」的虛靈之境以確立和弘揚一種「道」，這又很可以與蘇格拉底從人心中經驗到的「美」、「善」、「大」的觀念導引出「美本身」、「善本身」、「大本身」[16]相比擬。蘇格拉底的學說以人的「靈魂的最大程度的改善」[17]為宗趣，而孔子「志於道，據於德，依於仁，游於藝」[18]所要確立的又正是所謂「成德之教」或「為己之學」，即一種成全人的道德品操的教化或一種為著每個人切己地安頓其心靈的學問。如果說蘇格拉底前後古希臘哲學命意的演變可一言以蔽之為「從『命運』到『境界』」，那麼，老子、孔子前後古代中國人心靈眷注的焦點的轉換正可一言以蔽之為「由『命』而『道』」。

與「道」的觀念的確立相應，孔、老之後的「學」的趨尚已漸次由史巫那樣的數術轉向「為道」或「致道」。在此同時，「學」之為

---

13 《老子》十六章。

14 《論語‧為政》。

15 〔古希臘〕柏拉圖：《斐多篇》，見北京大學哲學系外國哲學史教研室編譯：《古希臘羅馬哲學》，175頁。

16 同上書，176頁。

17 〔古希臘〕柏拉圖：《申辯篇》，見北京大學哲學系外國哲學史教研室編譯：《古希臘羅馬哲學》，149頁。

18 《論語‧述而》。

「學」本身也愈益臻於自覺。孔子於《易》有「吾求其德而已，吾與史巫同途而殊歸者也」[19]之說，其實，曾為「周守藏室之史」而終於「自隱」做了「隱君子」[20]的老子與囿於數術的史巫們又何嘗不是「同途而殊歸」。老子「尊道而貴德」[21]，孔子「志於道，據於德，依於仁，游於藝」，皆以「道德」為其學說之要歸。儘管老子的「道德」在於「法自然」，孔子的「道德」終究「依於仁」，但無論是「法自然」還是「依於仁」，都是對當下塵垢世界之利欲奔競的脫開或超出。孔門「志於學」固然在於「學以致其道」[22]，而老子所謂「為學日益，為道日損」[23]看似將「為學」與「為道」對置，卻也同樣是在喻示一種「為道」之「學」。其所稱人「法地」、「法天」、「法道」、「法自然」，乃是要人取法「自然」的「作而弗始，生而弗有，為而弗恃，功成而弗居」[24]，這「弗始」、「弗有」、「弗恃」、「弗居」，一言以蔽之即是「不爭」——不為個我乃至族群、人類的一己之利欲而爭。老子強調「學不學」[25]，其「不學」之「學」即是「自然」之「學」，而「法自然」則正可謂「學」（「法」）那「不學」的自然。不過，老子除宣導「絕仁棄義」、「絕巧棄利」外，畢竟也主張「絕聖棄智」、「絕學無憂」[26]。「絕學」之說使老子之學置自身於一種難以自解的悖論中：人「法地」、「法天」、「法道」、「法自然」是人自覺地

19 《馬王堆帛書‧要》，見《道家文化研究》第三輯，435頁，上海，上海古籍出版社，1994。
20 《史記‧老莊申韓傳》。
21 《老子》五十一章。
22 《論語‧子張》。
23 《老子》四十八章。
24 《老子》二章。
25 《老子》六十四章。
26 《老子》十九章。

「法」，自覺地以「自然」為「法」，而趨於「自然」則已不再是本來意義上的自然而然的「自然」；老子以其「若反」之「正言」[27]曲盡不可道之「道」的玄致，沒有對人生的究竟有所覺識並且因此對前人留下的人世滄桑的道理有所「學」而不可想像。以其飽學誨人以「絕學」是老子之學的自相扞格，這扞格表達了道家在消極意味上所達到的「學」的自覺。

與老子大相徑庭，「學」的自覺在孔子這裡更富於積極意義，這「學」的自覺與孔子之學本身全然相應。孔子「好學」以至於「學而不厭」[28]而作「學而時習之，不亦說乎」[29]之歎，顏回「好學」以至於「一簞食，一瓢飲，在陋巷，人不堪其憂，回也不改其樂」[30]，但孔子自稱非「多學而識之者」[31]，其所學乃一以貫之於「道」。孔子不像老子那樣排斥「學文」，只是他所謂「學文」總是關聯著「學道」的，因此他的「講學」並不脫開「修德」、「聞義」以「遷善」[32]。「仁」、「知」、「信」、「直」、「勇」、「剛」是心靈可感通的人們普遍認同的六種德行，人們因其各自的氣質，或更大程度地「好仁」，或更大程度地「好知」，或更大程度地「好信」、「好直」、「好勇」、「好剛」，這固然是情理中當有的事，但如果只是一味滯留在為氣質所左右的「好」上，不以後天的「學」更準確地把握各種德行應有的分際，那就有可能使這些原本可稱道的德行生出相應的弊端，所以孔子分外強調說：「好仁不好學，其蔽也愚；好知不好學，其蔽也蕩；好信不好學，其蔽也賊；好直不好學，其蔽也絞；好勇不好學，其蔽也亂；好剛不好

---

27 《老子》七十八章。

28 《論語‧述而》。

29 《論語‧學而》。

30 《論語‧雍也》。

31 《論語‧衛靈公》。

32 《論語‧述而》。

學，其蔽也狂。」[33]孔子如此勸勉人們以「好學」輔正對六種德行的所「好」，誠然重在啟示各趨一偏的所好者學「禮」——這從他所謂「恭而無禮則勞，慎而無禮則葸，勇而無禮則亂，直而無禮則絞」[34]可以得到印證，但對於他說來，這並不落在「玉帛」之表的「禮」從來都是統攝於其「朝聞道，夕死可矣」[35]的那種「道」的。為孔子所創始的儒家之學是從人的生性或天性——「天命之謂性」[36]——處說起的「為仁」之學，亦即「為人」之學，這把「仁」而「人」、「人」而「仁」在人的生命踐履中「合而言之」[37]以求其極致的學問自有其道：人唯有「學道」才能「弘道」，亦唯有「弘道」才能「學道」；「道」在人的「學」而「弘」之中對於人呈現為「道」，人在「學道」、「弘道」中成其為人。

與「學」之「為道」或「致道」取向形影相從，「學」本身的內涵或「學」之為「學」的意趣在孔子的時代亦臻於確定。《說文》釋「學」：「學，篆文『斅』省」，「斅，覺悟也」[38]。《白虎通義》云：「學之為言覺也，以覺悟所不知也。」[39]《廣雅》釋「學」：「學，覺也。」[40]《廣韻》亦釋「學」：「學，覺悟也。」[41]不過，此所謂「覺」或「覺悟」絕不是離群索居者的苦思冥想所能奏效的，所以《廣雅》又釋「學」：「學，效也。」[42]「效」不是為效而效的那種外

---

33 《論語・陽貨》。

34 《論語・泰伯》。

35 《論語・里仁》。

36 《禮記・中庸》。

37 《孟子・盡心下》。

38 《說文解字》卷三下。

39 《白虎通義・辟雍》。

40 《廣雅・釋詁四》。

41 《廣韻・覺韻》。

42 《廣雅・釋詁三》。

在模仿，而是為了「覺」，因而「效」的過程也即是「覺」的過程。誠然，以「覺」或「覺悟」釋「學」是漢以降的儒者之所為，但「學」之「覺」義則確已見之於春秋戰國之際的典籍。

「覺」意味著所「學」對於「學」者的心靈有所默示而對其生命有所觸動，這「學」而「覺」之的企求決定了自覺於春秋戰國之際的中國人的學問的精神性狀。它的重心不落於知識的記誦，也不落於概念的推理。老子、孔子之學皆可謂「為道」或「致道」之「學」，而「道」決不就是可為言詮所條分縷析的知識。當老子說「道可道，非恒道」[43]時，他所告誡於人的當正如莊子所謂「道不可聞，聞而非也；道不可見，見而非也；道不可言，言而非也」[44]，但不可「聞」、「見」、「言」的「道」終是可以心「覺」而意「悟」，否則他便不必以洋洋五千言道其所不可道，言其所不可言了。老子於其「道」必有所「覺悟」，他道其不可道之「道」亦必有冀於他人對此「道」有所「覺悟」，這是以先覺點化後覺。如此點化即是一種「教」，儘管老子稱其為「不言之教」[45]；領受如此點化而終於對先覺之所覺有所「覺」即是一種「學」，儘管老子倡說的是「學不學」。人「法地」、「法天」、「法道」、「法自然」之「法」乃為效法，亦未嘗不可逕稱之為「效」，但人果能效法「自然」而得其真際，必在其「效」、「法」中會對「自然」所以為「自然」有所「覺」——此「法」此「效」而此「覺」正是「學，覺也」之「學」。老子施教，或對「道」之性態「強為之容」[46]，或設譬以喻而對「道」之玄致婉轉開示，其「正言若反」卻又處處誘人「覺」其「道」而「悟」其「德」。老子「絕

---

43 《老子》一章。
44 《莊子‧知北遊》。
45 《老子》二章、四十三章。
46 《老子》十五章。

學」以「學不學」而終於成其一家之學，此學重「覺悟」而厭棄「一察」之識，卻亦畢竟可「學」。

孔子之「道」植根於人心之「仁」而弘大於「為仁」之人，「道」、「仁」雖不遠人，但領會「仁」之為「仁」、「道」之為「道」卻不在於人的辨析，而在於人之「覺悟」。不像老子那裡「為學」與「為道」終有所隔，孔子隨處稱舉「學」卻總在於「為道」，這「學」是別一種價值取向上的「覺悟」之學。孔子誨人「學道」、「為仁」多以「近取譬」[47]為教，從不訴諸「名」、「言」的界說。諸多弟子問「仁」，孔子從未給出過某個可誦記的齊一答案，其種種隨機指點只是要不同的問疑者在「求諸己」的具體情境中對於「仁」有所省覺或有所體悟。孔子施教的另一重要方式為品題人物以對其弟子或時人作「為仁」、「學道」的範本引導。「人能弘道」，「道」必呈現在人的自覺「為仁」的踐履中。據此，孔子得以理所當然地把對難以言傳的「仁」、「道」的疏解轉換為對那些在為「仁」致「道」上具有範本作用的人的評說。未可盡言的「仁」、「道」在被品題的人物──諸如顏淵、仲弓、閔子騫、伯夷、叔齊、泰伯、文王……──那裡生命化了，那些「志於仁」、「志於道」者有可能從認可和效法如許範本人物的過程中獲得關於「仁」、「道」的啟示。這由「效」而「覺」正是孔子所要宣導的儒家之「學」。子夏所謂「賢賢易色，事父母能竭其力，事君能致其身，與朋友交言而有信。雖曰未學，吾必謂之學矣」[48]，是對這由「效」而「覺」之「學」的印可，孔子所謂「君子哉若人（子賤）！魯無君子者，斯焉取斯」[49]，正可說是對這由「效」而「覺」之「學」的點破。

---

47 《論語‧雍也》。

48 《論語‧學而》。

49 《論語‧公冶長》。

「古之學者為己，今之學者為人。」[50]孔子這句託重古人以強調「學」而「為己」的話是就儒家之學旨歸於人的心靈境界的提升而言的，老子不曾有過類似的說法，但道家之學的趣致依然在於人的靈府的安頓。儒、道兩家致「道」而立「教」皆有其毫不含糊的價值取向，價值棄取並非完全與認知無緣，但其最終須待心靈的「覺悟」，亦須由這「覺悟」引出那見之於生命踐履的信念上的決斷。儒家「依於仁」，道家「法自然」，孔老雖價值異趣，卻都因其價值追求而使其學同為「覺」或「覺悟」之學。「道」在春秋戰國之際作為系著人生終極趣向的虛靈而至高運思範疇的出現，標誌著中國歷史文化的「軸心時代」的蒞臨，它從大端處決定了往後的中國學術或學問──近現代中國人稱之為「國學」──的非以邏輯思辨為能事的「覺悟」的品格。

兩漢之際傳入中國的佛教以「佛」為「覺者」，這同先秦以至西漢諸子以「覺」為「學」之底蘊的學術趨求不期相應。自此以降，儒、佛、道三教由其相異而相通所構成的張力決定了中國之學重修己、重「覺悟」的主導走向。始自清末民初，傳承兩千多年的故有之學的「覺」的性狀被以知解、分析為能事的學尚所遮蔽，而利欲驅動下的近代西方主流科技在創造了前所未有的物用上的奇跡後，也使為它所引領的當下世界文化陷入危機。來自多方面的警示是嚴正的，人類或當鬆開過重的功利化、操作化的執著，在對人文運會的嬗變作更深永的反省時重新認可「學」的「覺」或「覺悟」的品格。誠然，這「覺」或「覺悟」可不必局守於非對待性向度上的心性修養，但當其被推擴到對待性向度上的文化創造時，它亦意味著對這創造所取方向、途徑的眷注與裁度。真正的進取永遠離不開富於歷史感的回溯，有著

學以致其道傳統的中國自應為自己因而也為人類找回那深植於諸子蜂起之際的運思靈根。這是「覺」的學緣的接續，是古今生命的相契，它把一種不無悲劇感而未可推諉的人文使命賦予了當代中國學人。

克 劍

2010年4月20日於北京遠郊

第一講
緒論：中國的「軸心時代」

　　以中國古代學術為話題作系列演講，這對於我還是第一次。演講的總題目是「由『命』而『道』」，現在開始第一講：「中國的『軸心時代』」。

　　在對「軸心時代」作必要的破題解釋之前，我想就我所主張的先秦諸子研究說幾句剖白性的話。這些沒有經過嚴格邏輯斟酌的話可以歸置在這樣一個標題下──

一種生命化的研究方法

　　提起「先秦諸子」，人們自然會想到老子的「道可道，非恒道」、孔子的「人能弘道，非道弘人」或公孫龍的「白馬非馬」、韓非子的「抱法處勢」一類說法，這些說法把我們引向一個兩千二百多年前的時代。歲月默默地覆蓋著歷史的足跡，一切都顯得那麼邈遠而朦朧！通常人們總是憑藉傳世文獻或出土文物去問訊那個似乎早就同我們陌生了的世界，這當然並沒有錯，問題只在於問訊者是否能讓這些文獻和文物真正在自己的心靈中蘇醒。對於一個精神貧乏的人說來，他面對的歷史總是貧乏的；一個自身生命強度不足的人，永遠不可能使文獻或文物所默默顧念著的那個世界煥發生機。這裡，我想申明的是，我所主張的先秦諸子研究，決不是撇開文獻和文物去另謀蹊徑，我不過是要強調，研究者和研究物件的真正相遇只在於一種生命的溝通。一個研究者在研究物件那裡喚起的是他自己生命中有其根芽的東西；

他不能無中生有，這「有」既是對研究物件而言，更是對研究者自身而言。只有詩意的眼光才能發現詩意，只有良知不曾沉睡的人才能從歷史人物那裡體悟到時間永遠帶不走的良知。胸中塞滿機心的人從歷史中撿到的只會是權謀的垃圾，把心思和聰明全都用在利害計算上的人，滿眼看去，這人間世從來就只有過一種被看重的價值——牽動著每個人的攫取欲望和角逐衝動的功利價值。其實，不論我們自覺與否，我們每一個人都在以自己的方式塑造著人的形象，並且以這形象為人生理由到歷史中尋找印證。對於意識到這一點的人來說，重要的當然不在於如何從中擺脫出來以便使自己獲得一種純粹「客觀」的視野，而是在於如何正視這種對歷史訴諸切己生命的闡釋，從而讓盡可能不落於狹隘的生命成全歷史，讓在闡釋中被昇華著的歷史成全生命。我稱這種使生命和歷史有可能相互成全的研究方法為生命化的方法。

生命化的研究方法不再作「主觀」和「客觀」的截然二分。它立於生命實踐，否認人的闡釋之外還會存在某種物自身式的歷史或「客觀」的歷史自身，但指出所謂客觀的、絕對的歷史自身的虛妄，並不就是對歷史理解上的相對主義或虛無主義姿態的讓步。這種方法所確立的一個信念是，闡釋者對歷史所作的賦有個性的闡釋，同時即可能是一種對歷史的合於「公意」的闡釋。「公意」不是一般所謂多數人同意那種意義上的「眾意」；「眾意」屬於經驗範疇，「公意」意味著對受經驗局限的「眾意」的超出。「眾意」不免壓抑或否定個性，「公意」和個性卻往往能夠相互成全。孟子在談到孔子「作《春秋》」這件事時說，《春秋》之作，「其事則齊桓晉文，其文則史。孔子曰：『其義則丘竊取之矣』」[1]。依我的理解，孟子這段話不外講了兩層意

1　《孟子・離婁下》。

思：一層意思是，《春秋》所以為《春秋》，固然在紀「事」、屬「文」方面得益於魯國的原始紀事文獻，但重要的還在於一種「義」的賦予。就是說，《春秋》所述說的那段歷史所以是一段可理解的歷史，是因為它被賦予了一種意義（「義」）。另一層意思是，隱貫在《春秋》中的「義」是孔子「竊取」的，「竊取」之謂強調了孔子賦予「春秋」以意義的個人性，換句話說，孔子修史是盡其人文教養而秉其個性而為的。《春秋》之「義」不是基於經驗中的多數人的同意，而是孔子富有個性的斷制，但這種個性非但不落在一己的偏私上，反倒比經驗中的所謂多數人的同意更接近或更能體現不為經驗所限的「公意」。清代史學家章學誠指出：「史所貴者義也，而所具者事也，所憑者文也。」這看法與孟子一脈相承，因此，他也斷言：「史之義出於天」[2]。他說的這個「天」略相當於「天理」，不是神祕的天的啟示，而是一種可親證於人的真切心靈的「公意」，也就是孟子所說的「盡其心者，知其性也；知其性，則知天矣」[3]的那個「天」。我們不能說這個「公意」意味上的「天」或以「天」相稱的「公意」是離開人的賦義行為的「客觀」存在，也不能說它仍在「主觀」的窠臼中，因而只是那種經驗的多數人的同意（「眾意」）的同義語。

　　以個性切近「公意」的生命化的方法，顯然不是那種僅限於操作的單純技巧，它要求研究者應具有盡可能健全、盡可能深厚的生命局量。陸游論詩有「汝果欲學詩，功夫在詩外」之說，他所說的詩外的功夫其實就是人的生命養潤、陶煉的功夫。研究中的詩意——創造性——的獲得，一如詩的創作，在表層的技巧性操作後面真正起作用的是由養潤和陶煉功夫而來的那種生命的感悟。純粹技術性的考證在人文領域是不存在的，考證的緣起、考證過程的延伸及對考證結果的

2　章學誠：《文史通義・史德》。
3　《孟子・盡心上》。

運用都會牽連到必要的價值選擇和想像力所由發動的心靈的敏感，這
選擇和敏感追到根底處，總與研究者的生命格局有關。十多年前，我
在為一篇譯作寫的序言中說過這樣的話：「知識若沒有智慧燭照其
中，即使再多，也只是外在的牽累；智慧若沒有生命隱帥其間，那或
可動人的智慧之光卻也不過是飄忽不定的鬼火螢照……讀柏拉圖或者
正像讀孔孟一樣，需要有『得意忘象』的功夫；文字最表層的『知
識』對於為知識輸入活力的『智慧』原只是一種『象』，同樣，湧動
在智慧中的『生命』才是智慧的真正的『意』。文字中寓著哲人的靈
魂，它須得當下的運思者的靈魂去呼喚。對於那些認定古哲的靈魂早
就死去的人說來，那靈魂果然是死了；對於那些確信那靈魂就在意境
的『燈火闌珊處』的人說來，它竟或就會在你『驀然回首』的剎那如
期而至。神的契入是決定性的，但同一個有深度的靈魂交往必要有與
之相稱的靈魂的深度，否則，解剖靈魂同解剖被靈魂遺棄的死屍並無
二致。」[4]我那時說這段話，是要表明一種讀解古人著述的態度，現
在看來，這些話正可以用來作為我所謂生命化的研究方法的注腳。人
文學術研究的生命化，說到底就是用靈魂呼喚靈魂，喚醒文字中棲居
的靈魂不僅需要呼喚者有一份相應的生命的真切，而且需要呼喚者有
一種盡可能無愧於被喚靈魂的生命的分量。要是借用當今學界流行的
一個語彙表達，生命化的研究當然也可以理解為某種「對話」，但這
「對話」是靈魂的交際或生命的相遇。

　　一個研究者如果試圖借著對蕪雜的知識碎片的拼接或連綴走近先
秦諸子，他也許一開始就同他想要接觸的物件隔膜了。換一種方式，
如果求諸生命的感通，他反倒可能發現，兩千多年前的諸子其實離我
們並不遠。例如，儒家人物所說的那種「差等」之「愛」。孔孟都講

4　黃克劍：《尋求虛靈的真實》，見〔古希臘〕柏拉圖著、黃克劍譯：《政治家》，1-2
　　頁，北京，北京廣播學院出版社，1994。

「親親」，講「親親」必然使儒家推重的人與人之間的「愛」顯出一種「差等」來，於是我們現代人往往出於對平等意識的認同，指責這種承認差等的愛失於褊狹。實際上，我們這樣責備儒家所講的愛是誤解了儒家，這誤解的發生不是由於道理的講求不夠審慎，而恰恰是因為過多地拘泥於道理。「愛」首先是一種情感，不是一種知識或一種道理。一個人愛他的父母，愛他的親人，這種親自己親人的「親親」原是極自然的事，是不需要別人告訴他這樣的愛有什麼道理的，儒家講「愛」就是從這個極自然的地方講起。但從「親親」講起，並不意味著就停留於「親親」，儒家也講「泛愛眾」，講「老吾老以及人之老，幼吾幼以及人之幼」。「泛愛」一點也不比墨家當年講的「兼愛」或現代人講的「博愛」來得狹隘，只不過老「人之老」、幼「人之幼」是從「老吾老」、「幼吾幼」推擴出來的，這一推擴就顯出先後的「差等」來。但這個意義上的「差等」不是更合於情感的自然和生命的真實嗎？試想，給一個心智初開的孩子講「愛」，如果一開始就把「愛」講成一種道理，要這孩子愛天下所有的人，那會是一種什麼樣的效果呢？反過來，如果先從情感上誘導，問他愛不愛自己的父母，讓他從他對父母的「愛」那裡體會「愛」是什麼，然後再告訴他應當像愛自己父母那樣愛天下和自己父母一樣的人，那效果又會怎樣呢？顯然，後一種「愛」的講法是有「差等」的講法，但這有「差等」的講法不是更順情入理、更能見出「愛」的真切和「愛」的天趣嗎？「愛」是一種生命體驗，不是生命之外的知識或道理。儒家講「愛」是直接發自生命的，我們領會儒家學說中的「愛」，同樣需要投諸生命。就整個先秦諸子的學說而言，這當然只是一個個例，但從這個個例多少可以窺知生命化的研究方法何以更能使我們切中先哲情思中的那點真趣。

　　現在我們進入正題，從容來說「軸心時代」。

　　任何一個文明發祥較早並在此後以其最初成就持久地參與了人類
文化創造的民族，都有過這樣的時代：它之前的所有時代都向著它而
趨進，似乎都在為它的到來做一種準備，它之後的所有時代又都一次
次地回味於它；這時代儼然是它前後那些時代環繞的軸心，二十世紀
德國哲學家雅斯貝斯意味深長地稱它是──

人類文化史上的「軸心時代」

　　在這個可以「軸心」相喻的時代，東西方民族都曾出現此後的人
們再也難以企及的偉大聖賢或哲人，如中國的孔子、印度的釋迦牟
尼、猶太人中的耶穌、古希臘的蘇格拉底。這些聖賢或哲人把那個時
代會聚的精神陶煉為一種生命的智慧，為他們所在民族確立了從那時
以來一直作著文化創造的價值神經的人文教化。如果用比較文化學的
眼光去看，「軸心時代」所確立的教化雖然無不帶著民族的印痕，卻
都有著對於整個人類文化史來說更普遍的意義。它們的共通底蘊在
於，先前人們只是更多地顧念人的可能的「命運」，而這之後，人生
當有的精神「境界」開始成為人們的又一重終極眷注。大體說來，
「命運」問題是「人從何處來，又向何處去」的問題，「境界」問題
是「人生的意義何在」──由此引申出人應當如何理會當下而又超越
當下──的問題。這兩個問題是從人生的終極處問起的，因而構成人
生其他一切問題的輻輳。「軸心時代」的聖哲們第一次把人生「境
界」問題啟示給了人們，這意味著對「命運」意識的某種超越──儘
管「命運」問題並未就此隱去，但往後，人們對「命運」的尋問再也
脫不開對「境界」的關切。
　　在把「命運」、「境界」問題引入先秦諸子研究之前，我想先簡略
地談談發生在「軸心時代」的古希臘哲學和猶太教向基督教的轉進，

借此作一種鋪墊和可能的印證。

依哲學史家們的慣常說法，古希臘早期哲學的運思興趣多在於「自然」，只是在蘇格拉底（或更早些的「智者」們）之後，哲學才把更大的熱情投向「人」。其實，真正確切的判別也許應當是這樣：古希臘哲學的命脈自始即是為人所牽動的，不過它的前期所關注的是人的難以自作宰製的命運，因而在一味向外追問時有了種種宇宙論的懸設；從蘇格拉底起，哲學的智慧開始留意人的境界，它把人的「心靈的最大程度的改善」確定為自己的職分。西方哲學的第一個命題是古希臘七賢之一的泰勒斯提出的，他說：「水是萬物的始基。」這個命題當然不能用實證科學的方法去考辨，它說出的是後來由赫拉克利特作了概括的「一切是一，一是一切」的道理。泰勒斯之後，繼起的希臘哲學家幾乎沒有人繞過「始基」的話題，只是他們都對萬物的「始基」重新作了確認。阿那克西曼德說，萬物的始基是「無限」；阿那克西美尼說，萬物的始基是「氣」；畢達哥拉斯說，萬物的始基是派生了「數」的「一元」；赫拉克利特說，萬物的始基是在一定分寸上燃燒、在一定分寸上熄滅的「火」。直到蘇格拉底的同時代人德謨克利特，對「始基」的探究還在繼續，這位著名的原子論者認為，萬物的始基是「原子」。沒有任何一位哲學家對萬物始基的認定與另一位哲學家一致，但「始基」本身的存在卻一直被「始基」的不同釐定者所認可。這裡，重要的並不在於「水」、「火」、「氣」、「無限」、「一元」、「原子」等哪一個更應該被確指為萬物的始基，而在於「始基」本身的被確指。前蘇格拉底時代古希臘哲學的全部隱祕都凝集在「始基」上，然而，到底應該怎樣去破解這個隱祕呢？在很長時間裡，人們習慣於從認識論的角度把對始基的探討看做對所謂世界的統一性的尋找，並且由此引出對哲學家們作「唯物」、「唯心」的判分，例如，泰勒斯說了「萬物的始基是水」這樣的話，就把泰勒斯判為素

樸的唯物論者，因為在做這種判分的人看來，水屬於物質。但是，泰勒斯在說「萬物的始基是水」的同時，也還說過「世界是有生命的，並且充滿了神」，這又該如何解釋呢？「始基」當然可以了解為認識上的一種懸設，不過，為什麼哲人們要作這種懸設而不作另一種懸設，這卻是不能不尋問的。就我的研究所得，我更情願去抉發蘊涵在「始基」中的人文意識，我以為，這種人文意識即在於最早的哲人們對人和人棲居其中的世界的「命運」的關注。其實，阿那克西曼德在講到「無限」是萬物的始基時就說過：「萬物由之產生的東西，萬物又消滅而復歸於它，這是命運規定了的。因為萬物在時間的秩序中不公正，所以受到懲罰，並且彼此互相補足。」[5]他是第一個明確說出「始基」的「命運」祕密的人，這之後，畢達哥拉斯、赫拉克利特都說過類似的話。畢達哥拉斯在斷言「萬物的始基是一元」的同時，曾強調說「一切都服從命運，命運是宇宙秩序之源」[6]，而赫拉克利特也一再指出：「火產生了一切，一切都復歸於火。一切都服從命運。」「神就是永恆的流轉著的火，命運就是那循著相反的途程創生萬物的『邏各斯』。」[7]前蘇格拉底時代的希臘哲學家們向著「自然」尋求萬物的「始基」，說穿了是對他們所確信的在宇宙中安排一切的「命運」的窺探。「始基」看似純粹的自然哲學的一種設定，但給了這設定以人文神經的是「命運」。作為「一種不可挽回的必然」[8]的「命

5　北京大學哲學系外國哲學史教研室編譯：《古希臘羅馬哲學》，7頁。

6　同上書，35頁。

7　同上書，15、17頁。

8　伊壁鳩魯：「就是聽從那些關於神靈的神話，也比作自然哲學家們所主張的命運的奴隸好得多；因為神話還給我們指出一點希望，可以借崇拜神靈而緩和神靈的震怒，至於命運則對於我們顯得是一種不可挽回的必然。」（〔古希臘〕伊壁鳩魯：《致美諾寇的信》，見北京大學哲學系外國哲學史教研室編譯：《古希臘羅馬哲學》，369頁）

運」意識，在古希臘人那裡是強烈而持久的，這可以從比哲學發生早
得多的希臘神話和英雄傳說那裡得到印證。從泰勒斯到德謨克利特，
前蘇格拉底哲學的問世和演變正好與希臘悲劇在埃斯庫羅斯、索福克
勒斯、歐里庇得斯那裡達到它的巔峰的時期相應，因此，尼采也稱前
蘇格拉底時代的哲學為「悲劇時代的希臘哲學」。「命運」觀念在希臘
悲劇中的貫穿是一個明顯不過的事實，前蘇格拉底時代的希臘哲學脫
不開「命運」的干係即使從與它相伴隨的希臘悲劇那裡也可以得到相
當的理解。當悲劇在歐里庇得斯那裡再次攀上令後人歎為觀止的高度
後，這種為古希臘贏得了持續驕傲的藝術終於漸次走向衰微。尼采把
這衰微歸咎於歐里庇得斯，並認為在歐里庇得斯後面真正起作用的神
祇既不再是酒神狄俄尼索斯，也不再是太陽神阿波羅，而是一個完全
新生的異教之神，那就是蘇格拉底。尼采的結論是偏頗的，它卻歪打
正著地印證了一個事實，這即是，希臘悲劇賴以延續的「命運」線索
在蘇格拉底時代中斷了。

　　「命運」是一種他在的緣由，探求這神祕的緣由勢必使人的眼光
一味向外投射；蘇格拉底為哲學指示了另一個方向，他讓心靈的智慧
之光反觀自照。蘇格拉底哲學的最親切之處在於對人的心靈的信賴，
能夠體證和反省「美」、「善」、「大」（「偉大」）等價值的人的心靈在
他看來正是通向所謂世界目的或宇宙心靈的要津。他年輕時也曾像談
論「始基」的先輩哲人那樣追問宇宙自然的究竟，不過他相信，世界
的最終原因也應當是世界的最後目的。阿那克薩戈拉用「心靈」
（νοῦς「奴斯」）解釋世界，蘇格拉底一度被這安排世界的「心靈」
所吸引。據說，阿那克薩戈拉《論自然》的著作寫得很美，開篇便是
「宇宙在混沌中，然後有『奴斯』（『心靈』）出，對萬物加以安排」
這類充滿詩意的話。但他所推重的「心靈」最後還是讓蘇格拉底失望
了，——蘇格拉底認為，既然世界是由「心靈」安排的，那就理應對

這個世界作出好、比較好或更好的安排，然而阿那克薩戈拉的「心靈」猶如人體的植物神經，它安排世界並不作「好」與「不好」的價值承諾。這時的蘇格拉底擯棄了一切外騖的方法，開始從一個完全相反的方向為困惑中的思考尋找出路。他沒有棄置所謂世界的最後原因於不顧，而只是把這原因同時也看做理由或目的，並從人的心靈對「好」──「美」、「善」、「大」（「偉大」）等──的感受昇華出那個可作為世界的最後目的的「好」。蘇格拉底打過一個有趣的比方，這個比方被許多研究古希臘哲學的專家們忽略了，它卻明白不過地述說著打比方者的獨闢蹊徑的思考。這個比方說：通常人們觀察日食總是眼睛直視太陽，這既看不清楚，也會因為過強的日光刺激損傷了眼睛，而最好的觀測日食的辦法，是利用水一類的媒介物察看日食在其中的投影，看投影會看得很真切，卻又不會使眼睛受傷。蘇格拉底借日食的比喻所要說的哲學方法與前人迥然不同，他稱其為「求援於心靈的世界，並且到那裡去尋求存在的真理」[9]。他是從一個具有不證自明性的地方闡述自己的哲學道理的，如果用二十世紀現象學家胡塞爾的話說，這樣做即是「回到事情本身」。依蘇格拉底的觀點看，泰勒斯以來的哲學家們以「水」、「無限」、「氣」、「一元」、「火」、「原子」等為萬物的「始基」，都只是一種沒有明證性的設定，帶有很大的武斷成分。哲學家們如此設定其哲學體系的第一個命題是被當作不必追問理由的擬制來對待的，但這類擬制也往往難以留住人們對它的持久的莊嚴的注意。蘇格拉底撇開這一類擬制，他讓自己的道理從一個無可懷疑、明證無誤處說起。他提醒人們同他一起留心這樣一個事實：只要我們切身反省一下自己，每個人都會發現自己心靈中有對

9　〔古希臘〕柏拉圖：《斐多篇》，見北京大學哲學系外國哲學史教研室編譯：《古希臘羅馬哲學》，175頁。

「美」的東西、「善」的東西、「大」（「偉大」）的東西的嚮往，這個
「美」、「善」、「大」（「偉大」）的觀念是明證於每個人的心靈的，它
在我們心中有不證自明的根。不過，蘇格拉底沒有停留在這裡。他認
為，雖然我們每個人心裡都有「美」、「善」、「大」（「偉大」）的觀
念，這些「美」、「善」、「大」（「偉大」）的觀念卻也因此都是有局限
的。我們每個人畢竟在一種有限環境中生活，在一定的時空裡延續自
己的生命，生命和生活環境的被局限註定了每個人所體會到的
「美」、「善」、「大」（「偉大」）總是不完滿的。但既然我們意識到了
自己心中的那個「美」、「善」、「大」（「偉大」）的觀念不完滿，那就
意味著我們對完滿的「美」、「善」、「大」（「偉大」）有一種期待和嚮
往。這正像我們看到了日食在水中的投影就會想到日食本身那樣，我
們從我們每個人心中有局限的「美」、「善」、「大」（「偉大」）去祈想
完滿的「美本身」、「善本身」、「大（偉大）本身」，而只把我們心中
的不完滿的「美」、「善」、「大」（「偉大」）的觀念看做那完滿的「美
本身」、「善本身」、「大（偉大）本身」在我們每個經驗的人心中的投
影。於是，蘇格拉底就此提出了他的哲學的第一命題，這即是：「假
定有像美本身、善本身、大（偉大）本身等等這類東西存在。」[10]儘
管這裡是以明確的「假定」說出「美本身」、「善本身」、「大（偉大）
本身」的，但如此「假定」卻與「水是萬物的始基」那樣的未以假定
的口吻說出的假定不同。對「美本身」、「善本身」、「大（偉大）本
身」的「假定」，不過是對明證於每個人心中的「美」、「善」、「大」
（「偉大」）的觀念向著完滿的「美」、「善」、「大」（「偉大」）的提
升。這提升是順著人的心靈的合乎情理的嚮往的，不是由外在權威對

---

10 〔古希臘〕柏拉圖：《斐多篇》，見北京大學哲學系外國哲學史教研室編譯：《古希
　　臘羅馬哲學》，176頁。

人心的一種獨斷的強加。「美」、「善」、「大」（「偉大」）是價值觀念，「美本身」、「善本身」、「大（偉大）本身」的確立既意味著人在「美」、「善」、「大」（「偉大」）等價值祈向上的自覺，也意味著這些價值祈向上那種形而上的極致狀態或理想狀態被追求著人生價值的心靈所認可。這種極致狀態或理想狀態的「美」、「善」、「大」（「偉大」）永遠不可能在我們的經驗生活中實現，但它卻是真實的，我稱它為「虛靈的真實」。蘇格拉底對虛靈而真實的「美本身」、「善本身」、「大（偉大）本身」的提出是對人生的終極意義或終極價值的指點，它標誌著希臘哲學的命意發生了變化，先前是借著萬物「始基」的探討關注「命運」，此後希臘哲學的重心轉到了向著「美」、「善」、「大」（「偉大」）作價值追求的「境界」。柏拉圖是蘇格拉底的忠實弟子，他把他師長的思想以「理念論」的形態經典化了，經典化了的「美本身」、「善本身」、「大（偉大）本身」被稱為「美的理念」、「善的理念」、「大（偉大）的理念」。

與蘇格拉底前後古希臘哲學的主題從「命運」轉向「境界」大致相應，耶穌前後的《聖經》「舊約」和「新約」可分別看做神與人之間的「命運」之約和「境界」之約。比希臘人從「一切是一、一是一切」開始的哲學思維早出很多年，希伯來人就已經有了把「一切」統攝於「一」的宗教了。編纂於西元前六世紀至西元前二世紀的《舊約》所記希伯來歷史傳說、律法宗教信條、先知言行、詩歌等，最早的文獻可追溯到西元前十三世紀；這部猶太教經典的問世，標誌著人類歷史上最早的一神教的成熟。在《舊約》定型一百多年後，耶穌——這個「神話—歷史」或「歷史—神話」人物降生到人間，而這時，羅馬人取代馬其頓人把希伯來人的故土和希臘各城邦併入一個橫跨歐、亞、非的世界帝國已經一個多世紀了。耶穌是宗教中的蘇格拉底，他在希伯來宗教變革中的臨世正相當於蘇格拉底在希臘哲學轉機

之際的出現。從猶太教到基督教，先前只限於一個種族的一神教被世界化了，不過最重要的還在於，猶太教是「命運」之教，而基督教已經是「境界」之教了，——當然，這「境界」從未脫開過神意所在的「命運」背景。

　　《舊約》中的上帝（耶和華神）是威烈而嚴敏的，人神之約所告知信眾的主要是「罪」與「罰」的訓誡。與神的萬能成比例的是這位萬能者的果決，他對他的造物從不曾有過太多的耐心。他看到「人在地上罪惡很大」，就起意「要將所造的人和走獸，並昆蟲，以及空中的飛鳥，都從地上除滅」[11]；當他得知挪亞的子孫要在示拿建造一座城和一座通天塔時，他顧忌「他們成為一樣的人民，都是一樣的言語，如今既做起這事來，以後他們所要做的事就沒有不成就的了」，於是就「在那裡變亂他們的口音，使他們的言語彼此不通」[12]。他隨心所欲地懲罰人間的罪惡，讓洪水氾濫，使「水勢比山高過十五肘，山嶺都淹沒了」[13]；從天上降下「硫磺與火」，使那被毀滅的所多瑪城和蛾摩拉城「煙氣上騰，如同燒窯一般」[14]。《舊約》中的神要求於人的，只是對他無條件的敬畏和仰從，與這要求相應，他賜給他的造物的也主要是口腹之福的實利。約伯在上帝的考驗中所權衡的最終不過是切己的利害，而考驗約伯的上帝也只是在是否絕對僕從於他的權威的動念中作另一種利害的計較。沒有神的超功利的道義感，便不可能有人的超功利的罪惡感，由一個道義感朦朧的上帝對人類的罪惡施以暴力的懲罰，這懲罰與古希臘哲學家阿那克西曼德所謂「萬物在時間的秩序中不公正，所以受到懲罰」的那種「懲罰」並沒有實質性差

11　《聖經‧舊約‧創世記》第6章，第5-7節。
12　《聖經‧舊約‧創世記》第11章，第6-7節。
13　《聖經‧舊約‧創世記》第7章，第20節。
14　《聖經‧舊約‧創世記》第19章，第24-28節。

異，而阿那克西曼德是在由「始基」談論「命運」時說到懲罰的。

在較晚些時候出現的先知書中，上帝的形象開始發生變化。《舊約》的《阿摩司書》傳達了上帝的另一種聲音，他說：「我厭惡你們的節期，也不喜悅你們的嚴肅會。你們雖然向我獻燔祭和素祭，我卻不悅納，也不顧你們用肥畜獻的平安祭。要使你們歌唱的聲音遠離我，因為我不聽你們彈琴的響聲。惟願公平如大水滾滾，使公義如江河滔滔！」[15]同樣，在《何西阿書》中，神作了這樣的訓示：「我喜愛良善，不喜愛祭祀；喜愛認識神，勝於燔祭。」[16]甚至，差不多同時的《耶利米書》對神人可能重新立約的消息也作了預告，其中寫著：「耶和華說：『日子將到，我要與以色列家和猶大家另立新約。不像我拉著他們祖宗的手，領他們出埃及地的時候，與他們所立的約。……我要赦免他們的罪孽，不再紀念他們的罪惡。』」[17]這一切，都是一種醞釀，它意味著一場不可避免的宗教改革即將發生。

當耶穌作為「神的像」來到世間時，上帝對於人類說來已經是一位「慈悲的父」。先前，神與人是主僕關係；現在，神、人的關係可以相喻為父子。神賜福給塵世，更把他的「道」誨示給能夠分辨善惡的生靈。這「道」是虛靈的 Good，它涵蓋了「智慧、公義、聖潔、救贖」[18]。神對人的罪孽由懲罰代之以救贖，這時，「救贖」本身即是對被救贖者的一種價值引導。律令並沒有就此解除，但「命令的總歸就是愛」[19]。人的因「信」稱「義」，是因為神的因「愛」稱「義」；有了可稱之為「義」的神，也才有了由「信」神而可以「義」相稱的

---

15 《聖經‧舊約‧阿摩司書》第5章，第21-24節。

16 《聖經‧舊約‧何西阿書》第6章，第6節。

17 《聖經‧舊約‧耶利米書》第31章，第31-34節。

18 《聖經‧新約‧哥林多前書》第1章，第30節。

19 《聖經‧新約‧提摩太前書》第1章，第5節。

人。懲罰還只是在功利的尺度下對世俗的善惡作一種分別，與救贖關聯著的愛卻超越世俗的善惡之辨，以無對待的「至善」為「道」的慧眼。從《舊約》到《新約》，上帝由全能全知進到全能全知全善，而對上帝信仰的主導內涵也從「命運」期待轉向「境界」追求。《舊約》中的神只是「命運」之神，《新約》中的神固然也主宰人的「命運」，但這神也以其至高的「境界」啟示他的造物提升自己的「境界」。「境界」籠罩了「命運」，「命運」在這裡是以「境界」為轉移的——「末日審判」的善惡分辨，意味著萬能的神以其「道」的正義使不同的人獲得其應有的遭際：他有怎樣的「境界」決定了他將有怎樣的「命運」。

　　大約比古希臘出現蘇格拉底早一個世紀而比耶穌降生於人間早五百多年，中國古代出現了老子和孔子。正像蘇格拉底前後的哲學運思和耶穌前後的宗教信念歷經了從「命運」到「境界」的變化，老子、孔子前後古代中國人的終極眷注發生了由「命」而「道」的推移。孔、老不是耶穌那樣的教主，他們的學說也不是蘇格拉底那樣的以「辯證」方式演述的哲學，但他們所確立的被稱作儒教或道家之教的「教化」，卻起著與典型的宗教和典型的哲學一樣陶染靈魂的作用。不用說，我在這裡所作的當然可以說是一種把視野拓展到東西方的文化比較，不過，作這種比較主要是為了開出一條研究中國先秦諸子學說的路徑。因此，出於讓中心論題更突出的考慮，儘管孔、老前後的古代中國學術仍屬於「世界文化史上的『軸心時代』」，我還是打算為這部分內容另設一個題目。它可以按中國古代的語式稱作：

卜「命」與致「道」

　　如果說對於人生和世界的終極性思考，終究在於從經驗的「多」

中去領會某種虛靈的「一」，那麼，可以斷言，這種「一」在中國先民那裡很早就開始醞釀了。從甲骨卜辭可知，至少在殷商時期，中國人已經有了相當確定的「帝」崇拜意識。「帝」在當時人們的信奉中正從一位司生殖繁衍的神上升為至上神，「帝」字的寫法在甲骨文中也已大體定型。清人吳大澂在他的著述《字說》中，曾這樣說「帝」字：帝，「像花蒂之形。……蒂落而成果，即草木之所由生，枝葉之所由發。生物之始，與天合德，故帝足以配天」[20]。這是對先民們「帝」崇拜這一千古之謎的道破。先民們心目中的至上神「帝」由神化花蒂而來，花蒂卻又是植物結果、生籽以繁衍後代的生機所在。「帝」崇拜，說到底是對生命的崇拜；在這種崇拜中，寄託了崇拜者對生命的珍愛和對生命的祕密的眷注。花蒂是「一」，由花蒂結果所生出的種子是「多」，這可感的經驗作為一種隱喻深藏在初民們的心中，悄悄地催動著那種對事關世界、人生究竟的「一」與「多」的關係的求索。

武王伐紂，周取代殷商而王天下。殷人對至上神「帝」的崇奉被周人繼承了下來，但周人也奉「天」為至尊而並稱「天」、「帝」，甚至也單獨稱「天」，以「天」代「帝」。因此，可確信為西周至春秋中葉文獻的《詩經》中，就既有「皇矣上帝」[21]、「明昭上帝」[22]、「帝命率育」[23]、「帝命不違」[24]一類單稱「帝」或「上帝」的句子，也有「昊天上帝，則不我遺」、「昊天上帝，則不我虞」[25]一類「天」、「帝」並稱的句子，然而，更多地還有另一類全然以「天」為尊、稱

20 吳大澂：《字說‧帝字說》。
21 《詩‧大雅‧皇矣》。
22 《詩‧周頌‧臣工》。
23 《詩‧周頌‧思文》。
24 《詩‧商頌‧長髮》。
25 《詩‧大雅‧雲漢》。

「天」而歎的詩句，例如「明明上天，照臨下土」[26]、「天生烝民，有物有則」[27]、「維天之命，於穆不已」[28]、「天命降臨，下民有嚴」[29]等。不過，無論如何，周人尊「天」依然涵養了殷人崇「帝」的那種生命崇拜意識，這可以從產生於殷周之際的《周易》所貫穿的「生生之謂易」[30]的幽趣去體會。《周易》把殷人「帝」崇拜意識中關聯著生命機運的「一」與「多」的隱喻轉換為一種象徵，這象徵見證著古代中國人在大約三千年前就曾達到怎樣的思維深度。

　　相傳《周易》之前曾有更古老的「易」書《連山》和《歸藏》，《周禮・春官宗伯・太卜》就有太卜「掌三易之法，一曰連山，二曰歸藏，三曰周易」的說法。這種傳說由來已久，卻無從考實，但由《連山》、《歸藏》的傳說把《周易》從發生到定型理解為一個相對長的過程應該是合於邏輯的。從《易傳》所謂「《易》之興，其於中古乎」、「《易》之興也，其當殷之末世，周之盛德邪」[31]推測，《周易》的孕育可能在殷商末年，而就它的某些卦爻辭的內容看，它的最後編定可能在西周中期甚至後期。《周易》原是周人用於占筮的，占筮是以一定的規則對數目確定的蓍草作分、合有序的處理，按蓍草數目的變化布出卦象以預測人事的吉凶。這部以占筮為務的典籍由卦象、卦辭、爻辭三部分構成，而真正在整體上起脈絡貫通作用的是見於六十四卦卦象變換的所謂「陰」、「陽」消長。《周易》卦辭、爻辭中找不到一個陽字，陰字倒是有一個，不過這個出現在「中孚」卦「九三」爻辭「鳴鶴在陰，其子和之」中的陰字與「蔭」相通，並沒有什麼更

26　《詩・小雅・小明》。

27　《詩・大雅・烝民》。

28　《詩・周頌・維天之命》。

29　《詩・商頌・殷武》。

30　《周易・繫辭上》。

31　《周易・繫辭下》。

普遍的意味。但《周易》中確有兩種動勢由「--」和「—」默示著，它們沒有陰、陽之名，卻已隱含了只是在後來才明確起來的「陰」、「陽」兩範疇的全部精義和神韻。「--」、「—」的出現可能受到明暗、晝夜、暑寒、燥濕……一類兩兩相反相成的自然境象的啟示，然而從中國古人與「帝」崇拜關聯著的生命崇拜心理看，它們所體現的那種將事物、情態盡分於二的智慧，可能受動植物的雌雄之分和人的男女之別的誘發更大些。將事物依其自然或本然界限盡分於「二」，曾是古希臘哲學家柏拉圖依據同一律為事物下定義的方法。它是這樣一種「一分為二」：被分成的兩個部分盡分那被分者，就是說，除這兩部分外，被分的事物不再有所剩餘；此外，這被分的兩部分決不是隨機的，它們一定是極自然的兩個「種」。柏拉圖舉例說：「人」不應該被二分為「雅典人」（其自稱「文明人」）和「非雅典人」（被雅典人稱做「野蠻人」），「數」不應該被二分為某個極大的數和其餘的數。「比較好、比較正確而合理的分類在於把數分為奇數和偶數，把人分為男人和女人。」[32]這種「一分為二」或盡分於「二」，雖是人自覺地去做的，卻有著世界的本然依據。中國古昔的畫卦者對這一定則的運用比西方哲人早了五六個世紀，體現了東方人和西方人的某種心靈相通。「易有太極，是生兩儀，兩儀生四象，四象生八卦」[33]，這生的過程也是依次把「太極」、「兩儀」、「四象」按「陰」、「陽」兩種動勢盡分於二的過程。「太極」作為1，可以用2⁰表示，它意味著陰、陽未分或「零」分，因此「太極」又可說是「零極」或「無極」——由此，在宋儒那裡一度爭論不休的「無極而太極」之說可以得到一種諦當的理解。如果「太極」或「無極」可示意為2⁰＝1（陰陽未分或「零」分），那麼，「兩儀」、「四象」、「八卦」、「六十四

---

32 〔古希臘〕柏拉圖著、黃克劍譯：《政治家》，36頁。
33 《周易・繫辭上》。

卦」的數的邏輯就可以分別表示為：$2^1 = 2$、$2^2 = 4$、$2^3 = 8$、$2^6 = (2^3)^2 = 64$。「兩儀」即是陰（$--$）、陽（$—$）兩種動勢，「四象」即是對「兩儀」按陰、陽兩種動勢再度兩分後所得到的老陽（$=$）、少陰（$==$）、少陽（$==$）、老陰（$==$）四種勢象，「八卦」即是對「四象」按陰、陽兩種動勢又一次兩分後所得到的乾（☰）、兌（☱）、離（☲）、震（☳）、巽（☴）、坎（☵）、艮（☶）、坤（☷）八個經卦，「六十四卦」即是按陰、陽兩種動勢作第六次二分或由八個經卦兩兩相重所得到的六十四個重卦。的確，「太極」、「兩儀」、「四象」、「八卦」、「六十四卦」的被稱謂是在《易傳》為它們命名之後，但在它們無名時已經確有其實。如果「兩儀」、「四象」、「八卦」、「六十四卦」可以稱之為「有」，那麼，「太極」或「無極」就可以稱作是「無」；如果「兩儀」、「四象」、「八卦」、「六十四卦」可以稱之為「多」，那麼，「太極」或「無極」就又可以稱作是「一」。中國人的哲學思維的原始根底深藏於《周易》古經，「有」與「無」、「多」與「一」的微妙關聯隱伏在古經卦畫的有序演變中。比起古希臘人由「始基」的懸設所引出的「一切是一、一是一切」的哲學智慧來，中國《周易》古經對「一」與「多」的關係的把握是另一種情形：前者成就的是一種構成理論，後者匯出的是一種生成觀念；生成觀念連著生命崇拜意識，因此，「生」被中國人認為是「天地之大德」[34]。

　　《周易》古經作為一個象徵系統，它最根本的象徵是由「一」生「多」。「多」由「一」而「生」，從被「生」的「多」向著「一」這一神祕的根源處尋究時，人──這唯一達到了對「生」的自覺的生靈──產生了「命」的觀念。「我生不有命在天」[35]這句記載於《尚書・商書》中紂王所說的話表明，至晚在殷周之際中國人已經有了朦

---

34 《周易・繫辭下》。
35 《書・商書・西伯戡黎》。

朧而莊嚴的「命」意識，並從一開始就由「生」把「命」關聯到「帝」或「天」。《詩經》中「命」與「天」、「帝」相繫的句子比比皆是，而由「生」說「命」的句子也不罕見，前者如「帝命不時」[36]或「天命不又」[37]等，後者如「天命玄鳥，降而生商」[38]或「篤生武王，保右命爾，燮伐大商」[39]等。「我生不有命在天」的「生」是「我」個人的「生」，因而「命」也是就「我」個人而言，但如果這個個人是諸侯或天子，那麼他的「命」往往也會是一個諸侯國或一個王朝的「命」。「天命玄鳥，降而生商」，商的始祖為契，但作為一個朝代的商須從湯說起，所以在同一首詩裡又有「古帝命武湯，正域彼四方」之說。同樣，周繼商受命於天，也正是文王、武王受命於天，用《詩經》中的話說，「時周之命」[40]即是「文王受命」[41]或「文武受命」[42]的那個「命」。人或邦國「生」而有「命」，是因為他或它在「生」時，受「命」於「天」（「帝」）。《說文解字》解「命」為「使」、「從口從令」[43]，清人段玉裁作注說：「命者，天之令也。」[44]殷周之際以至春秋中葉，時人對「生」的崇拜、對「天」（「帝」）的敬畏，往往集中於對「命」的眷注，「人謀鬼謀」的《周易》在那時一直作為一部占筮以預測人事吉凶的典籍可以從這裡獲得中肯的理解。

　　由「生」而有對「命」的顧念，由「生」也產生了對「性」──

---

36 《詩・大雅・文王》。

37 《詩・小雅・小宛》。

38 《詩・商頌・玄鳥》。

39 《詩・大雅・大明》。

40 《詩・周頌・般》。

41 《詩・大雅・文王有聲》。

42 《詩・大雅・江漢》。

43 許慎：《說文解字》卷二上。

44 段玉裁：《說文解字注》卷三。

「生」之內在價值所繫──的關注。西周、春秋時期，「生」與「性」通用，《詩經》中「爾受命長矣……俾爾彌爾性」[45]的「性」，《左傳》中「怨並作，莫保其性」[46]的「性」，其義都在於「生」。告子所謂「生之謂性」[47]的說法，其實可以看做西周、春秋時由「生」說「性」或由「性」說「生」的一種延續；而後世也常以「性命」與「生命」同義，諸葛亮《前出師表》中「苟全性命於亂世，不求聞達於諸侯」[48]句，即是「性」、「生」相通的一例。但「性」字的出現畢竟意味著對「生」有所自覺的人們的另一種關切，它指示著與人對「命」的尋問不同的致思取向。戰國時，孟子對「性」與「命」的分別有過一段精彩的論說，這段話是：「口之於味也，目之於色也，耳之於聲也，鼻之於臭也，四肢之於安佚也，性也。有命焉，君子不謂性也。仁之於父子也，義之於君臣也，禮之於賓主也，智之於賢者也，聖人之於天道也，命也。有性焉，君子不謂命也。」[49]那意思是說，耳、目、口、鼻、四肢之欲是人生而就有的東西，當然也可以稱它們為人之「性」，但無論從它們的發生看，還是從它們的可能得到的滿足看，這些嗜欲都是受人的肉體自然和外部環境條件制約的，所以君子把它們歸於「命」的範疇，而不稱其為「性」；與此相比，仁、義、禮、智、天道諸價值的實現，固然與人的稟賦有關，它們在某個人那裡可能達到的最高程度是受到稟賦或所謂「命」的限制的，但一個人只要自覺到這些價值的可貴並願意努力去踐行它們，他總可以做得更好些，所以君子把踐行仁、義、禮、智、天道視為人的分內

---

45 《詩・大雅・卷阿》。
46 《左傳・昭公八年》。
47 《孟子・告子上》。
48 陳壽：《三國志・蜀志・諸葛亮傳》。
49 《孟子・盡心下》。

之事，稱其為「性」，而不稱其為自己不能主宰的「命」。孟子就「性」、「命」所作的這一分辨是對儒家學說中的「性」、「命」觀念的經典表述，但應該說，這一意義重大的分辨，實際上在孔子說「死生有命」、「為仁由己」一類話時就已經開始了。

《論語》的《顏淵》篇中有兩句話分外值得一提，一句是「死生有命，富貴在天」，另一句是「為仁由己，而由人乎哉」。這兩句話概括了人生的兩重價值和人對這兩種價值應取的兩種態度。前一句話由子夏的口說出來，說的是他從孔子那裡聽到的人生道理，後一句話是孔子親口說給顏淵聽的。把「死生」、「富貴」與「命」和「天」關聯起來說，很容易給人留下一種宿命的印象，但孔子從來就不是宿命論者。他既不否認「死生」、「富貴」對於人的價值，也並不把「死生」、「富貴」看做對於人來說最重要的追求，更不用說是唯一追求了。他說過，富與貴是人人都想獲取的，但如果不是以正當的途徑得到它，那寧可不要富貴；貧與賤是人人都不喜歡的，但如果不是以正當的方式改變它，那寧可安於貧賤。[50]他還說過，在一個有道的邦國裡，貧賤是可恥的，因為這說明你沒有以更勤奮的勞作去改變自己的境遇；在一個無道的邦國裡，富貴是可恥的，因為這說明你所以能夠富貴，一定用了某些不正當的手段。[51]這些說法表明，孔子並不以為人的「死生」、「富貴」狀況是由上天安排或命中註定。不過，在他看來，人生所應當實現的價值中還有比「死生」、「富貴」更值得看重的價值，那就是「仁」。「仁」是一種德性，它發自人的真性情。依孔子的本意，不外是說，「死生」、「富貴」價值的獲得除開自己的努力外，還需要那種人難以主宰、難以預料的外部情勢——即所謂「命」

---

50 《論語・里仁》：「富與貴，是人之所欲也，不以其道得之，不處也；貧與賤，是人之所惡也，不以其道得（去）之，不去也。」

51 《論語・泰伯》：「邦有道，貧且賤焉，恥也；邦無道，富且貴焉，恥也。」

的因素或「天」的因素——的成全，而且，比起「仁」心、人格的修養來，它也不是人生第一位的價值，因此，一個真正領悟到人生真諦的人自當存心於「仁」的德性的陶冶，不必過分執著於「死生」、「富貴」而以夭壽、爵祿為念。由「死生」、「富貴」而說「有命」、「在天」，既是對「命」、「天」因素可能加予這一重價值制約的指出，也是對受「命」、「天」因素制約的這一重價值的穿透或超越。關聯到孔子「無求生以害仁，有殺身以成仁」[52]的說法，我們甚至可以斷言，「有命」、「在天」說出的是一種生命的瀟灑，是那種在可能的兩難抉擇中為了「成仁」而將「死生」、「富貴」置之度外的人格境界。與「死生」、「富貴」價值不同的是，「仁」的價值的實現是無待於或無求於外部條件的，是不受制於「命」和「天」的因素的。「仁」在人的生命中有內在的根荄，只要人覺悟到這一點並願意努力去求取這一重價值，他總能夠依自己努力的程度達到相應的心靈境地。所以孔子再三致意人們：「為仁由己」，「我欲仁，斯仁至矣」[53]。

　　儘管孔子的學生子貢有「夫子之言性與天道，不可得而聞也」[54]之歎，但仍可以斷定，孔子談「仁」就是在談「性」。由「生」而論人的「死生」、「富貴」必至於涉及「命」、「天」，由「生」而論「仁」，其實所論即緣起於「性」而最終歸結於「道」。孔子說「人之生也直」[55]，這「直」顯然主要不是從「命」上說，而是從「性」上說，正因為有這「直」的「人之生」或人之「性」為依據，所以孔子才得以順理成章地說「為仁由己」。「仁」不在人的性分之外，但人的性分之內所有的「仁」只是「仁」的端倪或根荄；「為仁由己」所強

52　《論語・衛靈公》。

53　《論語・述而》。

54　《論語・公冶長》。

55　《論語・雍也》。

調的是一己之人「為仁」的可能和每個人對於是否「為仁」這一價值抉擇的無可推諉，而「為仁」畢竟是一個過程，作為過程的「為仁」，既意味著一種價值取向的釐定，也因此意味著對這一價值取向上某種極致或理想境地的確認。正因為這樣，孔子在說「為仁由己」、「我欲仁，斯仁至矣」的同時，也鄭重申明：「若聖與仁，則吾豈敢？」[56]從人生而具有的性分中的那種「仁」的端倪，到「仁」的極致或理想境地的「聖」，在孔子看來，「為仁」所應走的是「中庸」的路徑。「中庸」意味著一種恰到好處或恰如其分，它指向分毫不差那種分際上的圓滿。比如勇敢，這是被人們稱讚為一種美德的，但過分的逞強就會變為魯莽，而如果勇氣不足，又會流於怯懦。那種既沒有一絲一毫的過分（「過」）又沒有一絲一毫的不足（「不及」）的勇敢是勇敢的極致狀態，這勇敢才是合於「中庸」的勇敢。事實上，「中庸」意味上的勇敢在經驗的人的行為中是永遠不可能全然做到的，但人們卻不能沒有「中庸」意味上的勇敢作為標準以衡量經驗中的人的勇敢達到了怎樣的程度，或者說，不能沒有「中庸」意味上的勇敢作為勇敢的理想以吸引人們在向著這一狀態努力時變得更勇敢些。醫生治病在於對症下藥，但任何醫生在任何一次臨床的經驗中完全地、分毫不差地達到對症下藥的那一點——即「中庸」的那一點——又都是不可能的。不過，經驗中永遠達不到的絕對對症的那一點作為一種理想追求卻是完全有必要予以確立的，因為確立這一理想能夠促進經驗中的醫術在努力趨向它時得以無止境地提高。孔子說「中庸之為德也，其至矣乎」[57]，又說「天下國家可均也，爵祿可辭也，白刃可蹈也，中庸不可能也」[58]。稱「中庸」為「至」德是對「中庸」所指示

---

56 《論語·述而》。

57 《論語·雍也》。

58 《禮記·中庸》。

的那種至高、至圓滿的理想狀態的讚歎，所謂「不可能」卻是說「中庸」所指示的那種理想狀態永遠不會在人的經驗的努力中完全達到。對於孔子說來，「中庸」既然指示著一種極致或理想之境，它便也構成一種「為仁」而祈向「聖」境的方法或途徑。作為方法或途徑的「中庸」即是所謂「執兩用中」。「執兩」指抓住兩端，一端是「過」，一端是「不及」；「用中」是盡可能地縮短「過」與「不及」的距離以趨於「中」的理想。人在經驗中修養「仁」德，總會偏於「過」或偏於「不及」，但意識到這一點的人又總會盡可能地使「過」的偏頗或「不及」的偏頗小一些。「過」的偏頗和「不及」的偏頗愈小，「過」與「不及」之間的距離就愈小，而逼近「中庸」的程度也就愈大。愈來愈切近「中」的「執兩」之「用」的無限推致，即是人以其經驗或體驗到的「仁」向「仁」的極致境地的趨進，也就是「仁」的「形下」經驗向著「仁」的「形上」之境——所謂「聖」境——的超越。這超越的路徑和這路徑所指向的虛靈的形而上之境，構成孔子所說「人能弘道，非道弘人」[59]的那種「道」。

　　「道」是典型的中國式的思想範疇；相應於「德」，它第一次出現在老子的《道德經》中。它是對通常所說「道路」之「道」向著形而上的昇華，也是對春秋後期流行的「天道」、「人道」等說法的哲理化。「道」有「導」意；在老子那裡，它默貫天地萬物，以「法自然」為人默示一種虛靈的生命境界。老子以「樸」、「素」論「道」，也以「樸」、「素」說「德」，他引導人們「見素抱樸」[60]、「復歸於樸」、「復歸於嬰兒」[61]，所「道」（導）之「德」超越世俗功利而一任「自然」。這由「自然」之性分引出的「道」，已不再像先前人們分外

59　《論語・衛靈公》。

60　《老子》十九章。

61　《老子》二十八章。

看重的「命」那樣使人陷在吉凶休咎的考慮中，而是啟示人們「致虛極，守靜篤」[62]以脫開一切外在的牽累。比起老子來，主張「道之以德」的孔子顯然更可比擬於「軸心時代」出現的釋迦牟尼、耶穌和蘇格拉底。他由內在於人心的那點「仁」的端倪、由人的性分的自然提升一種應然的「仁」的價值，從老子所說「道法自然」的那個「自然」出發，卻不停留在「自然」處。從人的性分之自然引出「仁」，這很像蘇格拉底在希臘哲學中所做的那樣，「求援於心靈的世界，並且到那裡去尋求存在的真理」；從明證於人心的「仁」的根芽自覺地推致出「仁」而「聖」的虛靈之境以確立和弘揚一種「道」，這又很可以與蘇格拉底從人心中經驗到的「美」、「善」、「大」（「偉大」）的觀念推致出「美本身」、「善本身」、「大（偉大）本身」相比擬。蘇格拉底的學說以人的「靈魂的最大程度的改善」為宗趣，而孔子「志於道，據於德，依於仁，游於藝」[63]所要確立的又正是所謂「成德之教」或「為己之學」，即一種成全人的道德品操的教化或一種為著每個人切己地安頓其心靈的學問。如果說蘇格拉底前後古希臘哲學命意的演變可一言以蔽之為「從『命運』到『境界』」，那麼，老子、孔子前後古代中國人心靈眷注的焦點的轉移正可一言以蔽之為「由『命』而『道』」。當然，中國人所謂「命」並不像古希臘人心目中的「命運」那樣被設想為「不可挽回的必然」，而「道」的意味也不全然相契於「美本身」、「善本身」、「大（偉大）本身」所蘊涵的那種「至善」或「善的理念」。然而，正像古希臘哲學「一切是一」的運思，蘇格拉底之前的那個「一」是一於「命運」，蘇格拉底之後的「一」是一於「至善」的境界或一於「善的理念」，為中國古人所眷注的那

---

62 《老子》十六章。

63 《論語‧述而》。

個收攝「多」而生髮「多」的「一」，在老子、孔子之前是一於「天」之所「命」，而老子、孔子之後卻是一於為人所覺悟因而植根於人的性分自然的「道」。中西聖賢或哲人立教論學各有其獨創的精神性狀，但大端處的相通也正印證著中西民族文化底蘊的和而不同。

下面要講的是第四個問題：

先秦諸子學說在怎樣的人文分際上

孔子是中國第一位以私人身份講學授徒的教師，老子是中國第一位由對「道可道，非恒道」的體會而宣導「不言之教」的哲人。從他們開始到秦王朝一統六合，中國出現了一批富於個性而堪被後人以他們的名字命名其學說的思想家。這批思想家被稱為「先秦諸子」。

先秦諸子蜂起於春秋末年和整個戰國時期。一般以「禮壞樂崩」概括這個時期的社會特徵是大致不錯的，問題只在於如何理解和評判這「禮」、「樂」的「壞」、「崩」。《說文解字》解釋「禮」說：「禮，履也，所以事神致福也」。把「禮」說成是一種祭祀神靈以求賜福的儀式，可能合於「禮」的最初意趣。前面已經說過，殷商時期的人對「帝」的崇拜，實際上是對生命的崇拜，而在生命崇拜的切近處往往伴有祖先崇拜。中國古人祭祀上帝百神，或者視神、祖為一體，或者以祖考配享；殷之前更多是前一種情形，周之後更多是後一種情形。中國文化可上溯的夏、商、周時代，是由治理家族推擴到治理「天下」的時代，以「禮」確定神、人的位元分並由此規範人與人之間的關係而獲得一種倫常秩序，使其制度化就有了所謂禮治。孔子說：「夏禮吾能言之，杞不足征也。殷禮吾能言之，宋不足征也。文獻不足故也。足則吾能征之矣。」又說：「周監於二代，郁郁乎文哉！吾

從周。」[64]從這些說法可以看出，夏、商、周三代的制度皆有「禮」貫穿其中，只是夏、商的禮治還在萌發、生成中，到了周，借鑒前代，損益夏、商而有了完備得多的周禮。通常所說「周公制禮」，指的正是禮治到了周才有了「郁郁乎文」那樣的典型形態。與「禮」密不可分，古人「事神致福」常會以「樂」相伴。《周易》豫卦象辭所謂「先王以作樂崇德，殷薦之上帝，以配祖考」，說的就是「樂」的緣起和效用。如果說「禮」側重於一種神與人、人與人的倫常秩序的規定，「樂」的作用就在於薰陶處在這倫常秩序中的人的心靈和情致。「禮」、「樂」都是由人所創造的「文」，它起先所以有生機，能夠使人們得到一個相對和諧的人際環境，是因為人的樸真的性情──所謂「質」──秉持其中，這也就是孔子所說的那種「先進於禮樂」[65]的情形。春秋戰國之際，尤其是戰國時期，維繫了周代數百年生機的「禮」、「樂」終於「崩」、「壞」。這「崩」、「壞」表現為一種現實的社會危機，但它對身處其中的人們的刺激，有可能把尋求解決的問題引向一個更深的層次。

老子和孔子是最早敏感到「禮壞樂崩」的底蘊並試圖對面臨的問題作某種終極性思考的人，他們各自立於一種「道」，而由此把社會、人生的千頭萬緒納入一個焦點：對於生命本始[66]稟受於「天」的「人」說來，「禮」、「樂」之「文」究竟意義何在？老子對問題的回答是否定的，他崇尚「自然」之「道」，認為已經過深地涉於禮樂之「文」的人應當日損其欲、「復歸於樸」，或「致虛」、「守靜」以「見

---

64 《論語・八佾》。

65 《論語・先進》。

66 「本始」一語借自荀況，《荀子・禮論》謂：「性者，本始材樸也；偽者，文理隆盛也。」

素抱樸，少私寡欲，絕學無憂」[67]。孔子之「道」是對老子之「道」
的一種有選擇的汲取或揚棄，他在盡可能大的「人」與「文」的張力
下使問題的探討由複雜進到深刻。在他看來，人之為人的成人之路在
於「興於詩，立於禮，成於樂」[68]，但他已經透徹地意識到「禮」並
不在玉帛往還、人際周旋的淺薄處，「樂」也決不止於鐘鼓悅耳、歌
舞宜人。[69]「禮」、「樂」中如果沒有了人的真性情，那就不免會「文
勝質則史」，同樣，人的發於自然的真性情如果缺少了「禮」、「樂」
的引導和陶冶，就又可能流於「質勝文則野」，而孔子是主張「文」
與「質」相因相成而「文質彬彬」的。[70]孔子在說到「禮」必須以忠
信為「質」的道理時，打過「繪事後素」[71]（繪畫這件事必須在取得
一個「素」的質地後去做）的比方，其實，轉用這個比方來說明孔子
的「人能弘道，非道弘人」之「道」後於老子的「道法自然」之
「道」是同樣貼切的。同是從天人之際說起，老子之「道」詘「人」
而任「天」（天道「自然」），孔子之「道」因於「天」而成於「人」，
後者涵納了前者，而前者又時時用「復樸」儆戒後者以對後者在傳承
者那裡因可能的文飾而鄉願化作必要的提醒。老子、孔子之後的諸
子，其學說的發生無不緣於對「禮壞樂崩」這一文化危機的回應，並
因此也或多或少地處於孔子或者老子之「道」那種終極眷注意義上的
價值之光的輻射下。

　　秦末漢初以來，人們提起「諸子」學說，向來以「百家」相稱。
《史記‧屈原賈生傳》中，就有「賈生年少，頗通諸子百家之書」的

67　《老子》十九章。

68　《論語‧泰伯》。

69　《論語‧陽貨》：「禮云禮云，玉帛云乎哉？樂云樂云，鐘鼓云乎哉？」

70　《論語‧雍也》：「質勝文則野，文勝質則史，文質彬彬，然後君子。」

71　《論語‧八佾》：「子夏問曰：『「巧笑倩兮，美目盼兮，素以為絢兮」，何謂也？』子
　　曰：『繪事後素。』曰：『禮後乎？』子曰：『起予者，商也，始可與言詩已矣。』」

說法。那是引一位比賈誼年長的吳姓廷尉的話，當時剛剛被漢文帝召為博士的賈誼只有二十多歲，而漢朝立國也才二十多年，可見這裡所說的「諸子百家」主要是指「先秦諸子」。據《漢書‧藝文志》著錄，從先秦到漢初，「凡諸子百八十九家，四千三百二十四篇」。其中所列「諸子」多是先秦人物，粗略地算，大概不會少於「百家」。當然，「諸子」雖稱「百家」，但百家並不是平分秋色，其中真正有建樹而對後世產生了較大影響的學派和人物還是屈指可數的。戰國後期，「諸子」中的有些人物已經開始對思潮中的各家作分類批評。例如，《莊子》的《天下》篇評點了「百家之學」中十位有代表性的人物，十位人物被分為五類。[72]《荀子》的《非十二子》篇批評了「諸子」中的「十二子」，他把這十二人分為六類。[73]不過，無論是莊周，還是荀況，都還不曾把他們分類評說的人物歸入這一或那一明確命名的學派。韓非在他的著述《顯學》中開始以「儒」、「墨」命名兩個當時最被人們看重的學說派別，但對於其他「諸子」還沒有依類劃派，給出像「儒家」、「墨家」那樣相宜的名稱。從現有的文獻資料看，最早對諸子各家作明確的學派劃分的，可能是司馬遷的父親司馬談。他著眼於大端，把諸子中影響較大的學派分為六家，這六家是：「陰陽」、「儒」、「墨」、「名」、「法」、「道」。此後，古文經學的開山者、目錄

---

72 《莊子‧天下》評點的人物有：墨翟、禽滑釐；宋鈃、尹文；彭蒙、田駢、慎到；關尹、老聃；莊周等。今本《莊子‧天下》中「惠施多方」以下文字，依體例應屬另一篇。近人張默生據《北齊書‧杜弼傳》所記杜弼注《莊子‧惠施》一事，斷言誤入今本《莊子‧天下》的有關惠施的文字可能即是散佚已久的《莊子‧惠施》，其說當可信從。

73 《荀子‧非十二子》中所非「十二子」為：它囂、魏牟；陳仲、史鰌；墨翟、宋鈃；慎到、田駢；惠施、鄧析；子思、孟軻。另外，《荀子‧天論》批判了慎到、老子、墨翟、宋鈃，其中僅保留了「十二子」中的三子，卻又新增了老子；《荀子‧解蔽》揭了六家之蔽，其中的墨翟、宋鈃、慎到既被批判於《天論》，又被非難於《非十二子》，其他三家為申不害、惠施和莊周。

學家劉歆在他所寫的目錄學著作《七略》的《諸子略》中，分「諸子」為十個流派或十家。這十家，除司馬談說到的六家外，又有所謂「縱橫家」、「雜家」、「農家」和「小說家」。不過，他也說了「諸子十家，其可觀者，九家而已」這樣的話。那意思是說，十家中真正值得關注的是前九家，小說家所經心的只在於街談巷議、道聽塗說，原是卑不足道的。實際上，在劉歆的心目中，即使是「勸耕桑」、重食貨的農家，「使於四方」、「權事制宜」的縱橫家，甚至試圖「兼儒墨、合名法」而「及蕩者為之，則漫羨而無所歸心」的雜家[74]，相對說來也並不那麼重要。他們或者局守於農桑耕作，或者用心於外交權宜，或者缺乏賴以重心自守的原創精神，都少了一份教化世道人心的厚重感。劉歆所舉「諸子十家」中的前六家與司馬談「論六家之要指」的六家相吻合決不是一種偶然，其相吻合足以看出這六家在「諸子百家」中的首出地位。不過，論列「六家」，司馬談那裡的順序是：陰陽、儒、墨、名、法、道，劉歆那裡的順序是：儒、道、陰陽、法、名、墨。司馬談推重道家，把道家置於諸家之後，有以道家學說統攝諸家之意；劉歆尊崇儒家，把儒家置於諸家之首，是要以儒家學說籠罩其他各家。從司馬談和劉歆對諸子評說的相通卻又相異處看，其實諸子中「於道最為高」、最值得關注而相互間始終保持著某種微妙張力的是儒、道兩家。

　　的確，比起諸子其他各家來，雜家所欠缺的是思想的原創性，但「兼儒墨、合名法」的學術趣向使這個試圖雜糅各家的學派有可能比較公允地品評諸子。早期雜家人物尸佼就說過：「墨子貴兼，孔子貴公，皇子貴衷，田子貴均，列子貴虛，料子貴別囿。其學之相非也數世矣而已，皆弇於私也。天、帝、皇、後、辟、公、弘、廓、宏、

74　《漢書・藝文志・諸子略序》。

溥、介、純、夏、憮、塚、晊、昄皆大也，十有餘名而實一也。若使兼、公、虛、均、衷、平易、別囿一實也，則無相非也。」[75]他認為，墨子、孔子、皇子、田子、列子、料子分別看重的「兼」、「公」、「衷」、「均」、「虛」、「別囿」等其實是一致的，並以「大」有「天」、「帝」、「皇」、「後」、「辟」、「公」、「弘」、「廓」、「宏」、「溥」、「介」、「純」、「夏」、「憮」、「塚」、「晊」、「昄」等十餘名相比喻。他用來概括各家學說精要所在的「兼」、「公」、「衷」、「均」、「虛」、「別囿」等詞語，都屬於價值範疇，而不是認知意義上的概念。斷言這些價值期許實際上是一回事（「實一」），表明了尸佼尋找各家通性、兼用諸子之術的雜家姿態，但這個被劉勰稱以「兼總於雜術」、「術通而文鈍」[76]的人物，如果能夠從「實一」中分辨出「兼」、「公」、「衷」、「均」、「虛」、「別囿」等價值的微妙差異來，那也許會使問題的討論進到更深刻的層次。與尸佼以某一核心價值範疇評斷一家之學可比擬，後期雜家著作《呂氏春秋》評點諸子說：「老耽（聃）貴柔，孔子貴仁，墨翟貴廉，關尹貴清，子列子貴虛，陳駢貴齊，陽生貴己，孫臏貴埶（勢），王廖貴先，兒良貴後。」[77]所論「柔」、「仁」、「廉」、「清」、「虛」、「齊」、「己」、「埶（勢）」、「先」、「後」都是一種價值追求，這樣評判諸子與尸子所取思路大略相通，但《呂氏春秋》重在尋找諸子各家的分歧所在以求「定其是非」。

如果把上述《尸子》的《廣澤》篇與《呂氏春秋》的《不二》篇的那些說法作一種比較，借重它們由相通而又相異所保持的那種思維的張力，選取一種觀察和領略諸子思想品格的獨特視角，那麼，這裡得到的最切要的借鑒就在於：對先秦諸子的研究不應落在沿自近代西

---

75 《尸子·廣澤》。

76 劉勰：《文心雕龍·諸子》。

77 《呂氏春秋·審分覽·不二》。

方的認識論的窠臼中，而應以諸子學說的不同價值取向的分辨為綱脈。認識論的總問題可以簡約地歸結於「是」的探求，或所謂「求是」，價值關切的總問題可以簡約地歸結於「好」的認定，或所謂好惡、棄取的抉擇。中國古人沒有「為知識而知識」那種置生命於認識物件之外的執著，重「生」因而由「生」致「道」的人生態度，使他們即使在探究自己生活於其中的世界時，也會把這世界納入人生的視野。價值問題在先秦諸子這裡從來就優於或高於認知問題，對於他們說來，「好」對「是」的籠罩、價值棄取對學理邏輯的收攝是極自然的事。不過，像《尸子》或《呂氏春秋》那樣論諸子所「貴」或諸子所「好」，畢竟過於簡約而粗率了些，我們在兩千多年後重新檢討先秦諸子各自的價值取向，自當有一個更能切近地評判其學說宗趣的價值判斷座標和與這座標相應的理解結構。下面，我想概括地說說我自己用於觀察和領略諸子思想品格的視角和方法。

在我看來，人的生命存在有著兩個相互不可替代的維度，生命在這兩個維度上的展示，體現為人對兩重價值的追求。一般而言，任何有其現實性的生命存在都是物件性的存在，就是說，它必須有某種環境條件作為自己的生存物件，它才可能獲得現實的存在。樹以一定的土壤、水分、陽光為存在物件，魚以適宜於它游泳、覓食、繁殖的水為存在對象；同樹和魚一樣，自然界的一切植物、動物無不以某種自然條件為生存物件因而都是物件性的存在物。就任何一種有生命的存在物都不能沒有它的生存條件或生存環境而言，人與其他有生命的存在物並沒有什麼不同，但在迄今為止的所有生命存在中，人是唯一對這種存在達到自覺並能夠以物件化的方式獲得其生命現實的存在物。所謂「物件化」，是指人把自己的目的、意向以相應的能力實現在他的生存物件上。換句話說，人不是以現成環境條件為生存物件，而是以按自己的方式改變了的環境條件為生存物件。因此，人不僅是那種

有著一般的物件性存在的受動於環境條件的存在物，而且是以物件化的活動獲得其物件性存在的「受動」而「能動」的存在物。人「受動」而「能動」於自然，使人和自然的關係從根本上與動植物和自然的關係區別開來。與這種人與自然的關係相應而同時存在的，是人與人的不同於動植物相互間的關係的關係，人與自然的關係同人與人的關係的一體存在構成人的「社會」。正像人「受動」而「能動」於自然，人也「受動」而「能動」於社會，人由此成為「受動」而「能動」的社會存在物。人作為「受動」而「能動」的社會存在物的存在是一個歷史的過程，在這過程中，人「受動」於歷史，人也「能動」於歷史，所以，人又可以說是「受動」而「能動」的歷史存在物。人作為「受動」而「能動」的社會歷史存在物，不斷以其物件化的方式更新著他的物件性存在，這使人的生命情狀永遠處在一種難以斷定其最後界限的動態中。像是晦暝中一團燃燒不住的活火，人的生命之光以怎樣的方式輻射到怎樣的遠處，人也就在怎樣的遠處內獲得了屬於自己的世界，這世界的邊緣是模糊而隱約可辨的，它並非不可超越，但超越這既得的邊緣只是達到了新的邊緣，而新的邊緣又在可超越中。人的這一生命向度是因人與其生存環境的關係而有的，或者說，人的這一生命向度是伸展於人同他的生存環境的關係中的，因此可以稱作人的生命的有待向度或對待性向度。此外，人的生命也還有其無待的或非對待性的一面，這即是：人的道德的自我完善，心靈的自我督責，人格的自我提升，境界的自我超越。這後一生命向度是人的生命活動在反觀自照的內心世界的展示，是精神的自我審視和自覺反省。唯其不受制於生存境遇而使人的人格、品操、境界、信念不為變遷中的境遇所支配，它相對於生命的對待（有待）性向度可以說是生命的非對待（無待）性向度。人的對待（有待）性的生命存在與人的非對待（無待）性的生命存在構成廣義上的人的生命的文化存在。人

的生命存在所以是一種文化存在不是因為大自然的賜予，而是由於人自己，由於人自己創造了自己。在自己是自己的生命存在方式的理由的意義上，人的存在當然可以說是真正「自由」而非「他由」的存在。不過，在對待（有待）性的生命向度上，人的「自由」的實現總是相對的，因為人的任何一種「能動」的行為無不在「受動」的條件下，而只是在非對待（無待）性的生命向度上，人的心靈的反觀自照可以超越外在條件的牽累，才可能在某種絕對的意趣上談到「自由」。

「自由」——單就其本意自己是自己的理由而論——是無色的，但人生的自由之光透過人生追求或心靈嚮往的三稜鏡，卻折射得出類似於太陽的光譜那樣的價值譜系。這譜系大略為：「富強」、「正義」、「和諧」、「趣真」、「審美」、「向善」、「希聖」等。「富強」是人所祈求的可證之於物質的感性世界的價值，「正義」、「和諧」是人所祈求的可證之於人的政治秩序、倫理（包括人倫與天倫——人與自然之倫）關係的價值，「真」、「善」、「美」、「聖」等，則意味著人為的開拓自己的生命視野、陶養或潤澤自己的心靈境界而對更虛靈的價值的祈求。相應於人的生命的兩個向度，上述種種價值又可分別輻輳於人的身心的「幸福」和境界的「高尚」這兩重價值。與兩重價值或「富強」、「正義」、「和諧」、「真」、「善」、「美」、「聖」等價值一體於人的「自由」相稱，經濟、政治、倫理、科學、道德、藝術、宗教、哲學等領域整合為一種一定形態的「文化」。任何一種價值追求的寡頭化或某些價值追求對其當有分際的越出，都可能造成另一些價值的畸變或萎縮，而這又會涉及諸種價值體現其中的文化整合是否健全。

借助上述價值座標走近先秦諸子，各「得一察焉以自好」[78]的諸

---

78 《莊子・天下》。

子學說，其宗趣可扼要提示如下：

老子之學是「無為」之學，但這「無為」是被覺悟的「無為」，因此是人「法自然」而「為」的那種「無為」，即所謂「為無為」[79]。「無為」似乎只是一種否定，一種對任何價值追求的捐棄，但「為無為」終究是一種「為」，它反倒由「無」——「無之以為用」[80]——默示了確鑿而要求訴諸踐履的價值祈向。老子《道德經》一書的中心範疇是「道」，它作為某種動勢或導向對人的心靈作「復歸於樸」的引導。對於老子說來，致「道」也是「見素」、「抱樸」、「致虛」、「守靜」。「素」、「樸」、「虛」、「靜」是一種被認為有著終極意義的價值，這價值也被稱為「真」——「自然」的真切或真切的「自然」。但老子以五千言抉發「見素抱樸」的「自然」之「道」的終於可能，非有對人生之究竟有所了悟因此對前人所遺留的人世滄桑的道理有所「學」而不可設想。「聖」和「學」的不可全然不顧，使老子渾然一體的玄言在論說「絕聖棄智」、「絕學無憂」時露出了自相抵牾的裂隙。裂隙意味著更大的思想天地的敞開，諸子其他學說——尤其是汲取而非一味否定老子「自然」之道的儒家學說——有可能從這裡找到另闢蹊徑的最初靈感。

如前所述，孔子以「繪事後素」比喻「禮」後於「質」，這比喻恰好可以用來說明孔子所立儒家之「道」與老子的「法自然」之「道」的關係。「禮」的生機在於「質」的真切，而「質」這一「天」之所「命」的生命原始在達到自覺的情形下順其自然的提升即是所謂「仁」。孔子之學，一言以蔽之，可稱為「仁」學；孔子所致之道，可稱為「仁」道；孔子所立之「教」，可稱為「仁」教；孔子

---

79 《老子》六十三章。
80 《老子》十一章。

所期許的「政」，可稱為「仁」政；孔子所要培養的儒者，可稱作「仁」者。對於孔子說來，「仁」作為人成其為人的本始而終極的價值，其根底或端倪在人的性情的真率、自然處，它的極致是一種虛靈而真實的境界——「聖」的境界。這境界是形而上的，孔子由「中庸」之途所開出的形而上學是價值形而上學，它給予人的那種親切的緊張感在於：對於每個人說來，都可以說「仁遠乎哉？我欲仁，斯仁至矣」，然而，即使是孔子這個被後人以「聖人」相稱的人，他也不能不說「若聖與仁，則吾豈敢」。

　　莊子學說與老子學說神韻相貫，都以「道」為樞紐而取法「自然」。莊子所謂「不以心捐道，不以人助天」[81]、「無以人滅天」[82]，是對老子所謂「人法地，地法天，天法道，道法自然」[83]的呼應，而莊子所謂「明白入素，無為復樸，體性抱神」[84]也正是老子所謂「見素抱樸，少私寡欲，絕學無憂」的另一種說法。在莊子這裡如同在老子那裡，致「道」也是致「樸」、致「虛」、致「靜」、致「純白」，這「為道」既然是取法「自然」，就不能是「有為」而致，而是讓人「無為」地「自化」、「自正」[85]。不過，莊子以「坐忘」[86]、「心齋」[87]闡釋道家的修養，雖然與老子「為道日損」[88]相契合，卻還是另有一種格局，而且同是講「無為而無不為」[89]，莊子的「無不為」以「消

81　《莊子·大宗師》。

82　《莊子·秋水》。

83　《老子》二十五章。

84　《莊子·天地》。

85　《莊子·秋水》。

86　《莊子·大宗師》。

87　《莊子·人間世》。

88　《老子》四十八章。

89　《莊子·至樂》。

遙」為目標而「遊」於萬化，顯然比老子的學說所流露的那種生命情調更富於藝術人生的風致。

正像莊子與老子學說一脈相承，孟子對孔子之道作「十字打開」式的闡釋，使他成為孔子之後儒門義理的延伸和拓展中最值得看重的人物。孟子之學是典型的心性之學，其價值取向直承孔子而從孔子圓融的默識冥證中為儒學匯出了一種與立教初衷相契的義理規模。孟子所謂「仁也者，人也；合而言之，道也」[90]，既是對孔子「志於道」、「依於仁」的立教旨趣的印可，也是對孔子所謂「人能弘道，非道弘人」的真諦的道破。孟子的「求則得之，捨則失之，是求有益於得也，求在我者也」[91]的說法，與孔子所謂「為仁由己」、「我欲仁，斯仁至矣」意趣相貫，而他所說「求之有道，得之有命，是求無益於得也，求在外者也」[92]，又正是對孔子「死生有命，富貴在天」一語的最恰切的詮釋。孟子的「舍生而取義」[93]與孔子的「殺身以成仁」所說的是人生在終極性的兩難抉擇中的同一種決斷。甚至，孟子由「格君心之非，君仁莫不仁，君義莫不義，君正莫不正」[94]所企求的「仁政」，與孔子由「政者，正也；子帥以正，孰敢不正」[95]所嚮往的「德政」（「為政以德」）也並無二致。但孔子對「性與天道」畢竟持一種淵默的態度，他的學生子貢因此而有「夫子之言性與天道，不可得而聞也」之歎，而「性」與「天」在孟子那裡卻是其學說推繹的異常重要的範疇。不過，孟子論「性」、「天」終究是從「心」說起的，這被一再作了言辨的「心」正與孔子對「性」與「天」默而識之之心全然相通。

---

90 《孟子‧盡心下》。

91 《孟子‧盡心上》。

92 《孟子‧盡心上》。

93 《孟子‧告子上》。

94 《孟子‧離婁上》。

95 《論語‧顏淵》。

　　後世學人以「孔孟之道」稱說儒家教化是切合儒學的主導趨向的；與這一主導學脈構成某種張力，戰國末期的荀子以「明於天人之分」[96]、「察乎人之性偽之分」[97]為儒門義理辟出了另一條蹊徑。荀子祖述孔子、子弓，貶斥子思、孟軻，其學「隆禮」（崇尚禮儀）、「重法」（推重法禁）而以「禮」為中樞。他上承孔子「依於仁」、「立於禮」、「義以為質，禮以行之」[98]之說，著意強調：「君子處仁以義，然後仁也；行義以禮，然後義也；制禮反本成末，然後禮也」[99]，「將原先王，本仁義，則禮正其經緯蹊徑也」[100]。「禮」被置於處仁行義、反本成末的樞紐地位，「禮」也因此被視為內聖外王得以一以貫之的關節點。在荀子看來，就內聖而言，「禮者，所以正身也」，「凡治氣養心之術，莫徑由禮」[101]；就外王而言，「禮者，治辨（治理）之極（準則）也，強國之本也」[102]，「禮者，政之（牽引）也，為政不以禮，政不行矣」[103]。正因為如此，他也這樣勸學：「學至乎禮而止矣。」[104]如果說「隆禮」在相當程度上是對孔子所謂「立於禮」、「齊之以禮」[105]的倫理政治取向的信守，那麼，可以說，荀子對「法」的看重已經涉及「齊之以刑」而多少對孔子以至孟子的「德治」或「仁政」追求有所歧出了。不過，荀子畢竟是儒家人物，總的說來，他是把「法」籠罩於「禮」的，他說過「禮義生而制法度」、「禮者，法之

96　《荀子・天論》。

97　《荀子・性惡》。

98　《論語・衛靈公》。

99　《荀子・大略》。

100　《荀子・勸學》。

101　《荀子・修身》。

102　《荀子・議兵》。

103　《荀子・大略》。

104　《荀子・勸學》。

105　《論語・為政》。

樞要也」[106]一類話；甚至，在他那裡，「禮」對於「法」的更值得看
重，也表達在他的與孔孟相通而又異趣的「王霸」之辨中──他指
出：「人君者，隆禮尊賢而王，重法愛民而霸。」[107]

在可堪以「教化」相稱的意義上，先秦諸子中真正能夠與儒、道
兩家鼎足而三的是墨家的學說。墨家學說的創始人墨翟曾「學儒者之
業，受孔子之術」[108]，但他不滿於儒家禮樂的煩擾與奢靡，終於以對
節儉和兼愛的宣導另立一種學派。這一學派以「兼相愛，交相利」[109]
為主導價值取向，注重功利而講求實效。對墨家說來，兼愛和互利總
是關聯在一起的，這固然註定了他們所說的「利」必然是那種「興天
下之利，除天下之害」[110]的天下為公之利，同時也表明了他們所說的
「愛」並不具有超越功利的品格。墨子目睹當時各諸侯國存在的「昏
亂」、「貧困」、「熹音湛湎」、「淫僻無禮」、「務奪侵凌」等問題，針對
性地提出了「尚賢」、「尚同」、「節用」、「節葬」、「非樂」、「非命」、
「尊天」、「事鬼」、「兼愛」、「非攻」等十項治國的措施，對這十項措
施的論述構成留傳於後世的《墨子》一書的主要內容。墨子認為，一
種言論或主張是否可取，應當驗之於三條標準，這三條標準是：古代
聖王的事蹟，百姓的耳聞目見和採用後的實際效果。在這三條標準之
上，墨子預設了一個更高或更根本的標準，那便是「天志」、「天意」或
所謂「天之所欲」，因此，在提倡「法天」或效法於天的同時，他也以
「天」這一至高無上的權威對人作一種告誡──他說：「順天意者，兼
相愛，交相利，必得賞；反天意者，別相惡，交相賊，必得罰。」[111]

---

106 《荀子‧王霸》。
107 《荀子‧強國》。
108 《淮南子‧要略》。
109 《墨子‧兼愛中》。
110 《墨子‧兼愛下》。
111 《墨子‧天志上》。

　　諸子中，與墨家的功利態度約略相通卻又與墨家「兼愛」、「非攻」主張全然相悖的學派是法家。法家所致力的是「富強」祈向下的治國之術，這一學派把「富國強兵」看做「禮壞樂崩」、列國紛爭局面下一個邦國所應實現的最高價值甚至唯一價值。法家人物如李悝、吳起、商鞅，多少受過儒家學說的薰陶，從一定意義上可以說是由「儒」入「法」；或如申不害、慎到，與黃老道德之術有較深的學緣，可以說是由「道」而「法」。後期法家人物韓非是儒者荀況的學生，但終於「喜刑名法術之學，而其歸本於黃老」[112]，成為法家學說的集大成者。在典型的法家人物中，商鞅重「法」，以鼓吹「治世不一道，便國不必法古」[113]為號召，推動秦國廢井田、立縣制，獎勵耕戰，銳意變法；申不害在做韓國相時，除強調「明法正義」外，尤其重視「君操其柄，臣事其常」[114]的君人馭臣之術；慎到論學齊國稷下，援「道」說「法」，分外看重由「權重位尊」所構成的「勢」，以此聲言「賢者未足以服眾，而勢位足以缶（詘）賢者」[115]。到了韓非，法家理論臻於完備，他集前輩法家之所長，兼重「法」、「術」、「勢」，斷然提出了「不務德而務法」[116]的治國之道。從申不害、慎到到韓非，法家人物曾自覺地把「務法」關聯於尊道而貴德的黃老之學，但所稱之「道」已與老子之道大相徑庭。老子之「道」有化為「君人南面之術」的可能，然而他的《道德經》並不是刻意寫給某個或某些君主的，申不害、慎到、韓非卻直接把這「道」用作「南面之術」，借著論「道」以向「人主」進言。「道」在老子那裡主要是把人

112　《史記・老莊申韓傳》。

113　《商君書・更法》。

114　《申子・大體》。

115　《韓非子・難勢》。

116　《韓非子・顯學》。

導向一種「致虛極，守靜篤」、「見素抱樸」的人生境界，這種境界具有非對待或無待的性質，而在法家人物這裡，「道」被歸結於「人主」如何「抱法處勢」[117]，所謂「抱法處勢」畢竟是落在一種對待性或有待的關係上去說的。同是由「道」而說「無為而無不為」，老子的「無為」所指示的是一種「法自然」的人生的極境，「無不為」不過是「無為」自然而然地帶出的一種結果，韓非等的「無為」卻更多地是一種「術」，一種手段，「無不為」則作為預期的功利被設定為「富國強兵」意義上的「治國」的目的。

法家所推重的「術」，一個最重要的方面即在於人君如何「循名責實」以考核群臣是否忠於職守，而「循名責實」在相當大程度上是有鑒於名家學說的。孔子曾提出「正名」之說，這成為後來名家出現的一個機緣性背景，但名家得以獨立成家主要還在於這一學術流派對「名實之辨」中言喻的微妙意趣的留意。名家人物惠施、公孫龍常被人譏諷以「好治怪說，玩琦辭」[118]而「苛察繳繞」[119]，其實在他們機智而審慎的言辯後面都有著嚴肅、真切的價值祈求。惠施的全部論辯的主題在於「合同異」，他把「合同異」的論域嚴格確定在經驗世界，由種種看似詭異的言辯把問題引向對「天地一體」的論證，並由此超越一隅之私而稱論「泛愛萬物」[120]。與在經驗世界辯說「合同異」大異其趣，公孫龍以「離堅白」為主題所經心的是純粹概念的領域。「離堅白」的真正祕密在於確認作為概念的「名」對於它所指稱的事物的獨立自足，以便由這獨立自足的「名」批判地衡量實存事物的性態而「正」天下。「正名」是公孫龍借著「白馬」、「指物」、「通

---

117 《韓非子・難勢》。
118 《荀子・非十二子》。
119 《史記・太史公自序》。
120 《莊子・天下》。

變」等話題作「名實」之辨的點睛之筆，是這位常常被誤解的名家人物談論種種「琦辭」、「怪說」的初衷所在。「其正者，正其所實也，正其所實者，正其名也」[121]，這是「離堅白」的立論者對他由「物」說到「實」、由「實」說到「位」、由「位」說到「正」的真正意趣的吐露，而如此「審其名實，慎其所謂」卻又託始於「古之明王」，從中正可以看出其與所謂「先王之道」、「仁義之行」終究割捨不開的價值追求。

比起道、儒、墨、法、名諸家來，嚴格意義上的陰陽家是出現較晚的，但就其脫胎於數術而數術畢竟通著早就進到中國人心靈的「命」意識看，這一學術流派又留著古遠得多的歷史印記。由天文、地理、風物的自然情狀，窺測信仰中的天地運會的消息以預斷人事的吉凶，是數術家所盡的能事，陰陽家與數術的宿緣比其他各家都要深得多，但其學術旨趣已從數術家的吉凶占驗進到借陰陽五行之說對人的行為、品操作某種儆戒、引導和勸勉。司馬遷評說鄒衍的學術「要其歸，必止乎仁義節儉，君臣上下六親之施」[122]，從這個評價可大略了解陰陽家的價值取向和這一學派同儒家學說的可能關聯。「陰陽」、「五行」是陰陽家「觀乎天文以察時變」[123]的核心範疇，它們的結合或融貫使它們不再局守於數術並因此成為陰陽家得以發生的契機。從起先被作為五種元始材質而相互間只是一種並列關係的「水」、「火」、「木」、「金」、「土」，到滲透於其中的「陰陽」消長使「五行」成一相生相勝的系統，「五行」與「陰陽」的相融互攝沿著兩個方向延伸：其一是「序四時之大順」[124]的「五行相生」，其二是推演

---

121 《公孫龍子‧名實論》。

122 《史記‧孟子荀卿傳》。

123 《周易‧賁象傳》。

124 《史記‧太史公自序》。

於「陰陽主運」的「五德轉移」[125]；由前者產生了有著較深數術印痕的《呂氏春秋》所謂「十二紀」或被後世儒者輯於《禮記》的「月令」，由後者產生了鄒衍的「終始五德」[126]的歷史哲學。但無論是前者，還是後者，這時都已不再籠罩於「命」，而是燭照於「道」。

---

125 《史記‧封禪書》。
126 《史記‧封禪書》。

第二講

老　子

　　講先秦諸子總要從諸子中的某個人物講起，我選擇從老子講起。選擇從老子講起有兩個理由：一是價值意趣上的，一是歷史意趣上的。

　　老子學說的主導價值取向在於「樸」，「樸」意味著對一切飾意造作的打落，向人生的元始真切處返回。因此，莊子也把「無為復樸」解釋為「反（返）其真」[1]。依老、莊的本意，「樸」的價值同時即體現「真」的價值，這「真」與那種不失天趣的坦真或真率相通。我在前一講已經申明過，對先秦諸子的研究不應落在泊自近代西方的認識論的框架，而應以諸子學說的不同價值取向的分辨為綱脈。諸子各有其主導價值取向，但無論以哪一種價值為主導取向，最初的價值宣導者們都是以極真切的生命投入的。所以，從一定意義上說，任何一種根子扎在真實人生上的價值都在相當程度上隱含了樸真的價值。這正像我在上一講重新解釋過的「繪事後素」那個比喻，如果一種價值對於人生說來果真是必要的，那它首先就應當具有「真」而不妄或「真」而不偽的底色。先講老子學說，講「樸」或「真」的價值，其實就是優先或突出可作為諸多人生價值底色的價值。

　　至於歷史意趣上的理由，在我看來，那就是，老子是第一個對「道」作了形而上的昇華或把「道」作為一個有著深刻哲理內涵的範疇提出來的人。諸子各有其「道」，儒家的創始人孔子就有「吾道一以貫之」和「人能弘道，非道弘人」的說法；確定老子為第一個提出

1　《莊子・秋水》。

形而上的「道」的人，勢必會牽涉到老子其人和《老子》──又稱《道德經》──其書在歷史上究竟出現於何時的問題。因此，關於老子我要講的第一個問題就是──

老子其人與《老子》其書

老子其人其書在《莊子》、《荀子》、《韓非子》、《呂氏春秋》等先秦典籍中都有評說，但盡可能確鑿地考述老子的生平是司馬遷的《史記》才開始做的事情。《史記・老莊申韓傳》稱，老子是春秋末年楚國苦縣厲鄉曲仁里人，他姓李名耳字伯陽，謚號聃，做過「周守藏室之史」。又說：老子在周地居住了很久，親眼看到週一天比一天衰落，就離開周地西去，打算過一種隱居的生活。當他西出函谷關時，關尹留住了他，勉為其難地請他著書，於是老子就寫了「言道德之意」的文字上、下篇。然後，離關西行，從此再也沒有人知道他究竟去了哪裡。同一篇中，謹慎的史家還提到了有關老子的其他一些傳聞，例如，有人說老子是「著書十五篇，言道家之用，與孔子同時」的楚人老萊子，又有人說老子即是在孔子死後一百多年拜見過秦獻公的周太史儋。但司馬遷把傳聞只是作為傳聞記了下來，他所傾向於認可的老子，是那個做過「周守藏室之史」而終於「自隱」做了「隱君子」的姓李名耳謚號聃的人。[2]《史記》中，《老莊申韓傳》、《孔子世

2　《史記・老莊申韓傳》：「老子者，楚苦縣厲鄉曲仁里人也。姓李氏，名耳，字伯陽，謚曰聃，周守藏室之史也。……老子修道德，其學以自隱無名為務。居周久之，見周之衰，乃遂去。至關，關令尹喜曰：『子將隱矣，強為我著書。』於是老子乃著書上、下篇，言道德之意五千餘言而去，莫知其所終。」又謂：「或曰：老萊子亦楚人也，著書十五篇，言道家之用，與孔子同時云。蓋老子百有六十餘歲，或言二百餘歲，以其修道而養壽也。自孔子死之後百二十九年，而史記周太史儋見秦獻公，曰：始秦與周合而離，離五百歲而復合，合七十歲而霸王者出焉。或曰儋即老子，或曰非也，世莫知其然否。」

家》都有孔子向老子問禮的記載，《仲尼弟子傳》也有「孔子之所嚴事，於周則老子」（孔子所尊敬而奉為師長的人，在周地為老子）這樣的說法。孔子問禮於老子是中國學術文化史上的一件大事，這件事在《老莊申韓傳》中描述得很生動。孔子究竟向老子問了哪些問題，不得而知，但老子回答孔子的話是意味深長的，而且與傳世的《老子》一書旨趣大體相合。老子說：「你所提到的那些人早就不在人世了，唯獨他們說過的話留了下來。一個德才卓越的人，如果有好的機遇，當然不妨乘著時勢展示自己的抱負；如果終於不為人知，那也自當甘於寂寞，不必攀附或依傍他人。高明的商人深藏不露，像是沒有多少財貨的樣子；德行修養深厚的人，容貌往往顯得很愚鈍。你要擯除你身上的驕氣和過強的欲求與願望，這些都無益於你的身心。我所能告訴你的，也就是這些罷了。」孔子回去後，告訴他的弟子：「鳥，我知道牠能飛；魚，我知道牠能遊；獸，我知道牠能奔跑。對地上走的野獸我可以設網捕捉牠，對水中游的魚我可以下釣餌去釣牠，對天上的飛鳥我可以用帶絲繩的箭射牠，至於龍，據說能騰雲駕霧、直上九天，我不知道該怎麼對付。我這次見到老子，覺得他簡直就是一條龍啊！」[3] 老子告誡孔子的那些話和孔子對老子的由衷讚歎，都多少帶有傳說的性質，但孔子向老子問禮這件事理應不會是後人的隨意編造。

　　唐宋之前，歷代學者對《史記》所記孔子問禮於老子一事很少有人著意提出質疑。據宋人王十朋說，北魏時崔浩曾懷疑《道德經》是

3　《史記・老莊申韓傳》：「孔子適周，將問禮於老子，老子曰：『子所言者，其人與骨皆已朽矣，獨其言在耳。且君子得其時則駕，不得其時則蓬累而行。吾聞之，良賈深藏若虛，君子盛德，容貌若愚；去子之驕氣與多欲，態色與淫志，是皆無益於子之身。吾所以告子，若是而已。』孔子去，謂弟子曰：『鳥，吾知其能飛；魚，吾知其能游；獸，吾知其能走。走者可以為罔，游者可以為綸，飛者可以為矰，至於龍，吾不能知其乘風雲而上天。吾今日見老子，其猶龍邪！』」

老子所作，如果確有其事，這可能是較早對老子其人和《老子》其書的關係產生疑竇的人。到唐代中後期，韓愈撰《原道》一文由申說儒家道統而力拒佛老之徒所謂「孔子，吾師之弟子也」之說，實際上已經在駁難為老子立傳的司馬遷。接著，孔子向老子問禮的故事在以理學為主導學術趣向的宋代漸漸成為諸多學者考問的一大疑案。此後，晚清學人畢沅、汪中、崔述開古史辨偽之先河，推究中的《史記・老莊申韓傳》被列舉的疑點愈益增多。清末民初以來，疑古辨古之風大暢，《老子》一書經多方考證，被更大程度地確定為戰國中後期的著述，而老子其人是否真實存在甚至也成了問題；有人斷言老子、老聃是《莊子》寓言中的人物，未必真有其人，有人斷言老子其人不可以說子虛烏有，但其人其書的出現都為時較晚，有人又推斷老子其人在世較早，而《老子》一書的問世卻在頗晚的年代。近二十多年來，老子及《老子》的考辨又有新的進展，總的趨勢是向著傳統的老子之說返回。分辨歷代研究者們發掘、考辨的史料和聚訟不已的多種說法，這裡，我願對至今很難說已成定論的老子學案暫作如此裁斷：《老子》一書由增益、點竄而臻於或近於後世所傳的定本，可能是戰國時期的事，但《老子》一書的主脈、神思的原創性和其中的諸多論說當屬於生活在春秋末年的老子本人。

孔儒之教興於春秋末世，在那個禮樂越來越失去了原有分際以致孔子不免作「是可忍也，孰不可忍也」[4]之歎的時代，世人中已經出現不少被孔子稱為「隱者」的人。見於《論語》的記載，無論是譏誚孔子為「知其不可而為之者」的晨門，還是嘲笑孔子「鄙哉」的「荷蕢而過孔氏之門者」[5]，抑是以「鳳兮」歌徽示孔子的楚狂接輿，只顧「耦而耕」、對「子路問津」答非所問的長沮、桀溺，或者嚴詞申

4　《論語・八佾》。

5　《論語・憲問》。

斥孔門弟子「四體不勤，五穀不分」[6]的荷丈人，都是孔子或孔子弟子遇見過的隱者。孔子對隱者一向是敬重的，他即使每每遇到這類人的譏評、奚落，也只是聊作「鳥獸不可與同群，吾非斯人之徒與而誰與」[7]的感慨，而他自己也常常會由衷地說出「天下有道則見，無道則隱」[8]、「賢者辟（避）世」[9]、「隱居以求其志」[10]一類話。可見，當時產生老聃這樣的「隱者」或「隱君子」原是很自然的事，而儒學的創始人也並非與真正的隱者或隱君子在心靈深處扞格不入。《論語》中提及的隱者無一不是敏於洞察而智慧內斂的人，他們有自己的人生信念。但人生信念確然的隱者們未必都能或都願意在一個足夠高的境界上把這些信念提升為一種人生哲理，能夠做到這一點並且終於做到了的，只是那有過「周守藏室之史」的履歷而又悟出「法自然」之「道」以「自隱」的老子。在今人所能看到的文獻中，孔子問禮於老子的故事最早見載於《莊子》，於是就有學者認為《史記‧老莊申韓傳》所述孔子問禮一事出於《莊子》，《莊子》引述人物常在於以一種寓言、重言或巵言的方式喻說自己的理趣，而司馬遷竟把這寓言、重言或巵言當作史料用了。[11]顯然，這樣說，不只是低估了《史記》

6　《論語‧微子》。

7　《論語‧微子》。

8　《論語‧泰伯》。

9　《論語‧憲問》。

10　《論語‧季氏》。

11　近世學者羅根澤在其《再論老子及「老子」書的問題》一文中指出：「關於《老子》部分，我在《老子及老子書的問題》一文裡，曾分析他的史料來源為：（一）自『周守藏室之史也』至『獨其言在耳』，本於《莊子‧天道篇》。（二）自『君子得其時則駕』，至『如是而已』，本於《莊子‧外物篇》。（三）自『孔子雲』，至『其猶龍乎』，本於《莊子‧天運篇》。」又謂：「孔、老的言論與關係，是寓言、重言或巵言不可知，但如三者居其一，則所述的言論與關係，即是有作用的偽造，不是真的事實。」（羅根澤：《諸子考索》，255、244頁，北京，人民出版社，1958）

修纂者的判斷力，也還貶損了這位以「整齊其世傳，非所謂作」[12]（分辨而核正那些世間的傳述，並非所謂創作）為職分的史家的學術品格。司馬遷評說莊子「其學無所不窺，然其要本歸於老子之言，故其著書十餘萬言，大抵率寓言也」[13]，可謂中肯而貼切。不能設想對莊子論道的「寓言」──這裡所說「寓言」包含了「重言」因而也可稱作「卮言」──風致了然於心的史家，會從幾篇寓言中湊出一段老子回答孔子和孔子稱歎老子的話來載入史冊，如果真的是這樣，他為什麼不把《莊子》的《大宗師》篇所述孔子與顏回談「坐忘」的對話和《莊子》的《人間世》篇孔子為顏回講述「心齋」的故事寫進《孔子世家》或《仲尼弟子傳》中？即使太史公為老子立傳時果真參閱了《莊子》中的若干篇章，他也一定只是參閱罷了，而更大的可能倒會是這樣：莊子或莊學後人藉以撰寫寓言的那些「世傳」到司馬遷修《史記》時尚能目睹或耳聞，史家是憑著他的審慎在對傳世的各種素材作了「整齊」──嚴格去取以存真跡──的處理後才寫進史籍的。老子生於亂世，起先不過是守藏圖書典籍的小吏，後來「自隱」而不知所終，其生平不可能被當世的人們看重，而當他的不求為人所知的學說終於緩慢流播開來後，相隔若干代的學人再去追述他的生平自然不免會陷於撲朔迷離。但從《論語》記載的那些特立獨行、出語玄微的隱者看，產生某種「隱者」哲學的時代契機和學思條件在春秋末年已經成熟，如同孔子和儒家教化的發生，作為「軸心時代」的產兒，老子和他的「法自然」之「道」的學說的出現可以說是正當其時。

老子學說作為隱者之學，決定了它不可能像孔子學說那樣在此後的傳衍中有嚴格的師承可言。師承儼然的儒家之學在孔子身後尚會有「儒分為八」的嬗變，老子論道之言在道家後學那裡可能有大的損益

---

12 《史記‧太史公自序》。
13 《史記‧老莊申韓傳》。

就更不足為怪了。依朱熹《四書集注・論語序說》所引程頤語,「《論語》之書,成於有子曾子之門人,故其書獨二子以子稱」;《論語》中有曾子臨終的記載,而曾子死於孔子身後四十三年,可見此書的輯纂完成應在孔子去世半個世紀左右。由《論語》推測《老子》,《老子》在師承散逸的道家後學那裡系統成書當不至於早於《論語》。換句話說,如果《論語》問世於戰國初期,那麼,《老子》大略具備其五千言的格局可能已經近於戰國中葉。不過,無論如何,在莊子著述的年代,《老子》一書的那些格言式文字已經較普遍地為學人 —— 尤其是隱者型的學人 —— 所知。可以斷言的是,傳世的《老子》一書決不就是那個生活在春秋末期的老聃在「將隱」時一次性寫成的,但同樣可以斷言,那個與孔子同時而比孔子年歲略長的老聃在他生前已經對所謂「法自然」之「道」的徼妙有所了悟,因此對「致虛」、「守靜」以「復歸於樸」的人生態度有所體認。所以,儘管《老子》其書幾經老子後學的補綴、集纂、損益和編次,而且這過程已經無從考述,我們仍不妨以「論道德之意」的五千言為研究老子或老聃思想的主要依據,甚至仍可以認定老子其人為《老子》一書的命意者或草創者。

　　自戰國至今,傳世的《老子》版本不下二十種,從上個世紀七十年代以來,又先後有1973年12月出土於湖南長沙馬王堆三號漢墓的帛書《老子》兩種寫本、1993年10月出土於湖北荊門郭店楚墓的竹簡本《老子》為今人所知。這裡既然是以演講方式扼要闡述老子學說的宗趣,也就不可能對各種版本的異同作哪怕是最簡略的分辨。我所要申明的是,下面對老子思想的述說主要根據王弼注本,而個別有疑義的地方會相應參酌漢河上公本、唐傅奕本和漢墓帛書寫本、楚墓竹簡本。

　　接下來,我講第二個問題:

「道法自然」

　　老子學說輻輳於「道」，一切從這裡說開去，一切又歸結於此。「道」意味著某種虛靈的境地，也意味著導向這虛靈境地的某種途徑。《老子》二十一章說：「道之為物，惟恍惟惚。惚兮恍兮，其中有象。恍兮惚兮，其中有物。窈兮冥兮，其中有精。有精甚真，其中有信。」這段話不能當作對「道」的定義或界說去理解，把它執著為定義或界說就可能把「道」實體化。近百年來，尤其是近五十年來，老子之「道」往往被研究者們把握為一種實體。有人說「道」是一種物質實體，有人說「道」是一種精神實體，兩種見解似乎截然對立，但都在所謂萬物始基或萬物本原的意趣上以西方哲學中的實體範疇誤讀了「道」。其實，老子講「道之為物」，原是擬物而談。說「道之為物」略相當於說「道這個東西」，說「道這個東西」並不是肯定「道」是一個「東西」，說「道之為物」也不是肯定「道」是一個「物」，一個實體。老子從沒有為「道」下一個定義，也從不曾以「道是什麼」一類語式提出問題，對於「道」他只是一味地用「惚兮恍兮」、「恍兮惚兮」、「窈兮冥兮」去形容，以這種形容引導人們去悉心體悟、默識冥證。「其中有物」是擬物論道，「其中有象」是擬象論道，「其中有精」──「精」與「情」通──也是擬「精」或擬「情」論道，真正說來，「道」既非「物」，又不具「象」，也無所謂情愫，擬物、擬象、擬情以說「道」，不外是要人們去心領神會那通於萬物的「道」的真確而可信的消息。

　　老子是個生命真切的「隱者」，就隱者的人生態度而言，他可能並不打算也不主張著書立說的，因為他悟出了「道可道，非恒道」的道理。「道」如果能用語言說明白，那就不成其為原本只有憑著意會、憑著體悟才能了然於心的「道」了。所以，老子宣導「不言之

教」¹⁴。但「不言之教」終須以言誘導，這用後來莊子的話說就是
「言無言」。那個老子西去而「自隱」的傳說，是切近老子學說的真
諦的。從出關時關尹說的「子將隱矣，強為我著書」這樣的話可以推
想，老子為其「不言之教」留下言語或文字是「強」為之，是勉為其
難。不能用言辭恰如其分地說出來的意味，如果不得不訴諸言辭以求
表達，言說那種意味固然是一件難事，理解那被言說的意味同樣是一
件難事，這最突出地表現在「道」這個用語上。一般學人解釋
「道」，總會把它放在一個隱喻的語境中，以「道」為通常所說的
「道路」的昇華，這當然大體是不錯的。但重要的是，如何就此使
「道路」給予我們的啟示進到一個更深的層次。道路是行走者走出來
的，而行走者走路總會朝著某個目標，就是說，道路總是導向某個方
位的。因此，可以說，「道」作為「道路」的昇華自始就隱含了
「導」的意趣，而對這意趣的領會只能在可喻以行走的人生踐履中。
唐人陸德明在他所撰的《經典釋文》中就指出過：「『道』亦或作
『導』」。《尚書·禹貢》的「九河既道（導）」的說法，《左傳·襄公
三十一年》中所記鄭國大夫子產的話「大決所犯，傷人必多，吾不克
救也；不如小決使道（導）」，甚至《論語》的《為政》篇所輯孔子對
「為政以德」的論說，即所謂「道（導）之以政，齊之以刑，民免而
無恥；道（導）之以德，齊之以禮，有恥且格」¹⁵，其中對「道」字
的使用，都在「導」的含義上。「導」是一個動詞，《老子》一書雖然
以名謂方式用「道」指稱「形而上者」，但「道」所蘊涵的那種
「導」的意味仍默默提示著人們不可把「道」靜態化、實體化。這正
像後來《易傳·繫辭上》就形而上之「道」所說的「神無方而易無

---

14 《老子》二章、四十三章。

15 《論語·為政》。

體」（「陰陽不測」意味上的「神」沒有固定的處所，可理解為「生生不已」的「易」不牽累於形體），老子這裡的「道」是沒有邊界、沒有形體的，不過，同樣是沒有邊界、沒有形體，「道」在《易傳》那裡和在《老子》這裡「導」出的方向大異其趣。老子的「道」指示給人們的是一種虛靈的動勢，它成全事物卻又不取外在於事物的他力干涉的方式，它集「有」的性向與「無」的性向於一體，因而反倒是對通常所謂有為無為的超越，而這超越本身就意味著一種價值導向。

從價值導向看「道」之所「導」（導引），老子的「道」最深微、最親切的旨趣就在於順應「自然」而不刻意、造作。《老子》二十五章有這樣一個說法：「故道大，天大，地大，王亦大。域中有四大，而王居其一焉。人法地，地法天，天法道，道法自然。」說的是人、地、天都以「道」為法，而「道」以「自然」為法，「道」之所「導」不過「自然」而已。這裡所說的「自然」不是一般人心目中那種成形見體的自然界的萬事萬物，而是顯現於萬事萬物之盎然生機的某種動勢和天趣，換句話說，這所謂「自然」，是指森然萬象自己如此、自是其是、自然而然。對於這一段話的理解，有兩個問題需要提出來討論，其中一個涉及《老子》一書原文的校改，另一個是這段話的後一句應當如何斷句。實際上，《老子》帛書甲乙本的相關段落，除若干虛詞有出入並把「域中有四大」的「域中」寫為「國中」外，與上面依王弼注本所引的文字沒有什麼差異，而楚墓竹簡本在這一段話的句詞上沒有提供新的東西，除一二虛詞略有不同，其他文字與帛書甲乙本全然一致。但《老子》一書的研究者們發現，整段話的前兩句中與道、天、地並稱為「大」的是「王」，後一句「人法地，地法天，天法道，道法自然」中由法地、法天、法道而法自然的卻是「人」。於是，一些學者試圖依自己理解老子學說的邏輯對漢魏以來傳世的《老子》一書作字詞上的校改，以求文句的前後一貫。《老

子》一書的現代通行本把前文「王亦大」、「王居其一焉」的「王」改為「人」，以就後文「人法地……法自然」的「人」，今人高亨、張松如等又先後依據唐人李約的《道德真經新注》和金人寇才質的《道德真經四子古道集解》，將後文的「人」改為「王」以就前文之「王」。在我看來，這樣的校改其實並沒有多大必要，而真正的問題在於如何領會以王弼注本為代表的傳世的《老子》二十五章中「王」與「人」的關係。探老子本意，「王居其一」的「四大」之「大」原是稱歎之辭，稱歎「王亦大」，並不是對於在位之「王」的那個君位的頌仰，而是對於體「道」或「法自然」達到極高境地而足以使天下人歸往的那種人的推許。老子所謂「王亦大」之「王」，其原型是心目中的上古之王，上古之王可以說是人中的「大」者，這「大」是由於「法道」、「法自然」而「大」。《說文解字》這樣解釋「大」：「大，天大，地大，人亦大，故大象人形，古文大也」。依古時人的信念，「天」、「地」、「人」為三「大」，老子稱「王」為「大」，說到底是稱「人」中之「大」者為「大」。稱「人」中之「大」者為「大」即是稱「人」中之典型為「大」；「王」在老子那裡原只是「人」的典型（人成其為人的最佳體現者），稱「王亦大」仍不過是取典型而說「人亦大」。這典型的確定在於其「法地」、「法天」、「法道」、「法自然」，所以王弼注本、帛書甲乙本、楚墓竹簡本在「王亦大」、「四大……王居其一」之後，都接之以「人法地，地法天，天法道，道法自然」。「王」透露的是「人」的消息，「人」因「法地」、「法天」、「法道」、「法自然」而真正成其為「人」，也因此堪與「天」、「地」配稱為三，甚至與「天」、「地」、「道」配稱為四。「天地不仁」[16]，本來就沒有什麼意欲或念願，由「道」所導的「自然」趣向說到底只是對人而

---

16 《老子》五章。

言的。因此，唐人李約的《道德真經新注》也對「法自然」句作這樣
的標點：「人法地地，法天天，法道道，法自然」[17]。今人高亨就此解
釋其意為：人法地與地同德，法天與天同德，法道與道同德，法地、
法天、法道都可歸結為法自然。並且，他補正說，依理相推，這一句
話的原文應當是「人法地，法天，法道，法自然」，而「法地地，法
天天，法道道」所多出的地、天、道三字可能是後人傳抄時的誤贅。
[18]李約、高亨對這句話的讀法與《老子》諸多注本不合，但別出心裁
的斷句除開更多地突出了「法自然」主要對人而言外，與通行的解釋
並沒有大端處的抵牾。

　　「自然」之「道」不像古希臘哲學中的「邏各斯」（λόγος））那
樣把一種勢所必至的命運──所謂「不可挽回的必然」──強加於宇
宙萬物和人，它沒有那種一匡天下的咄咄逼人的霸氣，它對於萬物和
人並不意味著一種強制性的他律（人和萬物之外或之上的某種律
令）。「道」導人以「自然」只在於喚醒人的那份生命的「真」趣，在
老子看來，這生命的「真」趣正越來越被人自己造就的文物典章、禮
儀制度、風俗時尚所消解或泯除。先秦諸子從老子講起是順理成章
的，「道法自然」所啟示給人們的是任何有價值的人文探索都不能沒
有的「自然」的起點。

　　下面，講第三個問題：

---

17 李約《道德真經新注》原文為：「王法地地，法天天，法道道，法自然」，今據《老
　子》原文改「王」為「人」。

18 高亨注《老子》二十五章「人法地」句謂：「『人法地』四句，舊注如此斷句，講不
　圓通。亨按當作『人法地，法天，法道，法自然。』地、天、道三字傳抄誤重。唐
　李約《道德真經新注》的讀法是『人法地地，法天天，法道道，法自然。』大意是
　說：人法地則與地同德，法天則與天同德，法道則與道同德，都是法自然。似可備
　一解。」（高亨：《老子注釋》，64頁，鄭州，河南人民出版社，1980）

「有無相生」

　　「自然」之「道」自是其是，自然而然。「道恒無為而無不為」[19]，它永遠無意於有所作為，卻又無所不予以成全；它自己是自己的原因和根據，因而無所依賴、無所牽累，它顯現於天地萬物的「自化」、「自正」——自己化育自己、自己匡正自己，卻又不受任何有形事物的時空局限的制約。就它見之於事物的自己化育自己、自己匡正自己、對天地萬物無所不予成全因而「無不為」而言，它有「有」的導向；就它不為任何界域所限制、不局守在任何經驗事物中、永遠無意於有所作為因而「常無為」而言，它有「無」的導向。「道」自是其然、既「無」又「有」、既「有」又「無」，這自然而然的「有」、「無」一體使「道」呈現出它的玄深和高妙。

　　《老子》一書開篇就說：「道可道，非恒道；名可名，非恒名。無名，天地之始；有名，萬物之母。故恒無欲以觀其妙，恒有欲以觀其徼。此兩者同出而異名，同謂之玄，玄之又玄，眾妙之門。」這段話可以說是老子論「道」的總綱，也可以說是老子論「名」或論語言的總綱，論「道」和論「名」的相即相成意味著道家價值形態的形而上學與道家語言觀的相即相成。言說總是從命名開始的，命名既是對被命名者的敞開、揭示，也是對被命名者的抽象和遮蔽。老子以「道」立論，「道」凝聚了他對人生和關聯著人生的宇宙真諦的體悟。當他開口要說出這真切體悟時，他遇到了一個註定不可克服的困難：「道」一旦被命名、被語言表述出來，那被表述出來的就不再是他所體悟到的恒常的「道」或所謂「恒道」了，「道」這個命名既然是可以稱呼、可以叫出來的名，那它也就不再是與體悟中的「恒道」

19　《老子》三十七章。

相稱的「恒名」了。單是從老子對這個困難的指出，就足以看出這位「不言之教」的宣導者對語言的警惕，對可體悟而不可言說者在被言說時可能毀於語言的敏感。但他還是不得不對不可言說的「道」──「恒道」──作一種勉為其難的言說，不過他畢竟把言說那不可言說者的後果在言說一開始就告訴了人們。把言說那不可言說者的後果告訴人們後卻還要言說，這實際上是提醒那些聽他言說的人不要執著於言說，而要透過這言說去體悟那不可言說者。為老子所體悟的「道」上通天地的原始，下貫萬物的生滅。在他看來，「道」見之於天地初始不可命名、不可摹狀或所謂「無名」時，「道」也見之於萬物創生化育、可以描繪它們的情狀因而可予以命名或所謂「有名」時。從「道」通「無名」而無所意欲因此具有「無」的導向這一點上，可以去觀察、領悟「道」的奧妙；從「道」通「有名」而顯出成全萬物──讓萬物自我成全──的意欲因此具有「有」的導向這一點上，可以去觀察、領悟「道」呈現於經驗事物生滅過程的行跡。這「無名」與「有名」、「無欲」與「有欲」、「無」與「有」都與「道」相系，只有在懂得了關聯著「無名」與「有名」、「無欲」與「有欲」的「無」與「有」同是「道」的導向，或者說只是在明白了它們不過是「道」的同一導向出自不同角度的兩種稱謂時，才可以說是觸到了「道」的玄深叵測。體會這一層玄深而又玄深的意味，是獲悉「道」的眾多妙趣的門徑。

　　「道」的「有」的導向決定了「道」一定要在對天地萬物的生生不已的成全中才成其為「道」，但「道」對天地萬物的成全從來就是沒有存心安排、沒有預期目的的，而這又表明那「有」的導向從一開始就貫穿了「無」的導向。老子所說「道生一，一生二，二生三，三生萬物」[20]，通常是被理解為宇宙生成論的，但即使把這說法作為一

---

20 《老子》四十二章。

種宇宙論看，這裡的「生」也只是邏輯地生，而不是發生學意義上的那種生。如果把「道生一」理解為「道」先於「一」，然後生出「一」來，把「一生二，二生三，三生萬物」理解為「一」先於「二」，「二」先於「三」，「三」先於萬物，然後依次生出「二」、「三」、萬物來，那可能是理解者受經驗事物的「生」的局限而過分拘泥於老子不得已而用之的詞句了。其實，「一」即是「道」，「道生一」不過是「道」由「生」而把它的「有」的導向突出地顯現出來罷了。上文所引《老子》二十一章說，「道之為物」，其中「有象」、「有物」、「有精」、「有信」，固然是擬象、擬物、擬精或擬情而談，並不是以「物」、以「象」或以「精」論「道」，但「有象」、「有物」、「有精」、「有信」的說法畢竟更多地強調了兼具「有」、「無」導向的「道」的「有」的性狀，儘管這「有」與「無」相通因此「惚恍」、「窈冥」而難以言喻。與這一章相應，《老子》十四章形容「道」說：「視之不見，名曰夷；聽之不聞，名曰希；搏之不得，名曰微。此三者不可致詰，故混而為一。一者，其上不皦，其下不昧；繩繩不可名，復歸於無物。是謂無狀之狀，無物之象，是謂惚恍。」（看它而看不見，稱作「夷」；聽它而聽不到，稱作「希」；摸它而摸不著，稱作「微」。這三種情形不可追根問底，它們原本不可分而渾然為一。這渾然的一，它的上面不清晰，它的下面不昏昧；頭緒繁多，難以言說，卻又復歸於空靈無物。這可謂那種沒有形狀的形狀，那種沒有物象的形象，也正可謂「惚恍」。）如果說二十一章更多是由「道」而「一」地述說「道」的「有」的性狀，那麼，十四章就更多地是由「一」而「道」，由「道」的「有」的性狀強調這不為有而有的「有」又還是「無」──所謂「無狀之狀」，「無物之象」，「復歸於無物」。「一」也「惚恍」，「道」也「惚恍」，由「惚恍」說「一」、說「道」，「道」可以說就是「一」，「一」也可以說就是「道」。不過，

「一」凸顯了「道」的「有」的性狀，畢竟不能說已經是「道」的整全，因此所謂「道生一」，不外是說「道」以它的能「生」這一點顯現了「有」的導向。至於「一生二，二生三，三生萬物」的確切所指當然還可以從容討論，例如，可以把「二」解釋為「陰」和「陽」，把「三」說成是「陰」、「陽」相沖之「和」，也可以相應於《周易》把「二」了解為天、地，把「三」設想為天、地、人，由此把三者與一個經卦卦象的三爻排列關聯起來用以象徵萬物，但可以肯定的是，這裡所說的「生」不是「一」、「二」、「三」在時序上的一條線的生，而是指才有了「道」之「一」，就有了「陰」、「陽」之「二」，才有了「陰」、「陽」之「二」，就已經相沖相合而有了萬物的發生，由「一」而「萬物」表明了運貫在這「生」中的「道」的「有」的導向。同樣，老子所說「天下萬物生於有，有生於無」[21]，也不是指「無」、「有」、「萬物」在時序上一條線地「生」，好像先有一個純粹的「無」，然後由「無」生出「有」，再然後，由「有」──一個純粹而抽象的「有」──生出萬物。它的恰當或確切的意思可能是這樣：天下萬物之「生」顯現「道」的「有」的導向，而「有」與「無」同出於「道」，這「有」不是刻意或存心而為之的「有」，它因此又只是「無」──所謂「有生於無」，無非是說「有」作為「無為」之「有」終究不過是「無」而已。這樣體會「生」的意味，才可能領悟老子為什麼會斷言「有無相生」[22]，而以「有」、「無」同體、「有無相生」領悟「道」，也才可能探知老子之「道」歸根結底是「生」之「道」或「生」之導。「生」是老子學說的底蘊所在，道家人物一向重「生」、養「生」，而連著古老根底的貴「生」祈向起先萌生於避世的隱者，最早自覺於「言道德之意」的老聃。

---

21 《老子》四十章。

22 《老子》二章。

以「生」為底蘊的「道」把天、地、人引向「長生久視」[23]；「生」是一個過程，這過程本身當然意味著一種「有」，它體現著「道」的「有」的導向，但作為過程的「生」往往因為它不著意於「生」或為了「生」而生，反倒可以長久或「長生」，這不著意於「生」或不為了「生」而生，又正可以說是一種「無」，它體現「道」的那種「無」的導向。老子談到「天長地久」時說：「天地所以能長且久者，以其不自生，故能長生。」[24]換一種說法，天地所以能夠長生不衰，是因為它從來就不曾經意為自己而生，從來就沒有以自己的生為念。不經意、不以自己的生為念即是「無」，這因為「無」而「有」的「生」是自然而然的「生」。「有無相生」的道理看起來好像是淺顯明白不過的，其實深藏玄機，耐人尋味。「道」行於或顯現於天地，天地長久，「道」行於或顯現於萬物，萬象森羅。依老子的看法，天地萬物的盎然生機原在於「有」、「無」同體的「道」的導引，他說：「萬物作而弗始，生而弗有，為而弗恃，功成而弗居。夫唯弗居，是以不去。」[25]（創生萬物而未預先謀劃，養育萬物而不據為己有，施與萬物而不以恩主自恃，功業有成而不把勞績歸於自己。正因為不把勞績歸於自己，所以它的生機才永遠不會失去。）所謂「作」、「生」、「為」、「功成」，都可以說是「有」，所謂「弗始」、「弗有」、「弗恃」、「弗居」，又都可以說是「無」，天地萬物的一線命脈盡在於「有」與「無」的相即不離，這「有」、「無」相即之「道」維繫著天地萬物的生生不息。由天、地、萬物到人生，人生導之於「道」而「法自然」，也正可以看做人從天、地、萬物那裡默默體認「有無相生」的玄趣，就是說，人「法道」、「法自然」的切近而

---

23 《老子》五十九章。
24 《老子》七章。
25 《老子》二章。

直觀的表達，就是人「法地」、「法天」。

與「有無相生」密切相關，下面講老子學說的又一個要點：

「上德不德」

前面講到「萬物作而弗始，生而弗有，為而弗恃，功成而弗居」，所謂「作」、「生」、「為」、「功成」是「道」的「有」的導向的體現，所謂「弗始」、「弗有」、「弗恃」、「弗居」是「道」的「無」的導向的體現。「道」的這兩種導向在萬物中的體現，也可以說是「道」的「有」的導向和「無」的導向在萬物那裡的發用（由發生而產生作用）。這種發用不是手段意義上的功用或見之於某種功能的那種功能性的用，而是有著價值意味的德用——其「用」本身就構成一種「德」。所以，與《老子》第一章論說「有」與「無」或「有名」與「無名」、「有欲」與「無欲」異名而同出的所謂「玄」相應，《老子》五十一章在對第二章所謂「道」的發用再一次作了申述後要立於「道」去論說一種被稱為「玄德」的「德」。他提出：「道生之，德畜之，長之育之，亭（成）之毒（熟）之，養之覆（護）之。生而不有，為而不恃，長而不宰，是謂玄德。」「道」由它的發用而顯現出來的「德」或所謂「玄德」，是與「道」的「有」、「無」玄同——「（有、無）兩者同出而異名，同謂之玄」——的性狀或導向一致的；如果說從「有」、「無」的玄同一體處論「道」所屬意的主要在於「道」的本然，那麼，可以說，就「玄德」而論「道」在更大程度上就是要從「道」的本然中引出「道」在價值趣向上的應然。「生」、「為」、「長」等「有」的德用當然是「玄德」的應有之義，但在老子這裡，「玄德」成其為「玄德」更重要的還在於與「生」、「為」、「長」同時就有的「不有」、「不恃」、「不宰」等「無」的德用。老子

有時會直截了當地說「弱者，道之用」[26]，有時又會說「無之以為用」，實際上，「弱」與「無之」相通，它們都是老子所主張的由「道」而匯出的那種「德」，也就是所謂「玄德」。

就像「道」的性狀或導向在於「有」與「無」或「有名」與「無名」、「有欲」與「無欲」的玄同一致，「道」見之於天地萬物的德用或所謂「生之」、「畜之」、「長之」、「育之」、「亭（成）之」、「毒（熟）之」、「養之」、「覆（護）之」，在於它對天地萬物既能「有之」又能「無之」，在於這「有之」和「無之」的相輔相成。老子以比喻的方式說：「三十輻共一轂，當其無、有，車之用也；埏埴以為器，當其無、有，器之用也；鑿戶牖以為室，當其無、有，室之用也。故有之以為利，無之以為用。」[27]他所說的「有之以為利」也可以表述為「有之以為用」，「有之」和「無之」作為「道」的「用」缺一不可。不過，比起「有之」來，「無之」顯然在「道」的「用」或「道」的「玄德」中佔有主導地位。「三十輻共一轂」不能沒有揉以為輪——包括車輪周邊的輪輞和連接輪輞與車輪中心部分的輻條等——的材質之「有」，「埏埴以為器」不能沒有被制陶器械所加工的陶泥之「有」，「鑿戶牖以為室」不能沒有砌牆架屋用的灰、木、磚、石之「有」，但對於「車之用」、「器之用」、「室之用」說來，重要的還在於由那些「有」構成的空間「無」——這「無」使車轂可以容納車軸於其中，這「無」可以使器皿容什物於其中，這「無」使房屋有了可供居住的空間和便於出入的門戶。「有之以為利」和「無之以為用」始終是渾然一體於「道」之「用」的，不過，從老子列舉的「車之用」、「器之用」、「室之用」的比喻看，在他所說的「道」之「用」

26　《老子》四十章。

27　《老子》十一章。

或「道」的「玄德」中，「無之」畢竟對於「有之」有著價值意義上的主動。

　　「道」以它的「玄德」對天地萬物的成全啟迪著人，人既然要取法於「道」、取法「自然」，那就應當在自己的人生踐履中體現「道」的那種「玄德」。「飄（大）風不終朝，驟雨不終日」[28]，人事要想長久就不能像狂風那樣迅猛，像暴雨那樣劇烈；去除峻急而免於激切就是「無之以為用」的「無之」，也就是不逞強任能而虛懷用「弱」。老子訓導人們：「不自見（現），故明；不自是，故彰；不自伐（誇），故有功；不自矜（驕），故長。夫唯不爭，故天下莫能與之爭。」[29]他所謂「不自見」、「不自是」、「不自伐」、「不自矜」，是教人對自我表現、自以為是、自我炫耀、驕傲自滿等「無之」，只是一味謙卑、以「弱」德為用，而不與人爭強鬥勝。老子還有「知其雄，守其雌，為天下谿（溪）」、「知其白，守其黑，為天下式」、「知其榮，守其辱，為天下穀」[30]的說法，這其實是對「不自見」、「不自是」、「不自伐」、「不自矜」的另一種表達。主張「守雌」、「守黑」、「守辱」，無非是要人們以「弱」為德，對世人的逞「雄」、奪「白」、爭「榮」之心「無之」，而「無之」以取「弱」正合於「道」之所導的「玄德」。

　　老子對「道」的德用的最直觀、最切近的描繪莫過於「上善若水」的比喻。他說：「上善若水，水善利萬物而不爭，處眾人之所惡，故幾於道。居善地，心善淵，與善仁，言善信，政善治，事善能，動善時。夫唯不爭，故無尤。」[31]這意思是：德行稱得上「上善」的人，做人行事就像水那樣——水潤澤萬物、有利於萬物而不與

28　《老子》二十三章。
29　《老子》二十二章。
30　《老子》二十八章。
31　《老子》八章。

萬物相爭，總是流向低窪的地方，處在人們嫌棄、厭惡的卑下位置，所以最近於「道」。上善之人謙遜退讓，樂於像水那樣避高就低；他的心胸深廣能容，善於像水那樣聚積成淵；他在交往中以仁愛待人，像水那樣坦然而沒有私欲；他說話講求信用，像水那樣不欺不詐；他「以正治國」，像水那樣清靜無為；他遇事總能勝任，像水那樣善於適應；他的行動無不合於時運，像水那樣順勢、自然。正因為他能像水那樣與世無爭，所以才不會有過錯。水以其「無為」而顯得柔弱，但正是這「無為」之「弱」使它得以「無不為」。歷來學人往往以柔弱勝剛強解釋老子的「弱者，道之用」，而從劉歆、班固開始，老子之學甚至常被稱作「君人南面之術」。這當然並不是完全沒有根據的，《老子》一書就有「柔弱勝剛強」[32]這樣的句子，不過，如果就此推斷老子學說的根本旨趣在於教給王侯們一種權術或統治的技巧，那可能與作為「隱君子」的老子的立意——「以自隱無名為務」——有太大的距離。老子之「道」當然可以發用於政治，所謂「政善治」就是指政治以清靜無為為善，但「道」的發用並不局限於政治。作為「道之用」的「弱」，原是對人生當有之德或人生根本態度的一種指點，它意味著謙讓、樸厚、「常寬容於物，不削（苛求）於人」[33]；它完全可能產生以柔克剛的效果，只是這效果並不就在預期中早有謀劃。如果把「弱」僅僅理解為一種以退為進、韜光養晦的策略，那與其說是對「弱者，道之用」的踐行，倒不如說是對老子學說的鄉愿化。「道法自然」的提法並沒有給那些帶著機心作政治遊戲的人留下多大餘地，以權術設想老子學說與這學說的「道德」——導之以「玄德」——的取向全然相悖。莊子說：「機心存於胸中，則純白不備；

32　《老子》三十六章。

33　《莊子‧天下》。

純白不備，則神生不定；神生不定者，道之所不載也。」[34]（胸中存了機變巧智之心，「純白」的天性就不再完備；純白的天性不再完備，精神就惶惶然不得安定；精神惶惶然不能安定，那就會為道之所不載。）這是他對自己心目中的「道」的剖白，也是他對老子之「道」的品格的辨正。老子被莊子稱為「古之博大真人」，應當說，這個被認為是「以本為精，以物為粗」（視形上的「道」為精微，把形下的「物」看做粗疏的東西）、「澹然獨與神明居」（恬淡寡欲，獨守神明）的「博大真人」決不會是那種以「弱」為巧智而「機心存於胸」的人。

　　如果不把「弱」視為機謀一類的巧智，而是依老子的初衷把它看做「道」的德用，那麼，「弱」就應當被了解為所謂「萬物莫不尊道而貴德」[35]論者的所貴之德。《老子》一書也稱《道德經》，「道德」一語，正可以借孔子的「道（導）之以德」的說法去理解，當然，這並不意味著否認老子的「道德」和孔子的「道德」在內蘊上的差異。與《老子》一章作為「道」論的總綱相當，《老子》三十八章可把握為「德」論——就「道」的發用而立論——的總綱。這一章說：「上德不德，是以有德。下德不失德，是以無德。上德無為而無以為，下德為之而有以為。上仁為之而無以為，上義為之而有以為，上禮為之而莫之應，則攘臂而扔（拉）之。故失道而後德，失德而後仁，失仁而後義，失義而後禮。夫禮者，忠信之薄而亂之首也。前識者，道之華而愚之始也。是以大丈夫處其厚，不居其薄；處其實，不居其華。故去彼取此。」在老子看來，「禮」作為文飾固然不再有「忠信」可言而為德性敗壞的開端，由「禮」而上推到「義」、「仁」以至於「下德」，也都不過是「道」的失落的不同層次。「上德」之人與德無間而

---

34 《莊子‧天地》。
35 《老子》五十一章。

相忘於德——「弱者，道之用」由此得以典型呈現，老子稱這種情形為「上德不德，是以有德」；「下德」之人對於德有意求取，唯恐失去德，但這樣刻意求德，本身已表明修德者與德對置為二而不是渾然一體，老子稱這種情形為「下德不失德，是以無德」。所謂「無德」，是指失去了「德」作為自然無為之「道」的發用的那一份真切。比如謙虛這種品德，如果一個人的謙虛行為是無意而為的，那麼他的謙虛之德就是「上德」，這個人也就是「上德」之人；反之，如果一個人只怕自己身上表現不出謙虛的品德來，他只是為了謙虛而謙虛，這有意而為因而不再有自然而然的那種真切感的謙虛之德屬於「下德」，而德行如此的人是「下德」之人。「上德」之人對於德不是有意而為，他反倒因為這「無為」而不流於偏頗以至於能做到「無不為」；「下德」之人對於德有意「為之」，他的所為就可能受到他的意向的局限而只能做到有所為、有所不為。「上仁」之人雖然對「仁」有意「為之」，但在與他有意為之相應的受局限的範圍內由於他的仁愛之心而能做到愛人愛物，不至於偏狹自私；「上義」之人對「義」有意「為之」，而這只是取所謂相宜者為之，因此，即使在與「為之」相應的受局限的範圍內也還會失之偏頗；「上禮」之人有意「為之」，他的所為僅僅在於以自己認可的禮儀、規章約束他人，如果別人不聽從他，他就會挽起衣袖，伸出胳膊，強拉著人家去做。老子以「無為」、「為之」、「無以為」、「有以為」的錯落關聯，對「上德」、「下德」、「上仁」、「上義」、「上禮」作了高下有別的分判，其中有著一以貫之的價值取向，這即是「道」見之於德用的「弱」或「無之」。

「弱」或「無之」，意味著由無為而至於無不為。老子說：「恒德不離，復歸於嬰兒」[36]（不失卻恒常的德性，回歸於嬰兒那樣的樸

---

36 《老子》二十八章。

真）、「含德之厚，比於赤子」[37]（德性涵養渾厚，就像是初生的嬰兒），這「恒德」、「厚德」是「上德」之「德」或所謂「玄德」，而「嬰兒」、「赤子」，說到底，不過是「弱」或「無之」的形象化、直觀化。

下面，講第五個問題：

「復歸於樸」

「弱」作為「道之用」，是一種不逞強爭勝的姿態。篤守這一姿態，就是所謂「致虛」、「守靜」[38]或「守中」[39]（保持內心的恬淡）。與「弱者，道之用」相應，老子把得之於「道」的事物的自然而本真的品格稱作「樸」。對於他說來，「恒德不離，復歸於嬰兒」就是「恒德乃足，復歸於樸」[40]（恒常的德性得以充足，而復歸於原初的質樸），因此「恒德」──「上德」之「德」或所謂「玄德」──也正可以徑直理解為「樸」德。「樸」是「道」的「玄德」的告白，是老子「言道德之意」的價值宗趣所在。它意味著一切文飾、奢華的泯除，一切刻意、造作的消弭，一切機心、籌謀的擯棄，一切以自然為然的自然而然。

依「道」的本性和德用，它的「動」勢或趣向在於「反」，所以老子在指出「弱者，道之用」時也以「反者，道之動」[41]與其相提並論。「反」，即是「返」，它意味著一種還原或返回。無論是所謂「有無

---

37 《老子》五十五章。
38 《老子》十六章。
39 《老子》五章。
40 《老子》二十八章。
41 《老子》四十章。

相生，難易相成，長短相較，高下相傾，音聲相和，前後相隨」[42]、
「正復為奇，善復為妖」（正常再度變為怪異，良善又可變為邪僻）、
「禍兮福之所倚，福兮禍之所伏」[43]，還是所謂「大曰逝，逝曰遠，
遠曰反」[44]（大道於是運行不怠，運行於是趨向遼遠，遼遠於是又返
本復始），《道德經》中的這些論述都是在由「反」而說「道之動」，
但依老子論「反」的初衷，這「反」的重心當在於「夫物芸芸，各復
歸其根」[45]（萬物紛紜，各復歸於它們的根本）、「復歸於嬰兒」、「復
歸於樸」的「復」。從「正復為奇，善復為妖」之類說法當然可以領
略一種所謂「辯證」方法的，不過，在老子這裡，方法從來就不是價
值中立的，它最終不至於落於詭辯是因為它一直在反本復「樸」、復
歸於自然的價值取向的引導下。如果說，「玄德」之「樸」是以
「道」的「玄同」之性為依據而確立的價值取向，那麼，「反」或
「復」就是由「道」的「玄同」之性所決定的趨向「樸」的境地的修
養方式。以「樸」為中心的價值觀與以「反」或「復」為主導的修養
途徑的一致，述說著老子學說的真正祕密。

　　「道」本是不可命名的，把它命名為「道」原是出於不得已。對
於「道」，老子有時以「大」形容，有時以「樸」形容。以「大」形
容，是說它運貫於天地萬物，無處無時不在；以「樸」形容，是說它
自然無華，沒有任何藻飾。莊子是與老子心靈相通的，他在一則寓言
中把老子以「無名之樸」[46]相稱的「道」描繪為不可稍加雕飾的「渾
沌」。這則寓言說：南海之帝叫倏，北海之帝叫忽，中央之帝叫渾

42　《老子》二章。
43　《老子》五十八章。
44　《老子》二十五章。
45　《老子》十六章。
46　《老子》三十七章。

沌。儵和忽時常來往，在渾沌那裡碰面，渾沌對他們很友善。有一天
儵和忽商量怎樣報答渾沌給予他們的恩惠，他們想：「人都有七竅，
用來吃飯、呼吸、聽聲音、看東西，渾沌偏偏沒有，我們試試看，給
他鑿出七竅來。」於是每天鑿一竅，到了第七天，七竅鑿好了，渾沌
也死了。這個故事告訴人們，在被稱作「渾沌」的「道」這裡，沒有
文明教化的涉足之地。老子的學說可以一言以蔽之為致「道」之學，
也可以一言以蔽之為致「樸」之學，「道」之所導歸根結底只在於
「樸」。趨向「樸」的境地，對於塵世中被種種功名利祿所累的人說
來意味著一種返回，這返回是要人們消解或摒棄那些被文明刺激起來
的意欲和情志，以恢復生命本有的天趣。老子主張「為學日益，為道
日損」[47]，又要人們「致虛」、「守靜」，其實，他所說的「虛」、「靜」
都關聯著「樸」，而他的所謂「致」、「守」也都在於「損」。「為道」
對於萬物原是自然而然的事，沒有意欲和情志可言的萬物對於
「虛」、「靜」而「樸」的篤守在默然無言之中。但人與物不同，人要
「為道」、要「日損」其情志和欲望，有待於心靈的覺悟。所以老子
在說了「夫物芸芸，各復歸其根；歸根曰靜，是謂覆命，覆命曰常」
一類話後，要著意指出：「知常曰明，不知常，妄作凶；知常容，容
乃公，公乃全，全乃天，天乃道，道乃久：沒身不殆。」[48]那意思是
說，覺悟到「歸根」、「覆命」這一常則的人才算是明智的人，不懂得
「歸根」、「覆命」這一常則而恣意妄為的人是會招來災禍的；懂得了
「歸根」、「覆命」的常則就會寬厚容人，能寬厚容人就會處事公正，
能處事公正就會周全而不失於偏頗，周全而沒有偏頗就會明白什麼是
天然或天之所然，明白了什麼是天然或天之所然那也就體悟到「道」

---

47 《老子》四十八章。
48 《老子》十六章。

了，取法於「道」就能生機長久，以至於終其一生都不會遭遇什麼兇險。這裡所說的「明」、「容」、「公」、「全」、「久」，都屬於價值觀念，從「道」啟示給人們「樸」這一根本價值所可能帶來的諸多價值，可多少窺見老子論「道」的苦心所在。「大道廢，有仁義；智慧出，有大偽」[49]，人類既然已經深深地陷在自己造成的人文泥淖中，想要「為道」就不能不借著萬物「復歸其根」的啟示而「日損」其巧利的牽累和浮文的誘惑。老子提出：「絕聖棄智，民利百倍；絕仁棄義，民復孝慈；絕巧棄利，盜賊無有。此三者，以為文不足，故令之有所屬：見素抱樸，少私寡欲，絕學無憂。」[50]依他的看法，棄絕所謂「聖」而摒除所謂「智」，將會帶給民眾百倍的利益；棄絕所謂「仁」而摒除所謂「義」，百姓才會重新懂得孝順與慈愛；棄絕機巧而摒除私利，盜賊也就不再滋生於世。如果從這三方面說仍嫌意味不圓足，那也可以將其作這樣的歸結：顯現素心而留住淳樸，減少私念而節制嗜欲，棄絕才學、技藝而消除憂慮。這其實是在痛切申明「為道」者所應選擇的價值取向──消極地說，它在於對「聖」、「智」、「仁」、「義」、「巧」、「利」等世俗價值的擯棄；積極地說，它意味著對人們往往忽略的「素」、「樸」價值的推重和恪守。

所謂「見素抱樸，少私寡欲，絕學無憂」，換一種說法，就是「去甚（過分）」、「去奢（奢侈）」、「去泰（驕縱）」[51]或「知足」、「知止（限度）」[52]；再換一種說法，也可以說是「為無為」、「事無事」、「味無味」[53]或「欲不欲」、「學不學」[54]。品味「無味」之味，以

49　《老子》十八章。

50　《老子》十九章。

51　《老子》二十九章。

52　《老子》四十四章。

53　《老子》六十三章。

54　《老子》六十四章。

「無事」為其所事，以「無為」為其所為，以「不欲」為其所欲，以「不學」為其所學，這是一種「弱」的姿態或「無之」的態度，對「為」、「事」、「味」、「欲」、「學」的捨棄是要人們找回人的自然之「樸」的天性。老子學說是不可指責為虛無主義的，它把世俗中人們從未檢討而只是一味認同的那些價值「無」去或否定掉，最終所要確認的是連著人的生命之根的「樸」的價值。天道自然而樸訥，人「法道」、「法自然」說到底是要取法或師法「道」的自然之「樸」，不過這取法或師法本身所必要的那種心靈的自覺，已經是對原始之「樸」的超出。

《老子》一書中有不少從「無為」、「無事」、「無欲」出發論說「治國」、「取天下」的章節，例如所謂「治人事天莫若嗇（節儉）」[55]，所謂「治大國若烹小鮮」[56]，所謂「以正治國，以奇用兵，以無事取天下。吾何以知其然哉？以此：天下多忌諱，而民彌貧。民多利器，國家滋昏。人多伎巧，奇物滋起。法令滋章，盜賊多有。故聖人云：『我無為而民自化，我好靜而民自正，我無事而民自富，我無欲而民自樸』」[57]等。但如果由此把《道德經》歸結為一部專為王侯們出謀劃策的書，那可能就不免失之本末倒置了。處在禮樂失範、天下紛爭而人心浮動的時代，老子不可能不關注政治，不過他的政治見解不是急功近利的，而是派生於一種對宇宙人生的終極性關切。他也許是在受了紛亂的現實刺激後才去思索那形而上的天地人生之「道」的，但這被體悟的「道」決不僅僅在於為一套設計好了的政治方略提供某種理由。所以，在老子的政治觀念中，「樸」並沒有被限定為一種治國的策略，而是被視為理想中的政治賴以有其價值的價值。「民自

---

55 《老子》五十九章。
56 《老子》六十章。
57 《老子》五十七章。

化」、「民自正」、「民自富」的最後原由無不在於「民自樸」，而「自樸」作為連著宇宙人生根蒂的價值決不只是政治的附帶性產物，它反倒可用來作為衡量和批評當下政治是否盡到其職分的依據或標準。老子曾設想過「小國寡民」的政治藍圖，這個設想只有從「民自化」、「民自正」、「民自富」、「民自樸」那裡獲得合於老子本然意趣的理解。老子說：「小國寡民，使有什佰之器而不用，使民重死而不遠徙。雖有舟輿，無所乘之。雖有甲兵，無所陳之。使民復結繩而用之。甘其食，美其服，安其居，樂其俗；鄰國相望，雞犬之聲相聞，民至老死不相往來。」[58]顯然，這個「小國寡民」的治國方案的最後理由和憑藉在於「復歸於樸」的那個「樸」——人「法地」、「法天」、「法道」、「法自然」，終究只是要返回到本真的生命之「樸」。

最後，我在這裡要再次提醒人們注意的是：老子所說人「法地」、「法天」、「法道」、「法自然」的那個「法」（取法或師法），是人自覺地「法」，但自覺地以「自然」為法而趨於「自然」已經不再是本來意義上的自然而然的「自然」。老子之學也可以說是「無為」之學，不過這「無為」是被覺悟到的「無為」，是人應當為之的那種「無為」，或所謂「為無為」。「為無為」的最高境地被老子視為一種聖境，因此，他也常常以「聖人」為楷模教誨人們「尊道而貴德」。但正是因為對這一被自覺到的聖境的嚮往，對可能達到這一境地的「聖人」的企慕，那所謂「絕聖棄智」、「絕學無憂」的說法就不能不作必要的匡正。《老子》以五千言闡發「見素抱樸」的「自然」之「道」，沒有對人生的究竟有所覺悟並且因此對前人所留下的人世滄桑的道理有所「學」而不可想像。「聖」、「學」的終於不可鄙棄，使老子的渾然一體的玄深道理露出了一道裂隙。當然，裂隙或破綻也是

58　《老子》八十章。

一種敞開或一種指引，這深刻的裂隙使別有宗趣的諸子其他學說，有可能就此找到它另闢蹊徑的最初的契機。

第三講
孔　子

　　「自然」的「素」、「樸」指示著老子學說的終極眷注，這眷注對
於孔子的啟迪構成儒家教化的發端。孔子從來沒有貶低過那種自然而
然的「素」、「樸」的價值，不過他的開始於「素」、「樸」的價值追求
並不停留在「素」、「樸」上，——那個意味深長的「繪事後素」[1]的
比喻表明，他要在獲得一種「素」、「樸」的人生底色後去描繪儒家的
人文理想的畫圖。

　　孔子講過「人之生也直」[2]這樣的話，那意思是說，人生來就有
一種樸直、真率的性情。他又講過「人能弘道，非道弘人」[3]一類
話，這類話告訴人們，他所說的「道」是要借著心靈開悟了的人去弘
大、擴充的。如果把「人之生也直」與「人能弘道，非道弘人」的說
法關聯起來，我們得到的是與老子的「道」相通而又終究不同的另一
種道理。就是說，單就「弘道」之人其「生也直」而言，孔子以人的
自然而然的「直」的性情為出發點，顯然與老子所謂「道法自然」有
一脈可通，但老子的「道」是出離於人的任何作為的，因此，依其
「生也直」的人能夠「弘道」而言，孔子從一開始就同老子分道揚鑣
了。孔子與老子信守的「道」相通而又不同，這對於中國思想史、學

1　《論語・八佾》：「子夏問曰：『「巧笑倩兮，美目盼兮，素以為絢兮」，何謂也？』子
　　曰：『繪事後素。』曰：『禮後乎？』子曰：『起予者，商也，始可與言詩已矣。』」
2　《論語・雍也》。
3　《論語・衛靈公》。

術史是意義重大的，它使以孔、老為創始人的儒家、道家學說在此後兩千多年中保持了一份微妙而富於精神生機的運思張力。

孔子名丘，字仲尼，春秋末期魯國人，出生於魯襄公二十二年（西元前551年），辭世於魯哀公十六年（西元前479年）。他活了七十三歲，是先秦諸子中生卒年代最確定的人物，也是生平事蹟中最少那種懸而未決的疑問的人物。可能是一直被推尊為「聖人」或「文宣王」、「至聖先師」的緣故，孔子的富於個性的生命情態在他身後反倒很少有人留意。其實，正像老子那樣，孔子的學說和他的人生價值取向或生命踐履是渾然不可分的，所以，講述孔子我首先要講的就是：

孔子的生命情調

孔子是殷人的後裔，他的十一世祖是第五代宋國國君宋潛公。他的六世祖孔父嘉在大司馬任上遇害，其五世祖木金父為避禍從宋國逃到魯國，從此，這個血緣可追溯到微子的胞弟微仲以至於殷商王室的家族，不再有貴族身份。他的父親叔梁紇擔任過魯國陬邑的大夫，但那完全是因為個人的軍功。孔子三歲時父親就死了，失怙的他很快就淪落到社會的下層。沒有了貴族背景的呵護，卻又從小生活在魯國這樣一個崇尚禮儀而較多地保存了周代典章文物的國度，這使孔子在逐漸淡漠了「命」的寄託後，有可能因為豐贍的學術文化傳統的薰陶而從人生的切近處問訊於「道」。老子由留心天地、萬物的生機消長所體悟到的是「法自然」之「道」；孔子把天、地、萬物納入人生的視野，由此悟出的「道」更多地關聯著他切己的生命體驗。孔子十五歲時就有了向學之志，這「十有五而志於學」是「志於道」；三十歲時，他的所學已經足以使他自立，這「三十而立」也可以說是由立於禮而立於「道」。他所謂「四十而不惑，五十而知天命，六十而耳

順，七十而從心所欲不踰矩」[4]，其實都是從他所感悟到的由人生而貫通天地的「道」說起的。他年輕時做過管理倉庫和畜牧的小吏，到了五十歲那年做了魯國的中都宰，一年後又相繼升遷為司空、大司寇。但無論是做小吏，還是後來以大司寇攝行相事（相禮之事），孔子都不曾把自己局限在經驗的「器」的世界，而是一直向著心目中的「道」孜孜以求。「聞道」對於他是高於一切的，所以他甚至說：「朝聞道，夕死可矣！」[5]不過，他所謂的「道」並不能離開人而自在，這有待於人去弘大的「道」自當呈現於悟道者的真率的生命情調中。

作為儒家教化的創立者，孔子是性情中人，又是格位極高的「弘道」者。在弟子們的印象中，孔子的性情、氣質和舉止，溫和而莊重、肅穆，威嚴而沒有暴戾之氣，恭謹卻又從容、自然。這「溫而厲，威而不猛，恭而安」[6]的情態，是對生命化於孔子的儒家成德之教的最親切的闡示，從這裡可以直觀與弘道者的真切生命同在的所謂儒者之「道」。「三軍可奪帥也，匹夫不可奪志也」[7]、「志士仁人，無求生以害仁，有殺身以成仁」[8]，這些萬古不磨的警句述說著以道自任的儒者先師的生命力度，而《論語》中「子之燕居，申申如也，夭夭如也」[9]（孔子閒居，安適而從容，和悅而自在）、「孔子於鄉黨，恂恂如也，似不能言者」（孔子在家鄉，謙恭而平易，木訥而隨和）、「與下大夫言，侃侃如也；與上大夫言，誾誾如也；君在，踧踖如也，與與如也」[10]（與下大夫交談，和樂而率直；與上大夫交談，誠

4　《論語・為政》。
5　《論語・里仁》。
6　《論語・述而》。
7　《論語・子罕》。
8　《論語・衛靈公》。
9　《論語・述而》。
10　《論語・鄉黨》。

懇而不阿；在君主面前，顯得恭敬而不安，舉止謹慎而得體）一類記載，也從另一個側面描繪了一個情趣盎然、性格鮮明的孔子。孔子所立儒家之「教」，所稱一以貫之之「道」，並不是要禁錮或減殺人的性情，相反，正因為這「道」和「教」結緣於人的性情，它才可能被性情真切的儒者所領會和踐行，並且，正因為這種領會和踐行，人的性情也才可能被「道」所點化，被「教」所陶染。

孔子在齊國聽到韶樂的演奏，樂而忘情，竟然一連三個月食肉而不知其味。每逢別人辦喪事，孔子總是食不成味，弔喪的這一天他只是哀傷地哭，不再想得起弦歌詠唱。他是主張「樂而不淫，哀而不傷」[11]的，但情之所至，他也有「哀」而致「傷」的時候。《論語》的《先進》篇就有這樣的記載：顏淵死的時候，孔子哭得很傷心。跟隨他的人說：「夫子，這樣哭，您會哭壞身體的。」孔子回過神來說：「是嗎？像顏回這樣的人死了，不為他悲痛，還有誰值得悲痛呢？」在我們所能看到的記有孔子行狀的文獻中，無論是《論語》、《孟子》，還是《史記·孔子世家》，孔子都是被作為一個「仰之彌高」的聖人描述的，而被描述的這位儒家始祖的一言一行又都極其親切、自然，毫無造作、矯飾。可以這麼說：孔子致學立教的本懷，是要成全人的更富有活力的生命，這成全就在於從人的性情自然處對人生作某種「應然」的提撕。「應然」指示著一種價值祈向，它植根於「自然」，不是「自然」之外的企求，但它也意味著一種主動，一種導向，一種對渾然於性情自然中的無為生命性狀的有為地開出。在孔子這裡，「道」與人的性情的相即不離寄託了「人能弘道，非道弘人」的信念，而這信念實際上是對道家自然無為主張的包容和揚棄。

有一次，孔子和他的四個弟子──子路、曾皙、冉有、公西

華——在一起，他對弟子們說：你們平時總是嫌自己不為人所知，假如現在你為人所知，為人所用，你到底能做些什麼呢？直率的子路搶先說，我可以在三年的時間裡，讓一個受迫於大國之間而常被侵伐所擾、被饑饉所苦的千乘之國改變面貌，使這個國家的人變得勇敢而懂得禮義。孔子聽後不以為然，什麼也沒有說，只是微微笑了笑。冉有比子路謹慎些，他說，要是讓我在一個方圓六七十里或五六十里的小國有所作為，我可以在三年的時間裡讓百姓富足。至於禮樂教化，那就有待高明的君子了。公西華又謙退了一步，他說，我不敢說自己有什麼能力，只是願意學著去做就是了。在宗廟祭祀中，在諸侯相會或諸侯們穿戴一定服飾（所謂「衣玄端，冠章甫」）出席禮儀場所時，我願做一個贊禮的人。孔子對冉有、公西華說的話沒有明確表示什麼，回頭問當時正在鼓瑟的曾皙，曾皙說，我要做的與他們三位不同，我只是想求得這樣一種情境：晚春時節，換上了春服，約五六個朋友，再有六七個童子，盥洗於沂水之上，沐浴春風於舞雩之下，盡興之後，唱著歌回家去。孔子聽罷喟然長歎一聲說：我讚賞曾點的志趣！[12]對曾皙的讚賞，也正是孔子對自己胸襟的剖白。對孔子說來，為了解自己的人所用而治理一方還不是人生的最高追求。孔子的確說過「苟有用我者，期月而已可也，三年有成」[13]之類的話，但依他的

---

12 《論語‧先進》：「子路、曾皙、冉有、公西華侍坐。子曰：『以吾一日長乎爾，毋吾以也。居則曰：「不吾知也。」如或知爾，則何以哉？』子路率爾而對曰：『千乘之國，攝乎大國之間，加之以師旅，因之以饑饉，由也為之，比及三年，可使有勇，且知方也。』夫子哂之。『求，爾何如？』對曰：『方六七十，如五六十，求也為之，比及三年，可使足民；如其禮樂，以俟君子。』『赤，爾何如？』對曰：『非曰能之，願學焉。宗廟之事，如會同，端章甫，願為小相焉。』『點，爾何如？』鼓瑟希，鏗爾，舍瑟而作。對曰：『異乎三子者之撰。』子曰：『何傷乎？亦各言其志也。』曰：『莫春者，春服既成，冠者五六人，童子六七人，浴乎沂，風乎舞雩，詠而歸。』夫子喟然歎曰：『吾與點也！』」

13 《論語‧子路》。

真性情，決不至於被世俗的事用所牽累。盥洗於沂水之上，沐浴春風於舞雩之下，可以說是沒有任何實用意義的，然而在「浴」、「風」、「詠」的「無用」處，性情的抒達恰好就是禮樂的盡致。孔子從來就不是囿於事功的人，那種天人渾化、亦人亦天而從心所欲不逾矩的境地才是孔子心神所寄而努力求取的境地。

孔子的生命格調很高，但這高又不在真切的性情之外。魏晉時代，何晏、王弼之間有過「聖人無情」與「聖人有情」的爭論。如果依他們都把孔子尊為聖人而論，王弼的「聖人有情」論顯然更切近於孔子的生命情調。可以設想，孔子一旦被削去了性情，那就可能變為某種理境上的一尊偶像。偶像化了的孔子，也許依然是可敬的，只是已不再可愛。孔子其人固然因為他對一種極高的人生境界的指點而分外可敬，但他畢竟也還是一個極可愛的人。在孔子的人生踐履中，理境和情境是相融為一的，理之所至也是情之所往，他所體悟到的那一層人道而天道的理致是培壅或潤澤於一種高尚的情操的。如果體會不到這種情操，不能在這種情操上達到相當的生命的共感，而只是一味拘泥於孔子一些話的字面語義和邏輯，那就既不可能理解孔子，也不可能真正讀懂孔子那些往往帶有隨機指點性質的話語。

關於孔子，德國哲學家黑格爾曾說：「在他（孔子）那裡，思辨的哲學是一點也沒有的。」[14]由此，他甚至以嘲諷的口吻斷言：「（對於西方人說來）為了保持孔子的名聲，假使他的書從來不曾有過翻譯，那倒是更好的事。」[15]這樣品評孔子顯然與孔子的真實生命無緣，它只是表達了品評者所特有的思辨的傲慢。其實，思辨從來就不是哲人智慧的唯一品格，甚至也不是它的必要品格。孔子是聖賢，也

---

14 〔德〕黑格爾著，賀麟、王太慶譯：《哲學史講演錄》第一卷，119頁，北京，商務印書館，1959。

15 同上書，120頁。

是哲人，要從這裡有所發現，需要摒除思辨的偏見，改換另一種眼光。黑格爾告訴人們：「哲學史上的事實和活動有這樣的特點，即：人格和個人的性格並不十分滲入它的內容和實質。……在哲學史裡，它歸給特殊個人的優點和功績愈少，而歸功於自由的思想或人之所以為人的普遍性格愈多，這樣沒有特異性的思想本身愈是創造的主體，則哲學史就寫得愈好。」[16]以此為繩墨，他為後人留下了第一部真正具有世界視野的哲學史著述《哲學史講演錄》。不過，既然是以「沒有特異性的思想本身」為「創造的主體」，這樣的哲學史就只能是哲學史的思辨或思辨的哲學史。在這思辨的哲學史中，「特殊個人」的豐潤的生命情調被排除或被外在化了，留住的不過是與邏輯演繹相應的抽象化了的運思。真正說來，那不再被思辨所強制因而能夠給予人們更高期待的哲學史，也許應當是這樣：它在留心哲人啟示給人們的「人之所以為人」意義上的智慧的同時，也熱切地注視哲人的不可替代的個性；它當然不會忽略哲理境界中的思維的經脈，但也分外看重貫注在這種思維中的性情的神韻。在可望「寫得愈好」的哲學史裡，哲人所特有的生命情調，恰恰是人性在某一向度甚至渾全展開上的典型呈現，「個人的性格」本身即是對「人的普遍性格」的本然而應然的表達。至少，從這另一種途徑上去窺探「軸心時代」的哲人——孔子、蘇格拉底、釋迦牟尼甚至耶穌——的心靈，會更容易觸到生命智慧的本真，而不至於陷入無謂的邏輯遊戲。

　　孔子的學說是生命化了的，他的生命情調是他的學說的最直觀也最渾全的展露。明白了這一點後，我們現在來討論孔子的「道」：

---

16 同上書，7頁。

「仁」——「吾道一以貫之」

　　如果要一言以蔽之，可以說孔子之學與老子之學都是「道德」之學。老子遺說被道家後學命名為「道德經」是貼切的，儒家後學卻沒有以同樣的方式命名孔子學說和孔子之後儒家的任何著述。儒家沒有一部《道德經》，但輯錄孔子言行的《論語》和此後出現的《孟子》、《中庸》、《大學》、《易傳》等儒家典籍，都毫無例外地把主題命意繫於「道德」。老子所眷注的「道」是「自然」之「道」，這「自然」之「道」也可以方便地稱作「天道」；老子所眷注的「德」只是所謂「上德」之人為「自然」之「道」所作的一種見證，在這樣的「德」那裡沒有對可能「弘道」的人的寄託。孔子是另一種情形，他確信「人能弘道，非道弘人」，並且以「仁」為由人而道的契機所在。孔子是言默自如的，他把自己學說的全部旨趣歸結為「志於道，據於德，依於仁，游於藝」[17]（立志於道，篤守於德，歸依於仁，游心於六藝）。就此，我們可以把儒、道（孔、老）「道德」觀的所有分歧納入一個焦點，這焦點就在於是否「依於仁」：由「依於仁」所確立的道德是儒家的道德，在「失道而後失德，失德而後失仁」[18]的觀念上釐定的道德是道家的道德。

　　「仁」是孔子學說的重心所在，孔子的全部言說和默識都輻輳在這裡。從這一意義上甚至可以說，孔子之學即是「仁」學，孔子所致之「道」即是「仁」道，孔子所立之「教」即是「仁」教，孔子所期望實現的政治可謂之「仁」政，孔子所要培養、陶育的人可謂之「仁」人。「仁」作為人之所以為人——如後來《中庸》所說「仁

17　《論語·述而》。
18　《老子》三十八章。

者，人也」──的一種價值，在孔子看來，它在人的自然的生命中有內在的根荄或端倪，所以他說：「仁遠乎哉？我欲仁，斯仁至矣。」[19]「仁」這一人之所以為人的價值的極致境地或理想境地是「聖」，因此，就「仁」與「聖」相通而言，即使是被人們以「聖」相稱或以「聖」相期的孔子也不能不說：「若聖與仁，則吾豈敢？」[20]依「仁」的根荄或端倪內在於人的生命自然而論，由「仁」說起的儒家道德未嘗不通於道家，但「仁」也意味著一種在人的生命踐履中被覺悟而又被追求的「應然」，這關聯著「樸」而又不局守於「樸」的「應然」的價值取向，把儒家道德從根本上與道家道德區別開來。孔子說：「吾道一以貫之」[21]，這「一以貫之」的「道」的那個「一」即是「仁」，離「仁」別無其道。因此，他也說：「道」只有兩種，或者「仁」，或者「不仁」。[22]

　　孔子的弟子顏淵、子貢、仲弓、司馬牛、樊遲、子張等多次問到「仁」，孔子雖然是有問必答，但他的任何一次回答都不落在「仁是什麼」這樣的定義式的語句內。他對「仁」的指點是多角度的，每一次都切近提問者的生命狀態，以取譬、舉例的方式從某一方面入手予以點撥。對「仁」訴諸言談對於孔子來說是件不得已的事，他以他的獨特的言說風格告訴人們：對「仁」的渾全的意味，只可心領神會，不可離開生命體驗作純粹知識化──因而勢必流於片面或抽象──的理解。在孔子對「仁」的諸多說法中，一個最值得注意的說法是：「樊遲問仁。子曰：『愛人。』」[23]「愛」是一種情感，它最初也最自

19　《論語・述而》。

20　《論語・述而》。

21　《論語・里仁》。

22　《孟子・離婁上》：「孔子曰：道二，仁與不仁而已矣。」

23　《論語・顏淵》。

然地體現在血緣親情中，所以孔子的弟子有若把「孝弟」視為「仁之本」[24]，而孔子也說：「君子篤於親，則民興於仁。」[25]（身居上位的君子篤愛自己的親人，處於下層的百姓就會受其感染而起仁愛之心。）不過，「愛人」之「仁」雖在起初最自然地顯現於親情，卻並不限定於親情，它由親情向更廣範圍的推擴必至於「泛愛眾」[26]。以「泛愛」之心愛人，又必至於盡己為人以「忠」，推己及人以「恕」，所以，孔子的「一以貫之」的「仁」道在曾子看來完全可以用「忠恕」予以概括。[27]如果依孔子的說法，「其恕乎，己所不欲，勿施於人」[28]，那麼，「忠」的意味就理應在於所謂「己欲立而立人，己欲達而達人」。「忠」和「恕」是「愛人」之「仁」的不可分割的兩面，它們可以相互解釋因而相輔相成。由「忠」談「仁」，孔子說過：「夫仁者，己欲立而立人，己欲達而達人」[29]；由「恕」談「仁」，孔子又說過：「出門如見大賓，使民如承大祭；己所不欲，勿施於人；在邦無怨，在家無怨。」[30]所謂「己欲立而立人，己欲達而達人」，是說在自己想要有所樹立的地方，要想到如何使別人有所樹立，在自己謀求順利、通達的時候，要想到如何讓別人也順利、通達；所謂「己所不欲，勿施於人」，是說自己不願意承受的東西也不要讓別人去承受。無論是前者，還是後者，都是人生的一種境界，沒有盡己為人和推己及人的「愛人」之心是不可能設想這種境界的。有一次，樊遲問仁，

---

24 《論語‧學而》。

25 《論語‧泰伯》。

26 《論語‧學而》。

27 參見《論語‧里仁》。

28 《論語‧衛靈公》。

29 《論語‧雍也》。

30 《論語‧顏淵》。

孔子回答說：「居處恭，執事敬，與人忠，雖之夷狄，不可棄也。」[31]
（舉止謙恭有禮，做事謹慎盡職，對人忠厚誠實，即使到了偏遠的夷
狄之地也不可背棄這些做人的準則。）又有一次，子張問仁，孔子告
訴他：「能行五者於天下，為仁矣。……曰：恭、寬、信、敏、惠；
恭而不侮，寬以得眾，信則人任焉，敏則有功，惠則足以使人。」[32]
（對天下人能做到五點，那就可以稱得上「仁」了。……這五點是：
恭、寬、信、敏、惠；謙恭而不輕慢待人，寬厚而能得眾人之心，誠
實而為人所信任，勤勉而有所成功，施恩惠於人而足以使百姓為你所
發動。）其實，「恭」、「敬」、「忠」三種德行固然可以納入「忠」、
「恕」兩個方面去理解，而「恭」、「寬」、「信」、「敏」、「惠」五種德
行也完全可以歸結於「忠」、「恕」。

　　「仁」充實於人的內心，必然會見之於人的言語、神態和行為，
因此孔子也以察言觀色判斷一個人的仁愛之心的修養狀況，他說：
「巧言令色，鮮矣仁」[33]，「剛毅木訥，近仁」[34]，「仁者，其言也
訒」[35]（仁厚之人，出言謹慎而顯得遲鈍）。但由內而外，孔子更看重
的還是「仁」和「禮」的關係。在孔子看來，「禮」自當是「仁」的
顯現，一旦沒有了「愛人」之「仁」貫注其中，徒具形式的玉帛、鐘
鼓也就不再是本來意義上的禮樂了，所以孔子才會有「人而不仁，如
禮何？人而不仁，如樂何」[36]、「禮云禮云，玉帛云乎哉？樂云樂云，
鐘鼓云乎哉」[37]的感歎。不過，換一個角度看，「仁」的養潤、陶冶同

31　《論語・子路》。

32　《論語・陽貨》。

33　《論語・學而》。

34　《論語・子路》。

35　《論語・顏淵》。

36　《論語・八佾》。

37　《論語・陽貨》。

樣離不開「禮」的規範或制約。孔子說：「恭而無禮則勞，慎而無禮則葸，勇而無禮則亂，直而無禮則絞。」[38]（過於謙恭而有違禮的規範，那就會流於勞心傷神；過於謹慎而不合禮的要求，那就會變得膽小怯懦；過於勇捍而失了禮的節制，那就不免橫暴而生出禍亂；過於剛直而不顧及禮的約束，那就可能陷於偏激而背離初願。）這是在強調「禮」對於「恭」、「慎」、「勇」、「直」等德行修養的可能成全，也是在強調「禮」對於內在於人心的「仁」的覺悟和最終養成的不可缺少。正因為這樣，在顏淵問仁時，孔子回答他說：「克己復禮為仁，一日克己復禮，天下歸仁焉」，並鄭重指出：「非禮勿視，非禮勿聽，非禮勿言，非禮勿動。」[39]「禮」不外在於「仁」才成其為「禮」，而成其為「禮」的「禮」被確立後又可成為「克己」——克服個人私欲——所應循守的規範，這規範構成一種匡束和引導，它誘發著內在於每個人生命中的「愛人」之「仁」，因而從這裡可寄託「天下歸仁」的希望。孔子之「道」是「仁」道，「仁」道大行於天下的可能性在於每個人那裡都有著「愛人」之「仁」的端倪，而它的現實性卻在於以「禮」為規範的「克己」的修養。

「仁」的最高、最圓滿的境地是「聖」，對「聖」境的嚮往和祈求使儒家之「道」從孔子開始就有了形而上的品格。「仁」不是實體，「聖」也不是實體，由「仁」而「聖」所指示的只是一種價值取向。因此，孔子「依於仁」而祈向「聖」的「學以致其道」[40]的形而上學是價值形而上學，而不是實體形而上學。由人的生命自然中的「仁」的端倪提升到「仁」的最高境界「聖」，在孔子這裡走的是「中庸」的道路。黑格爾在他的《哲學史講演錄》中以輕蔑的口吻說

38　《論語・泰伯》。

39　《論語・顏淵》。

40　《論語・子張》。

孔子的學說只是「毫無出色之點」的「常識道德」[41]，這除開他的思辨的癖好和西方中心主義的病態心理影響了他的正常判斷外，對孔子「中庸」觀念的視而不見也是導致他的偏見的原因之一。「中庸」意味著一種極致，一種沒有止境的完滿，它不可能坐實到經驗生活中來，但它憑著覺悟到這一點的人向著它的努力，能夠把人的價值追求引向一種理想的境地。依孔子的本意，「中庸」的「中」指示的是一種毫不含糊的「分際」，一種不可稍有苟且的「度」。它可以用「恰當」、「恰好」、「恰如其分」一類辭藻作形容或描摹，但它畢竟不是人們在經驗世界中最終能夠企及的。孔子的中庸追求是在由「仁」而「聖」的德行向度上，正是因為它，道德的形而上境界才得以開出，儒家的道德形而上學也才可能成立。孔子說：「中庸之為德也，其至矣乎！」[42]他所說的「至」，指的是一種盡其完滿而無以復加的境地。德行之「仁」的「至」境是「仁」的形而上之境或「聖」境，由於它永遠不可能全然實現在形而下的修養踐履中，所以孔子也才這樣稱歎「中庸」——他說：「天下國家可均也，爵祿可辭也，白刃可蹈也，中庸不可能也。」[43]無論是把天下或一個國家治理得均平、有序，還是辭去一個人賴以立足社會或賴以表明自己被承認狀況的爵位和俸祿，或是從鋒利的刀刃上踩過去，都是很難做到的事，但畢竟是可以做到的，唯獨「中庸」，孔子說它「不可能」，可見「中庸」的獲得是多麼難。嚴格說來，天下國家的治理，爵祿的得失，足蹈白刃那樣令人發怵的行為，都在經驗世界的範圍內，而「中庸」不屬於經驗世界。不屬於經驗世界的目標對於任何人在形而下的世界中的任何努力說來都是不可企及的。猶如幾何學意義上的「圓」在經驗的時空裡永

41　〔德〕黑格爾著，賀麟、王太慶譯：《哲學史講演錄》第一卷，110頁。

42　《論語・雍也》。

43　《禮記・中庸》。

遠不可能繪製出來，而經驗世界中所有稱得上「圓形」的東西圓到什麼程度卻總要以幾何學上的那個圓為標準，「中庸」雖然「不可能」，但「中庸」所指示的那個「分際」或「度」永遠會是衡量人的德行修養狀況的尺度。此外，「中庸」既然意味著一種極致或理想之境，它也就構成了一種德性修養的方法和途徑，這就是所謂「中庸之道」。關於「中庸之道」，第一講──緒論：中國的「軸心時代」──已經講過，出於本講的思路完整性的考慮，這裡有必要對前面講到的相關內容再作申述：作為方法和途徑的「中庸」，即是所謂「執兩用中」。「執兩」指抓住兩端，一端是「過」，一端是「不及」；「用中」是指盡可能地縮短「過」與「不及」的距離以趨於「中」的理想。人在經驗中修養「仁」德，總會偏於「過」或偏於「不及」，但意識到這一點的人又總會盡可能地使「過」的偏頗或「不及」的偏頗小一些。「過」的偏頗和「不及」的偏頗愈小，「過」與「不及」之間的距離就愈小，而逼近「中庸」的程度也就愈大。愈來愈切近「中」的「執兩」之「用」的無限推致，即是人以其經驗或體驗到的「仁」向「仁」的極致境地的不斷趨進，也就是「仁」的「形下」經驗向著「仁」的「形上」之境──所謂「聖」境──的超越。這超越的路徑和這路徑所指向的虛靈的形而上之境，構成孔子所說「人能弘道，非道弘人」的那種「道」。

「修道之謂教」[44]，順著對孔子之道的分辨，下面講孔子之「教」：

「興於詩，立於禮，成於樂」

對於「仁」道的修養過程的指點，構成孔子之「教」或孔子所立

---

44 《禮記‧中庸》。

的儒家教化。這教化見之於人性的陶養，帶給人的心靈的是一種由衷的「樂」。「樂」是不假緣飾的油然之情，它感動並淨化著人的整個胸襟。「子曰：學而時習之，不亦說乎？有朋自遠方來，不亦樂乎？人不知而不慍，不亦君子乎？」[45]《論語》開篇就稱道「悅」、「樂」、「不慍」，足見孔子並不只是那種喜歡板起面孔教訓人的人。友朋之「樂」固然是「樂」，「學而時習」之「說」（悅）、不為人知而不慍的「不慍」（不怨憤），又何嘗不是「樂」。後世的人們往往稱儒家之教為「禮教」，其實，從更徹底的地方說，也許稱這種教化為「樂教」更恰當些。否則，孔子就不至於說「興於詩，立於禮，成於樂」[46]了。

「詩」感於自然，發於性情，抑揚吟詠最能使人脫落形骸私欲之累，由此所召喚的那種生命的真切最能引發心靈的回聲。因此對人——體會、踐行「仁」而為人——的不失天趣的教化，理應由「詩」而「興」。孔子說：「《詩》可以興，可以觀，可以群，可以怨。」[47]所謂「興」是指情志的感發，「觀」是指察識吟詩者的心跡，「群」是指從詩中求達人心的感通，「怨」是指排遣心中的鬱結、憂怨；「觀」、「群」、「怨」都基於「興」，「興」關聯著賦詩和誦詩的人的性情之真。但詩情之「興」有邪有正，由真情涵養一種堪以中正、高尚相許的情操，還需要衡之以「禮」。「禮」是一種社會倫理規範，「禮」也是一種道德規範。春秋初葉，就已經有了「禮，經國家，定社稷，序民人，利後嗣者也」[48]（禮，在於治理國家，安定社稷，為百姓提供一種秩序，以利於子孫後代）和「夫禮，所以整民

---

45 《論語・學而》。

46 《論語・泰伯》。

47 《論語・陽貨》。

48 《左傳・隱公十一年》。

也」⁴⁹（禮，用來約束民眾而端正他們的行為）的說法，這些說法表明，「禮」在更早的時期就從起先那種「事神致福」⁵⁰的儀節演變為維繫宗法關係的倫理制度了。所謂「經國家」、「定社稷」、「利後嗣」不過是對「禮」的一種肯定和讚頌，而「禮」的真正作用只在於「整民」或「序民人」，也就是使人們的倫理而政治的關係有一種秩序。到孔子時，「禮」由原來的社會倫理規範兼有了道德規範的意義，基於對「禮」的這種理解，孔子針對那種「道之以政，齊之以刑」的治理社會的做法，宣導「道之以德，齊之以禮」⁵¹。依孔子的看法，如果只是用政令予以推動，以刑罰的方式使人們達到一致，那人們就會只考慮如何更巧妙地避開或逃脫刑罰，結果將會使他們變得不知道羞恥；如果換一種做法，用德行的修養引導人們，以「禮」的那些規範使人們趨於一致，那麼，人們就會懂得什麼是可恥的行為，從而自覺地自己匡正自己。「禮」和「德」的這種相輔為用，使「禮」不再外在於「德」，而「德」的修養也可以借助於「禮」。孔子由此主張，一個人的「仁」德的修養，除開啟迪他「為仁由己」⁵²的自覺外，還應當用「禮」的規範加以約束。孔子所說的「禮」是「義以為質，禮以行之」⁵³的「禮」，這「禮」是以「義」為質地的，是對「義」的踐行。所以，在孔子看來，唯有在「禮以行之」中人的德行才能真正有所「立」。如果說「興於詩」主要在於以詩的感發涵養人的性情之真，那麼「立於禮」就在於使這真的性情得以由「禮」而導之以正。有了這一種真情貫注的正，人的心志才有可能不為外境的壓迫或誘惑所搖奪，勉力做到卓然自立。

---

49 《左傳‧莊公二十三年》。
50 許慎：《說文解字》卷一上。
51 《論語‧為政》。
52 《論語‧顏淵》。
53 《論語‧衛靈公》。

　　但「禮」既然總要借助種種有著制約作用的規範，在「禮」匡束下的中正、高尚之情就難免會少了一種溫潤感和天趣的自然。教化到此還不能算完成，它的「成」還有待於「樂」。「樂」是對「興」於「詩」的性情之真的養護，「樂」又是對因為「禮」而得以「立」的性情之正的陶冶。在「樂」這裡，「情」（「詩」之根）涵納了「理」（「禮也者，理也」[54]），「禮」內蘊了「詩」，人性之「仁」這時才在葆有天真而趨向高尚的意趣上得到圓融的提升。

　　儒家的「孔顏之樂」是一種境界，這種境界的獲得不能指望那種玄深的思辨推理，它是人在長期陶煉中形成的真摯、中正的性情的自然流露。在這一點上，可以與「興於詩，立於禮，成於樂」的德行修養途徑相互說明的，是孔子對「樂」高於「知」甚至高於「好」的精神格位的肯定。他說：「知之者不如好之者，好之者不如樂之者。」[55]「知」，既不要求對所知的擁抱，也不表示對所知的厭棄。「知」的這種不關涉人的性情和志趣的品格，表明所知在知者的真實生命中無所確立。「立」是從「好」開始的。「好」相對於「惡」是意向明確的肯定性選擇，這選擇由所「好」牽動著好者的生命意志。在「好」這裡，正像在「禮」這裡，有認同的判斷。認同的判斷是一種決斷，它關聯著人的生命的動向。但「好」畢竟帶著好惡對立的圭角，並且它也意味著好者對所好還沒有真正擁有。比「好」更高的境地是「樂」，「樂」是「好」與所好的相遇和相融。它把「好」與所好融會在一種中和之情中，消去了與「好」相伴隨的那種欲求，使「樂」者達到一種「從心所欲」而又「不逾矩」的境界。「樂」是不「立」之「立」，是不「好」之「好」，它融通了生命中的坦真、不苟和從容之

54　《禮記・孔子燕居》。

55　《論語・雍也》。

情，超越了「知」和「好」那裡存在的難以避免的對立，不再有「知」和「好」同「道」之間的那種隔膜或距離。「樂」是「教」，也是「情」，它以孔子切己的生命體證為一切有情者指示了一種內在於人而祈向至真、至善、至美的情愫，也因為孔子的由「詩」而「禮」、由「禮」而「樂」和由「知」而「好」、由「好」而「樂」的點化被儒家立以為教。

孔子說過：「朝聞道，夕死可矣！」可以說，他終其一生都在做聞道、修德的事。他曾把自己聞道、修德的過程簡略地陳述為：「吾十有五而志於學，三十而立，四十而不惑，五十而知天命，六十而耳順，七十而從心所欲不逾矩。」這自述顯然是在他年過七十之後，也就是說，是在他反覆強調「不學禮，無以立」[56]、「不知禮，無以立」[57]之後，沒有太大疑問的是，「不學禮，無以立」或「不知禮，無以立」應是「立於禮」的另一種表述，而「立於禮」的「立」與「三十而立」的「立」也應該是同義語。如果是這樣，我們正可以用孔子自身聞道、修德的經歷印證他以「興於詩，立於禮，成於樂」為儒門所立的教化。他「十有五而志於學」，從根本上說是志於聞道之學，但這聞道之學的端始可能就是由「詩」而「興」的。孔子曾引《詩·豳風·鴟鴞》中的句子——「迨天之未陰雨，徹彼桑土，綢繆牖戶。今汝下民，或敢侮予」（趁著天還沒有陰，雨還沒有落，剝下那桑樹的根來，精心修好我的門戶，補好我的窩；如今一切都就緒了，看你們這些向上窺視的人們，還有哪個敢來欺侮我），感歎地說：「為此詩者，其知道乎？」[58]，又引《詩·大雅·烝民》中的句子——「天生烝民，有物有則；民之秉彝，好是懿德」（上天生下這眾多的百姓，

---

56 《論語·季氏》。

57 《論語·堯曰》。

58 《孟子·公孫醜上》。

世間的每件事都有一定的準則；依人們秉承的常性，沒有人不喜好這種美德），也感歎地說：「為此詩者，其知道乎？」[59]足見孔子「學詩」不僅在於所謂「不學詩，無以言」[60]，也不僅在於「多識於鳥獸草木之名」[61]，而且更多地在於從詩的「興」、「觀」、「群」、「怨」中悟識他所探求的「道」。如果說「十有五而志於學」所指主要在於由「興於詩」開始進入對「道」的探求，那麼，孔子所謂「三十而立」說的就是由「立於禮」而立於道。魯國貴族孟僖子臨終時安排他的兩個兒子跟從孔子「學禮」以「定其位」[62]（確定其人生格位），那時孔子三十四歲，可見「三十而立」——年屆三十而「立於禮」——不只是孔子的自我評說，它也被當時魯國有教養的上流社會所公認。至於「四十而不惑」，從孔子所說「知（智）者不惑，仁者不憂，勇者不懼」[63]看，它表明，孔子年屆四十時已經對他所體悟的「道」了然於心，有了對「道」作貫通理解的智慧，這智慧足以使他的情志不被任何外部的壓力或誘惑所搖奪。從「四十而不惑」到「五十而知天命」，是孔子聞道、修德的生命從「立於禮」到「成於樂」的過渡，他所感知和領受到的「天命」，可以從他所謂「天之將喪斯文也，後死者不得與於斯文也；天之未喪斯文也，匡人其如予何」[64]（天若是要喪這禮樂之文，像我這樣後死於文王的人是不能為這禮樂之文的復興做點什麼的；如今我既然已經參與了這禮樂之文，那就意味著天並不要它喪亡。要是這樣，匡人又能把我怎樣呢）得到切近的理解，也可以從他所謂「道之將行也與，命也；道之將廢也與，命也。公伯寮

59　《孟子·告子上》。

60　《論語·季氏》。

61　《論語·陽貨》。

62　《左傳·昭公七年》。

63　《論語·子罕》，又見《論語·憲問》。

64　《論語·子罕》。

其如命何」[65]（道如果行得通，除開人為的努力外，那一定是我們難以完全控制的形勢──「命」──的因素起了作用；同樣，道如果廢而不行，也一定是除開人為的努力外，那種我們難以完全控制的形勢──「命」──的因素起了作用。公伯寮能把這人不能完全控制而被人稱作「命」的東西怎麼樣呢）得到切近的理解。而「六十而耳順」，以至於「七十而從心所欲不逾矩」，是孔子聞道、修德的生命真正「成於樂」的階段。「耳順」，意味著無論聽到什麼都可以被聞道、修德之「樂」所包容、所化解。有人嘲諷他是「知其不可而為之者」[66]，他並不反感，有人甚至說他「累累若喪家之狗」，他也欣然接受，笑著說「然哉！然哉！」[67]「從心所欲不逾矩」比起「耳順」來境界又高了一層，它是說孔子到七十歲時，一舉一動都不再是經意為之，卻又都能與「道」相合。這境界有似於老子說的「上德不德，是以有德」，不過，孔子這時所踐行的「德」得之於「人能弘道，非道弘人」之「道」，這「道」不同於一味「法自然」的老子之「道」。

孔子之「道」植根於人的內在之「仁」，而「我欲仁，斯仁至矣」的那個「我」既可用來指稱任何一個「仁」心達到自覺的個人，又首先指稱孔子這個最早體會到「為仁由己」的個人。與在孔子那裡「一以貫之」的「仁」道相應，「興於詩，立於禮，成於樂」的孔子之「教」既對於每個願意聞道的人有其可踐履的普遍性，又首先被孔子本人的生命踐履所驗證。孔子是以生命投入他的學說的，這學說講出的道理無不先行體現於孔子的情趣盎然的人生。

下面接著講第四個問題──孔子論「儒」：

---

65 《論語・憲問》。
66 《論語・憲問》。
67 《史記・孔子世家》。

「女（汝）為君子儒，無為小人儒」

　　孔子告誡他的學生子夏：「女（汝）為君子儒，無為小人儒。」[68] 這是孔子對子夏的督促勉勵，也是對所有依「興於詩，立於禮，成於樂」的途徑聞道、修德的儒門弟子的訓示。「儒」或「儒人」的名稱在殷商時代就有了，被稱作「儒」的人從事祈雨、祭祀等宗教性活動，與巫、史、祝、卜等屬於同一類人。許慎《說文解字》解「儒」說：「儒，柔也。術士之稱。」作為「術士」的「儒」處在另一種背景下，是指「王官之學失墜」後那些流落民間供人們諮詢古代典籍和禮儀規範的人。孔子「依於仁」而確立儒家之道和儒家教化後，「儒」的名稱開始同一批遵行儒家教化以修身致道的人關聯在一起。孔子「述而不作，信而好古」[69]，《詩》、《書》、《禮》、《樂》、《易》和作為記事文獻的《春秋》在他之前就已經存在。春秋時期，那些被視為「術士」的儒者除了職業性的服喪相禮活動外，可能還對上述「六藝」中的若干文獻作章句上的解釋。孔子「刪正」《詩》、《書》、《禮》《樂》、《易》，猶如「作《春秋》」，只是借著對古籍的筆削、編纂，賦予了「六藝」一個新的詮釋方向，使「六藝」在「志於道，據於德，依於仁，游於藝」的格局中成為後世儒者所稱的「六經」。同是與古代典籍的詮釋和禮儀規範的指點有關，孔子立教之前的「儒」只是修習一專之能的「術」，孔子立教之後的「儒」重在涵養「仁」心而「學以致其道」。「小人儒」不必即是在德行品操上與「君子」對舉的「小人」，但相對於習「仁」弘「道」的「君子儒」，「小人儒」則已落在把「儒」術士化——由修習「六藝」而求一專之能以謀取名

68　《論語・雍也》。
69　《論語・述而》。

利──的格局上。孔子所謂「君子儒」、「小人儒」的說法是一種勸
勉，這樣說是要那些願意以他為師的人在儒家之教的意義上做一個真
正的儒者。

不過，「小人儒」雖然並不就是「小人」，但「君子儒」、「小人
儒」的分別畢竟關聯著「君子」、「小人」之辨的話語背景，而且，正
因為如此，其間寓託了毫不含糊的價值取向。「君子」、「小人」起初
是就人的社會地位而言的；「君子」是指那些貴族出身的男子，「小
人」是指那些身份低下的庶民。孔子以儒立教後，「君子」、「小人」
更多地用來指德行、人格的高低；「君子」指那些德行相對純正、人
格相對高尚的人，「小人」用來與「君子」對舉，指那些德行低劣、
人格不端的人。孔子也在前一種意義上說「君子」、「小人」，例如他
說：「君子之德風，小人之德草」[70]、「君子學道則愛人，小人學道則
易使也」[71]（身居上位的君子和處於下層的一般人都不能不學道，前
者學道會懂得以仁愛待人，後者學道會易於被發動起來去做有益的
事）、「君子有勇而無義為亂，小人有勇而無義為盜」[72]等。但他更多
地還是在後一種意義上──即德行、人格意義上──評說「君子」和
「小人」，如所謂：

> 君子周而不比，小人比而不周。[73]（君子以仁愛之心對待所有
> 的人而不褊狹，小人心存偏私而不能秉公待人。）
> 君子懷德，小人懷土；君子懷刑，小人懷惠。[74]（君子念念不

---

70 《論語‧顏淵》。
71 《論語‧陽貨》。
72 《論語‧陽貨》。
73 《論語‧為政》。
74 《論語‧里仁》。

忘的是自身的德行，小人念念不忘的是處境的安逸；君子時常
對公法懷敬畏之心，小人總是對私利不能忘懷。）

君子坦蕩蕩，小人長戚戚。[75]（君子胸懷坦蕩，不以一己的利
害得失為念，小人患得患失，常常憂慮不安。）

君子成人之美，不成人之惡；小人反是。[76]（君子成全人的美
好願望，不慫恿別人去做不善的事情，小人卻與此相反。）

君子和而不同，小人同而不和。[77]（君子所求在於和諧相處而
各存己見，小人所求在於人與我同而排斥異己。）

君子求諸己，小人求諸人。[78]（君子總是嚴於要求自己，小人
總是苛於責備別人。）

……

　　如果把「君子」、「小人」的所有區別歸結到一點，可以用得上孔
子的另一句評判「君子」和「小人」的話，這就是：「君子喻於義，
小人喻於利。」[79]要是一個人事事從「義」或公義出發，他就一定能
做到以仁愛之心對待所有的人而不會陷於褊狹，即所謂「周而不
比」，一定能做到處處以自身的德行為念，即所謂「君子懷德」，一定
能做到心胸坦蕩而不斤斤計較個人的利害得失，即所謂「君子坦蕩
蕩」，一定能做到成全別人的美好願望而不慫恿別人去做不善的事
情，即所謂「成人之美，不成人之惡」，一定能做到與人和諧相處而
不把自己的看法強加於人，即所謂「和而不同」，也就一定能做到嚴

75　《論語・述而》。
76　《論語・顏淵》。
77　《論語・子路》。
78　《論語・衛靈公》。
79　《論語・里仁》。

於要求自己、反省自己，即所謂「求諸己」而不「求諸人」。這樣的
人就是「君子」。相反，要是一個人事事從「利」或私欲出發，他就
勢必心存偏私而難以秉公待人，即所謂「比而不周」，勢必念念不忘
自己處境的安逸，即所謂「小人懷土」，勢必患得患失而常常憂慮不
安，即所謂「小人長戚戚」，勢必慫恿、誘惑別人去做人所厭惡的事
情而不會想著如何去成全他人美好的願望，即所謂「成人之惡」而不
「成人之美」，勢必排斥異己而一味要求別人認同自己的私念，即所
謂「同而不和」，也勢必遇事苛責於人而不自作反省，即所謂「求諸
人」而不「求諸己」。這樣的人就是「小人」。因此，「君子」、「小
人」之辨，說到底不過是「義」、「利」之辨。

孔子並不一般地鄙視「利」，他只是以為「利」的價值在篤守
「義」的價值的前提下才能被認可。他說過：「邦有道，貧且賤焉，
恥也；邦無道，富且貴焉，恥也。」[80]這意思是說，如果一個邦國有
道，它給了你以正當方式謀取富貴的機會，你卻又貧又賤，那說明你
太懶惰，沒有去努力，這是很可恥的；如果一個邦國無道，沒有公正
可言，你居然還能又富又貴，那說明你一定用了什麼不正當或不
「義」的手段，這也是很可恥的。他還說過：「富與貴，是人之所欲
也，不以其道得之，不處也；貧與賤，是人之所惡也，不以其道得
（去）之，不去也。」[81]這是在說，富貴是人人都想得到的，但如果
不能以正當手段得到它，那寧可不要這富貴；貧賤是人人都厭棄的，
但如果不能以正當手段改變它，那也寧可甘於貧賤。求取富貴或去除
貧賤是一種「利」，不過「利」的求得首先要考慮到「義」，如果謀
「利」使人陷於不「義」，那就應當信守公義而放棄私利。所以孔子

---

80 《論語‧泰伯》。

81 《論語‧里仁》。

也這樣說：「不義而富且貴，於我如浮雲。」[82]依孔子的看法，人的最高的「義」莫過於「仁」，而最大的「利」莫過於「生」，人固然要珍愛自己的生命，但是，一旦「義」與「利」或「仁」與「生」不能兩全而必須作一種兩難選擇時，人就應當不惜捨棄生命而守護那人之所以為人的「仁」。正是在這個意義上，孔子認為：「志士仁人，無求生以害仁，有殺身以成仁。」[83]「殺身以成仁」的態度體現了「義」、「利」之辨的徹底，它是相應於孔子「一以貫之」之「道」的儒家教化的最高斷制，而所謂「志士」、「仁人」其實就是孔子所期望於他的學生和更多的人的那種「君子」或「君子儒」。

　　與老子排斥文教、一味以「法自然」之「道」引導人們「復歸於樸」不同，孔子心目中的「君子」既有其質樸的生命根底，又不能不受必要的禮樂之「文」的薰炙。在禮樂之「文」流於形式的春秋後期，孔子主張像先輩那樣帶著樸野真率的生命氣質進入禮樂，而不要像當世的公卿大夫那樣只是把禮樂當作自己行為的一種藻飾。但他從來沒有因為強調「質直」而輕視文教。那時，衛國有一位叫棘子成的大夫提出過這樣的問題：「君子質而已矣，何以文為？」[84]在他看來，君子只要保持質樸的品格就可以了，何必還要學文呢？孔子的學生子貢回答他說：您失言了，這樣的話一出口真是駟馬難追啊！如果只要質，不要文，您想想看，這不就像只要皮不要毛嗎？要是這樣，去了毛的虎豹的皮和去了毛的犬羊的皮又有什麼兩樣呢？子貢沒有從正面去辯說「文」和「質」的關係，但他對棘子成的巧妙駁斥，所依據的顯然是孔子的看法。孔子說：「君子義以為質，禮以行之，孫以出

82　《論語・述而》。

83　《論語・衛靈公》。

84　《論語・顏淵》。

之，信以成之。君子哉！」[85]（君子以義為根本，以禮來施行義，以謙遜來表現義，以誠信來成就義。這才稱得上君子啊！）他所謂「義以為質」，即是以「義」為「質」，這表明孔子說的「義」在人的生命自然中是有其質樸的根據的，但「義以為質」的「質」畢竟已經不同於老子「見素抱樸」的「素」、「樸」了，而「禮以行之，孫以出之，信以成之」的「禮」、「孫」（遜）、「信」，可以說，都是相對於「質」的所謂「文」。孔子重「質」，但不停留在與「樸」相通的「質」上，他也重「文」，但同樣不偏落在「文」中；「質」和「文」在孔子這裡保持著必要的張力。為此，他指出：「質勝文則野，文勝質則史，文質彬彬，然後君子。」[86]「文質彬彬」意味著「文」在「質」中的內化，或「質」在「文」中的呈現。孔子由此說「君子」是在宣導一種儒風，一種人生風範，也是在表達他對一種「文」、「質」相得的社會文化理想的期待。

同「君子」內涵的轉換相應，春秋戰國之際的「士」的稱謂不再表示宗法政制中的某一爵祿等級，而是更多地指稱一種與德行修養相關的人格範型。先前，「士」處在貴族階層與庶民中官奴階層之間的位置上，從某種角度，它也可以看做貴族中的最末一等。《左傳》就記載著這樣的說法：「天有十日，人有十等。下所以事上，上所以共神也。故王臣公，公臣大夫，大夫臣士，士臣皂，皂臣輿，輿臣隸，隸臣僚，僚臣僕，僕臣台。」[87]這十個等級所列的都是吃官飯——王、公、大夫「食邑」，「士食田」，「工商食官，皂隸食職」[88]——的人，自食其田的中、上層庶民不包括在內。十等中，從王到大夫是上

---

85 《論語·衛靈公》。

86 《論語·雍也》。

87 《左傳·昭公七年》。

88 《國語·晉語》。

層貴族，從皂到臺屬於官奴，「士」在上層貴族和官奴的居間位置
上，經辦具體的管理事務。孔子以儒立教之後，原本用來稱呼一種社
會身份的「士」，被轉而用作稱呼一種具有較高德行、人格水準的
人。在孔子和他的學生的談論中，「士」不僅僅被關聯於「事」──
像《說文解字》以「士，事也」所解釋的那樣，而更重要的是被關聯
於孔子之「道」或儒家的成德之「教」。對此，《論語》有不少記述。
例如：

> 士志於道。[89]（士是那種篤志於道的人。）
>
> （士）質直而好義，察言而觀色，慮以下人，在邦必達，在家
> 必達。[90]（質樸、正直而又恪守信義，做事善於察言觀色，常
> 能想到如何謙下做人，這種人才稱得上「士」，他們無論在邦
> 在家，都能因著明達事理而顯達於人。）
>
> 行己有恥，使於四方，不辱君命，可謂士矣。[91]（一個人在反
> 省自己行為的不足之處時有羞恥之心，在出使四方諸侯國時能
> 夠做到不辱君命，這種人就可以稱作「士」了。）
>
> 切切，偲偲，怡怡如也，可謂士矣。[92]（一個人對朋友以誠相
> 待，能夠相互勉勵，對兄弟親切、關愛，能夠和悅相處，這種
> 人可以用「士」稱呼他。）
>
> 士而懷居，不足以為士矣。[93]（一個人總是以自己的處境安逸
> 為念，這種人是不足以稱作「士」的。）

---

89 《論語・里仁》。
90 《論語・顏淵》。
91 《論語・子路》。
92 《論語・子路》。
93 《論語・憲問》。

士不可以不弘毅，任重而道遠。[94]（一個稱得上「士」的人，
任重而道遠，不可不弘大自己的胸襟，陶煉自己的毅力。）
士見危致命，見得思義，祭思敬，喪思哀，其可已矣。[95]
（「士」能夠臨危授命，見利思義，祭祀時有敬奉之心，服喪
時有哀傷之情，一個人能做到這樣，也就值得稱道了。）

從這些說法看，孔子所期待於儒門弟子的「君子儒」或「君
子」，也正應當是有著「士」這種生命範型的人。
現在講第五個問題——孔子論「政」：

「政者，正也」

就孔子以「興於詩，立於禮，成於樂」立教而言，其所立之教可
稱作是「成德之教」；就孔子讚賞「古之學者為己」、批評「今之學者
為人」[96]而言，他的整個學說也可稱作是「為己之學」。所謂「成德之
教」，是說孔子之教主要在於成全人的道德品操；所謂「為己之學」，
是說孔子之學主要在於使每個人的切己的心靈得到安頓。「成德」、
「為己」是孔子學說的重心所在，用莊子在其《天下》篇中的術語來
說，這重心即是「內聖」，或所謂內修聖人之德。但孔子學說並不止
於「內聖」，它還涉及「為政」、「使民」、「禮讓為國」，而這用莊子的
話說即是「外王」，或所謂外行王者之道。
不過，對於孔子說來，那合於理想的政治只是在位者的德行修養

---

94 《論語‧泰伯》。
95 《論語‧子張》。
96 《論語‧憲問》。

的直接推擴。他說：「政者，正也；子帥以正，孰敢不正？」[97]對這些話當然可以作一種引申的理解，比如把以「正」論「政」理解為對政治所應體現的社會公正價值的指出，但孔子以「正」論「政」的全部期待畢竟都落在「為政」者或在位者的「身正」上。在他看來，居上位的人，「其身正，不令而行；其身不正，雖令不從。」[98]就是說，如果一個邦國的當權者自身很「正」，即使不下命令，下面的人也會跟著行動，相反，如果當政的人自身不「正」，即使下了命令，下面的人也未必都會服從。作為當政者，能以自身的「正」為他人作表率（「子帥以正」），哪還會有什麼人敢於不「正」呢（「孰敢不正」）？要是一個國家的人從上到下都很「正」，很正派，那這個國家的政治不就很好了嗎？孔子的這個「為政」思路，用後來儒家著述《大學》中的話說，就是「自天子以至庶人，壹是皆以修身為本」，「身修而後家齊，家齊而後國治，國治而後天下平」。「修身」而「身正」屬於德行修養，所以孔子心目中的政治，也可以稱作德治或與德行感化相關聯的禮治。孔子的學生子路「問政」，孔子回答他說：「先之，勞之。」子路問，還有什麼可補充的嗎？孔子又說了兩個字：「無倦。」[99]依孔子的意思，「為政」只需當政者自己身先他人、帶動屬下和百姓勤於勞作就可以了，如果一定要補充點什麼，那就是不知疲倦地照這樣做下去。其實，「先之，勞之」，就是以自身的德行去感化別人，就是「子帥以正」。孔子打比方說：「為政以德，譬如北辰，居其所，而眾星共之。」[100]他告訴那些處在一國當政位子上的人，只要自己修養德行，端正自己身上那些不正的地方，那就會像北極星那樣被

97　《論語・顏淵》。

98　《論語・子路》。

99　《論語・子路》。

100　《論語・為政》。

眾星拱衛，為眾星所向。他由「德」關聯到「禮」，並對注重「德」、「禮」的為政之道同一般在位者往往依賴政令、刑罰的做法作了比較，他說：「道之以政，齊之以刑，民免而無恥；道之以德，齊之以禮，有恥且格。」[101]依他看，假如一個國家只是用政令去要求人們，用刑罰來約束人們的行為，那樣，即便從外觀上看，上下步調一致了，也難免國人由此設法避開刑政的處罰，因為僥倖心理而變得沒有羞恥感。換一種方式，假如一個國家用德行修養去引導人們，用禮儀規範衡量人們的舉動，這樣，國人就會對不端的言行產生一種羞恥感，從而自覺地加以矯正。

　　一次，孔子出遊衛國，他的學生冉有為他御車。孔子看到衛國人口眾多，不禁感歎不已。冉有問他的老師，一個國家人口多了起來之後，該做些什麼？孔子回答他：「富之。」冉有再問，富了之後，又該做些什麼？孔子說：「教之。」[102]從這一問一答可以看出，孔子是把「庶之」（人口多）、「富之」、「教之」看做治理一個國家的幾個必要環節的，比起「庶之」、「富之」來，「教之」尤其是他所看重的。這「教之」的內容自然在於「道之以德，齊之以禮」，而「教之」的方式理應是在位者先正其身，以「子帥以正」帶動下面的人正其不正之心。這種自上而下的德行感化，換一種說法，孔子又有風之於草的比喻。魯國大夫季康子曾問孔子，為政者是否可以「殺無道，以就有道」，他回答說：「子為政，焉用殺？子欲善，而民善矣。君子之德風，小人之德草，草上之風，必偃。」[103]孔子顯然是不贊成以殺戮的手段治理國政的，依他的信念，處在上位的人有向善之心，下面的人就會仿效他去做善事，處在上位的君子的德行就像風，處在下位的小

101 《論語‧為政》。

102 《論語‧子路》。

103 《論語‧顏淵》。

民的德行就像草，風向哪邊吹，草就朝著哪邊倒。又有一次，子貢向孔子請教為政，孔子說：「足食，足兵，民信之矣。」[104]事實上，「足兵」、「足食」正與他告訴冉有的「庶之」、「富之」相通，人口不「庶」，即使重視武備，兵員也會不足，而不「富之」，當然也談不上「足食」。至於「民信之」，卻在於「教之」，並且最重要的是教民之人自身要有善的德行，要以其德「帥以正」，否則就難以使「近者說（悅），遠者來」[105]，難以為人所信服。

　　修養德行是當政者得以「身正」而「帥以正」的依據所在，「道之以德」是當政者施政的根本，但以「德」施政終究不能不「齊之以禮」。孔子有一段話是由德行修養說到「禮」的，他告誡那些為政的人：「知及之，仁不能守之，雖得之，必失之。知及之，仁能守之，不莊以涖之，則民不敬。知及之，仁能守之，莊以涖之，動之不以禮，未善也。」[106]這裡說的「知及」、「仁守」是純粹個人修養的事，一個人懂得了做人的道理只能算「知及」，當他把這些做人的道理變成自己的德行時才可以說他達到了「仁能守之」，但這仍只限於所謂「內聖」。對於一個肩負著「為政」責任的人來說，他在「知及之」、「仁能守之」之後還要能做到以莊重的態度對待所接觸的人和所處理的事，這就是所謂「莊以涖之」，而且，到此，依然未臻於完善，最後，還要能做到「動之以禮」，也就是處處都以禮來規範自己的行為。「莊以涖之」和「動之以禮」意味著「內聖」向「外王」的延伸，當政者如果不能在人之為人的德行上做到「知及」、「仁守」，就不可能做到「莊以涖之」和「動之以禮」，而只有做到「莊以涖之」和「動之以禮」，他那「知及」和「仁守」才可能最終完成，並實現

104　《論語・顏淵》。

105　《論語・子路》。

106　《論語・衛靈公》。

於「為政以德」。

「動之以禮」必至於「正名」。所謂「正名」，就是正其名分以求處在不同政治和倫理地位上的人所行之實合於其名。孔子游衛國時，子路問他：如果衛國的君主讓您主持政務，您首先要做的事是什麼？孔子回答：那一定是「正名」這件事。他說：「名不正則言不順，言不順則事不成，事不成則禮樂不興，禮樂不興則刑罰不中，刑罰不中則民無所錯（措）手足。」[107] 至於什麼是「正名」，孔子說的話並不多，其中最重要的一句是：「君君，臣臣，父父，子子。」[108] 這句話是說，做君主的人，要依君的名分要求自己，使自己的所作所為與「君」這個「名」相副或相稱，做臣子的人，要依臣的名分要求自己，使自己的一舉一動與「臣」這個「名」相副或相稱；君、臣是這樣，父、子也是這樣。孔子雖然只是說到「君」、「臣」、「父」、「子」，但依他的本意，「正名」理當涉及政治和倫理關係中的所有的名分。其實，釐定名分即是在確認一種應然的標準，「正名」就是要以這應然的標準衡量那些被不同的「名」所稱呼的人們的實際行動，策勵人們修養德行、「齊之以禮」。

「上好義，則民莫敢不服；上好信，則民莫敢不用情」[109]（身居上位的人篤愛道義，處於下層的百姓就不會不悅服；身居上位的人講求信用，處於下層的百姓就不敢不以真誠相待），「上好禮，則民易使也」[110]（身居上位的人篤守禮儀，處在下層的百姓就容易聽從指使）。處在上位的當政者只要自身「好義」、「好信」、「好禮」，用不著在政治事務上做更多的事就可以達到「國治」而「天下平」的目的，

---

107 《論語‧子路》。
108 《論語‧顏淵》。
109 《論語‧子路》。
110 《論語‧憲問》。

孔子稱這種治理國家的方式為「無為而治」。孔子的學生仲弓認為「為政」應該「居敬而行簡，以臨其民」[111]，他所說的「居敬而行簡」──嚴於自身的德行修養而所行事務盡可能從簡──是對「無為而治」所作的一個貼切不過的注腳。孔子提出「無為而治」是託始於堯舜時代的，他說：「無為而治者，其舜也與！夫何為哉？恭己正南面而已矣。」[112]這裡所說的「恭己」，就是恭謹地律己而修養德行，而「正南面」，即是「正」君主的名分以求所謂「君君」。無須多說，同是講「無為而治」，老子的「無為」否棄任何人為的努力而只是聽任自然，孔子的「無為」卻不能沒有「上好義」、「上好信」、「上好禮」或「道之以德」、「齊之以禮」這一前提；老子的「無為」連著那種「復樸」而「法自然」的「道」，孔子的「無為」與「依於仁」因而必至於「人能弘道」之「道」相繫。孔子的「無為而治」的政治嚮往是寄託於堯舜那樣的「聖王」的，但正像傳說中的堯舜的「禪讓」在後世的政治中從不曾真正出現過，「聖王」在真實的歷史中始終只是傳承「成德之教」的儒者們的一個不忍割捨的夢想。有待的「權利」領域與無待的心靈「境界」是錯落的，這裡不存在可予指望的因果比例。以超功利的「道德」一以貫之地論說屬於「權利」範疇的政治，這使孔子學說足夠大的內在張力露出了它的極限，而由此帶給人們的「知其不可而為之」的消息，所報導的是一位元偉大聖哲意欲化政治為「禮讓」的動人悲情。

最後，簡略地講一下第六個問題──孔子的教育觀：

111　《論語‧雍也》。

112　《論語‧衛靈公》。

「有教無類」

　　孔子是中國的第一位教師，他在中國教育史上的地位略相當於蘇格拉底在西方教育史上的地位。孔子和蘇格拉底的出現標誌著人類教育的自覺，所謂教育自覺是指教育的獨立價值被察覺、被認可。蘇格拉底之所以稱得上是西方的第一位教師，不是因為他像當時的智者們那樣教給了人們多少思維的方法或雄辯的技巧，而是在於他喚起了人對「美」、「善」、「大」等價值的自覺，使人們開始眷注人生的意義並由此祈求人的心靈的最大程度的改善。孔子出生比蘇格拉底早八十二年，他是中國以私人身份收徒辦學的首倡者，是對中國人的心靈境界自覺的最富影響力的啟示者；私人辦學標誌著教育對於政治的相對獨立，對人的心靈境界自覺的啟示宣告了中國的「軸心時代」的到來。蘇格拉底前後，古希臘哲學的深層命意由「命運」轉為「境界」，老子、孔子前後中國人的人文關切的重心從「命」移向「道」。中西方的第一位教師的出現與「軸心時代」的發生的一致是發人深省的，它意味著教育的首要使命從一開始就被確定為人生的終極價值或意義的指點，並且，這指點從一開始就不是知識性的，而是生命化的。

　　孔子興學施教基於兩個觀念，一是所謂「人之生也直」，一是所謂「性相近也，習相遠也」[113]。人生來就有一種「質直」的生命底色，表明人是可教育的，而後天的習染使原本相近的「質直」之性發生改變表明人是需要教育的，對人受教育的可能性和必要性的自覺使孔子在終其一生「志於道」而「仁以為己任」[114]的努力中分外重視教育。孔子說：「生而知之者，上也；學而知之者，次也；困而學之，

113　《論語‧陽貨》。
114　《論語‧泰伯》。

又其次也；困而不學，民斯為下矣。」[115]他似乎很推崇「生而知之者」，但依他對「性相近也，習相遠也」的確認，所謂「生而知之者，上也」不過是為了突出「學」而作的某種虛擬性的假設。他從未承認過古今人物——包括堯、舜、禹、湯、文、武、周公——中某人是「生而知之者」，而他自己也明確申明：「我非生而知之者，好古敏以求之者也。」[116]既然現實中的人都不是「生而知之者」，想要獲得所謂「知」也就只有走「學」而受教育的路了。孔子又說：「唯上知與下愚不移。」[117]這說法在後世某些非孔貶儒的人那裡遭到的責難頗多，他們以為孔子所說的「上知」和「下愚」是人的先天差別，並因此指責他把人與人之間可能大的差別固定化了。其實，細細推究起來，孔子這裡說的「上知」即是他所謂的「生而知之者」，不過是一種虛擬，而「下愚」即是他所謂的「困而不學」者，這種人之所以「困而不學」不是先天稟賦註定了如此，而是由於後天的自暴自棄或自絕於德行之善。孔子斷言「上知與下愚不移」，原是要說除這兩種人或如「上知」者不存在「移」或如「下愚」者不願意「移」之外，其他人經由學習、薰染都可以「移」或都可以改變。孔子並不是天生的聖賢，他本人就是因為「默而識之，學而不厭」[118]，才有了「三十而立，四十而不惑，五十而知天命，六十而耳順，七十而從心所欲不逾矩」的變化，這變化就是所謂「移」。正是出於對「學而知之者」或「困而學之」者通過學習可以有所「移」或有所變化的確信，孔子才毫不含糊地提出了「有教無類」[119]的教育主張。通常人們總是從孔

115　《論語・季氏》。

116　《論語・述而》。

117　《論語・陽貨》。

118　《論語・述而》。

119　《論語・衛靈公》。

子授徒不問出身門第、不分貧富貴賤的角度理解「有教無類」的，這
當然並不錯。但孔子的「有教無類」或他所謂「自行束脩以上，吾未
嘗無誨焉」[120]的說法，也還有另一層意思，即無論弟子有怎樣不同的
才性、氣質，夫子都一視同仁地予以教誨。在孔子所教的三千弟子、
七十二賢人中，有愚拙如子羔、魯鈍如子輿（曾參）這樣的學生，也
有偏激如子張、粗獷如子路這樣的學生，有「其庶乎，屢空」（其差不
多已相契於道，但貧困清苦而屢至於空匱）的顏淵，又有「不受命，
而貨殖焉，億則屢中」（不安於命而經商牟利，料事屢屢言中卻多是
出於臆測）的子貢[121]，對於這些學生他都能誨之不倦、隨機指點。

只有人類才有所謂文化傳承，人是在受教育中把有個性的個體關
聯於他的族類文化的。創造永遠見之於有個性的個體，創造也永遠只
是在族類文化的潤澤、陶養下才有可能。「有教無類」所表達的不僅
僅是一位無與倫比的教育家講學授徒的襟懷和姿態，它也把教育對於
人的普遍可能性和普遍必然性以便於更多的人理解的方式說了出來。
「教」對於人的普遍性是相應於「學」對於人的普遍性的，「仁」、
「智」、「勇」、「信」、「剛」、「直」等是孔子一再肯定的人所當有的德
行，但他也指出：「好仁不好學，其蔽也愚；好知（智）不好學，其
蔽也蕩；好信不好學，其蔽也賊；好直不好學，其蔽也絞；好勇不好
學，其蔽也亂；好剛不好學，其蔽也狂。」[122]（篤愛「仁」而不喜好
學習，其弊害必至於愚拙；篤愛「智」而不喜好學習，其弊害必至於
心蕩；篤愛「信」而不喜好學習，其弊害必至於受欺；篤愛「直」而
不喜好學習，其弊害必至於偏激；篤愛「勇」而不喜好學習，其弊害
必至於橫暴；篤愛「剛」而不喜好學習，其弊害必至於狂躁。）任何

---

120 《論語‧述而》。

121 《論語‧先進》。

122 《論語‧陽貨》。

一種好的德行一旦失了它的分際或一種分寸感，都可能轉向反面，一個人想使自己身上應有的德行不失其本真，就不能不「好學」。孔子在告訴弟子們這些道理時，他是以身作則的，他說：「十室之邑，必有忠信如丘者焉，不如丘之好學也」[123]，他又說：「吾嘗終日不食、終夜不寢以思，無益，不如學也。」[124]但「學」不僅不廢「思」，反倒與「思」相輔相成，所以他也說：「學而不思則罔（因無所適從而迷惘），思而不學則殆（陷入心靈自閉而危殆）。」[125]不過，「思」和「學」的張力的保持顯然不是技巧性的，它需要真切生命的體驗或生命的投入。孔子對他的弟子的教誨，持「不憤不啟，不悱不發，舉一隅不以三隅反，則不復也」[126]的態度，這常被人們說成是孔子施教的一種方法，實際上即使是作為方法看，它也是注重生命體驗的。「憤」，是力求貫通卻仍有一間之隔以致心有鬱結的那種狀態，「悱」，是對隱約可感的心得想說又難以說出的情形；「憤」、「悱」表明求學的人已經到了心有所動、神有所感、欲通而學力不足、欲罷卻又不能的地步，這時予以開導、誘發，往往一語就能點破，使煎熬在困惑中的人豁然開朗。所謂「不憤不啟，不悱不發」，說的是不到求學的人潛能充分調動、竭盡心力而仍然不願放棄的時候，不要過早地對他說出道理的原委。同樣，如果一個求學的人在他的老師的指導下了解了道理的一個有機部分，他卻不能由這個局部聯想或反省到道理的整體，如同知道了房屋的一個角落不能聯想到其他三個角落那樣，這時，就要促使他舉一反三，而不要急於把他應該聯想到而沒有聯想到的東西直接告訴他。孔子這樣做，是以自己的生命去感通他的學生

123　《論語・公冶長》。
124　《論語・衛靈公》。
125　《論語・為政》。
126　《論語・述而》。

的生命。他懂得真正的智慧要靠人以他自己的真切生命體會出來，而不是別人越俎代庖的灌輸所能成就的。此外，孔子對他的學生常能依其才性、氣質予以個別的指點，後世的人們稱這種傳授方式為因材施教。因材施教往往也只是被人們看做一種施教方法，而真正重要的仍在於隱含在其中的以生命治學的意趣。子路和冉有曾先後向他們的老師問過同一個問題，這問題是：如果一個人懂得了處理某類事情的道理後，是否一遇到這類事情就應當毫不遲疑地去做？孔子對這相同的提問所做的回答並不相同。他對冉有說，既然是義在必行的事，那就應該果斷地去做；他對子路說，你有父兄在，要聽聽他們的看法，做事要慎重些才好。他這樣回答他的兩個學生不是因為心存偏私、厚此薄彼，而是出於對這兩個學生的生命氣質的了解。子路剛勇好強，他要告誡他，讓他行動前考慮得更周到些；冉有遇事徘徊多慮，他要鼓勵他，讓他更果決勇敢些。孔子的施教態度、施教方式與他和他的學生的生命情調是密切相關的，「教」和「學」在這裡所經心的智慧無一是在生命之外。

可以肯定，孔子施教的教材不外乎《詩》、《書》、《禮》、《樂》、《易》、《春秋》等，不過，這用來教誨學生的「六藝」──前面已經說過──是經過孔子「刪正」的。「刪正」涉及校勘、編次甚至筆削，孔子通過這種方式賦予了「六藝」一個合於他的一以貫之之「道」的詮釋方向。子貢所說「夫子之文章，可得而聞」[127]的「文章」和《論語》所載「子以四教：文、行、忠、信」[128]的「文」，可能指的就是這些被孔子「刪正」後重新加以解釋的古代文獻。孔子的「不學《詩》，無以言」、「不學《禮》，無以立」等說法，大體也可以

127　《論語‧公冶長》。

128　《論語‧述而》。

證實這一點。但孔子為弟子們指點「六藝」之「文」是關聯著學「文」的人的生命踐履的，因此生命化了的「文」──而不是僅僅流於一種知識的「文」──往往與德行修養、人格品操的提高緊密結合著。他要求他的學生「入則孝，出則弟，謹而信，泛愛眾，而親仁。行有餘力，則以學文」[129]。實際上，這要求中包含了「文、行、忠、信」四教，而且，很明顯，「學文」是為了「行」，「行」即是孝弟（悌）、謹信、泛愛、親仁，而這「行」正可以說是行「忠」、「信」或「忠」、「信」之行。孔子的教育是對人的真切生命的成全，是要受教育者成為「文質彬彬」的「君子」，成為「可殺身成仁」的「志士」、「仁人」。這種「君子」或「志士」、「仁人」是「知言」、「知禮」、「知命」、「知道」之人，孔子為他所期待的學生們做了這樣的人的最好的範本。顏淵稱歎夫子之道說：「仰視夫子之道，這道愈益高不可及；鑽研夫子之道，這道愈益堅不可入；恭敬地瞻視它，像是就在前方，忽然回頭時，它仿佛又在後面。夫子誨人有方，循循善誘，使我博學於六藝之文，使我約束於人倫之禮，跟著他的指點走下去，即使想停下來也已經不可能了。竭盡了我的才力，趨向夫子卓然有所立之境，然而，即使自己一心想求達這樣的境地，終究也還是做不到。」[130]子貢也這樣讚譽他的老師：「夫子的不可企及，就像天那樣不可借著階梯攀升。夫子給予天下國家的，可以這樣說，依他的指點去做，以禮立人人便無不立，以道引導人人便無不行，以仁政安撫人人便無不歸附，以樂感動人人便無不諧和。這樣的人，生，有其尊

129　《論語・學而》。

130　《論語・子罕》：「仰之彌高，鑽之彌堅，瞻之在前，忽焉在後。夫子循循然，善誘人，博我以文，約我以禮，欲罷不能；既竭吾才，如有所立，卓爾，雖欲從之末由也已。」

榮；死，會引起人們的哀痛。他怎麼能是一般人所可企及的呢？」[131]
從顏淵、子貢的這些話和《論語》中的諸多記載看，孔子施教於學固
然多有言傳，但更重要的還在於不言中的身教。從這個意義上說，孔
子所施行的教育也可以稱作是富於生命化的範本教育。

---

131 《論語・子張》：「夫子之不可及也，猶天之不可階而升也。夫子之得邦家者，所
　　謂立之斯立，道之所行，綏之斯來，動之斯和，其生也榮，其死也哀。如之何其
　　可及也？」

第四講

墨　子

　　孔子身後，儒學遇到了它的第一個強有力的對手墨子。墨子由宣導「兼相愛，交相利」[1]——以不分親疏的互愛求取利人利我的互利——創立了墨家學派，這個學派很快就取得了與儒學一樣的「顯學」地位。早期雜家人物尸佼有過「墨子貴兼，孔子貴公」而二者「實一」[2]（實際上是一回事）的說法，此後，《淮南子》又有另一種評說：「墨子學儒者之業，受孔子之術，以為其禮煩擾而不說，厚葬靡財而貧民，（久）服傷生而害事，故背周道而用夏政。」[3]其實，就墨子常常援引《詩》、《書》[4]並盛稱「三代聖王堯舜禹湯文武」[5]而言，他的學說未必全然與「周道」相悖，但就他主張「節用」、「節

1　《墨子·兼愛中》。

2　《尸子·廣澤》。

3　《淮南子·要略》。

4　《墨子》一書的《所染》、《七患》、《尚賢中》、《尚賢下》、《尚同中》、《尚同下》、《兼愛下》、《非攻中》、《天志中》、《天志下》、《明鬼下》、《非樂上》、《非命上》、《非命中》、《非命下》、《公孟》等篇，均對《詩》、《書》有所援引，對此，近人羅根澤有詳考。據羅氏考述：現存《墨子》一書引《詩》10則，其中所引不見今本《詩經》者4則，與今本《詩經》文句次序不同者3則，與今本《詩經》字句不同者2則，與今本《詩經》文句從同者1則；現存《墨子》一書引《書》29則，其中篇名文字均不見今本今古文《尚書》者14則，篇名文字與今文《尚書》不同者1則，文字不見今文《尚書》者6則，引《尚書·泰誓》而不見今本《尚書·泰誓》者2則，引《尚書·泰誓》而與今本有出入者2則，與今文《尚書》略同者3則，引《詩》、《書》不明者1則。（參見羅根澤：《諸子考索》，147-163頁。）

5　《墨子·尚賢中》。

葬」、「非樂」以至於鄙棄「禮」、「樂」而言，墨家的學說的確可尋緣到質樸、節儉的「夏政」。「兼」與「公」的相通和「夏政」與「周道」在禮樂上的歧異構成一種微妙的張力，只是在這種張力下，墨家相對於儒家才更深刻地顯露出它的個性。當然，墨家學說的個性見之於《墨子》一書，也在相當程度上直觀地呈現於墨子本人的生命踐履。因此，對於墨家我首先要講的就是：

墨子與《墨子》

墨子名翟，《史記》中關於他的記述只有寥寥數語：墨翟，宋國大夫，善於設防禦敵，主張儉樸節用；有人說他與孔子是同時代人，也有人說他生活的年代在孔子之後。[6]從先秦典籍所能提供的史料看，墨翟的先祖很可能是宋國人，他本人生於戰國初年的魯國。他做過宋國的大夫，遊歷過齊、衛、楚、越等國。《墨子》一書的《耕柱》、《貴義》、《公孟》等篇記有他的若干故事，從這些故事可大略窺見他的生命情調和人格操守。

有一次，墨子到齊國遊覽，順便拜訪一位老朋友。這位朋友見墨子風塵僕僕的樣子就說：老朋友啊，當今天下已經沒有人把「義」當作一回事了，唯獨你還在那裡為了「義」苦苦奔波，我看你還是算了吧。墨子回答說：你說的這種情形，就像是有十個人要吃飯，九個人閒著不幹活，只有一個人在那裡耕作，吃飯的人多，幹活的人少，想想看，那個幹活的人難道不應該更勤苦地幹嗎？他要是也不幹了，這麼多人到哪裡去找飯吃呢？當今天下沒有什麼人為「義」操心了，你

6　《史記・孟子荀卿傳》：「墨翟，宋之大夫，善守禦，為節用。或曰並孔子時，或曰在其後。」

應該鼓勵我為了「義」繼續幹下去才對，怎麼反倒勸阻我呢？

　　墨子讓自己的弟子公尚過到越國去做官。公尚過用墨子的那些道理勸說越王，越王很高興，就對公尚過說：你如果能讓墨子到越國來為我出謀劃策，我願意把滅亡了的吳國的土地劃出方圓五百里大的一塊封給他。公尚過以為這對於越國和墨子來說都是件好事，就一口答應下來。於是，越王就派公尚過帶了五十輛車到魯國接墨子。公尚過對墨子說：我把您講的那些治理國家的道理說給越王聽了，越王很高興，他說您如果能到越國去為他出謀劃策，他願意把原來吳國的土地劃出方圓五百里的一塊封給您。墨子問公尚過：你看越王的志向如何？要是越王真能聽進去我的這些話，願意採用我提出的治國之道，那我就去，不過，一個人應該按自己的飯量吃飯，依照自己的身材穿衣，我把自己同越國的眾多臣子比了比，覺得還是不宜接受那麼大的封賞。況且，越王也許最終聽不進我的那些話，不採用我的主張，如果是這樣，我去了越國那不就等於出賣「義」而換取自己的富貴嗎？要是「義」可以像物件一樣稱斤論兩地出賣，我在魯國早就那麼做了，何必捨近求遠到越國去呢？

　　這兩個故事告訴人們，身處亂世的墨子對世人淡忘已久的「義」是多麼的看重。在一個嗜欲放縱、弱肉強食的時代，他留下的是一種唯「義」是求的人生風範。當然他所說的「義」最終是落在「兼相愛，交相利」上的，不過在他這裡，由「兼愛」而求互利並不摻雜個人的考慮或一己的私欲。孟子曾嚴詞斥責墨子的「兼愛」主張無視父母的親情（所謂「無父」），但他還是對這位墨學創始人「摩頂放踵，利天下為之」[7]的做法給予了相應的評價。同樣，墨子所行之「義」也完全不同於老莊的自然之「道」，而莊子依然由衷地讚歎：墨子真

7　《孟子·盡心上》。

是天下難得的好人啊，即使已經形容枯槁他也不放棄自己的努力，實在稱得上是一位才德之士了。[8]

墨子的堅忍不拔、清苦自守使墨家學說經由他的生命踐履成為一種人生的教化，這種教化引導人們在有生之年勤勉節儉、擯絕歌舞和音樂，一朝過世只需粗衣薄棺、不求厚葬久喪。把這樣的教化推向社會是很難被一般人所接受的，但它畢竟在當時造就了一個極有宗教精神的團體。據說，在墨子周圍，「服役者百八十人，皆可使赴火蹈刃，死不旋踵」[9]。追隨墨子的這些人是不主張侵擾、進犯別人的，但他們的確善於運用作戰器械，精通防禦戰術。有一次，勢力強大的楚國打算進攻同它相鄰的宋國，墨子聽說這件事後，連忙讓禽滑釐等三百墨家弟子去宋國佈防，而他隻身從魯國匆匆趕到了楚國。他用道理勸說楚王放棄攻打宋國的計畫，楚王說，你講的道理都對，只是公輸般為我打造了攻城用的雲梯，要是不用，那就太可惜了。於是，墨子請求在楚王面前由他和公輸般作一次防守和進攻的演示。他解下自己的腰帶，圍成一座城的樣子，順手撿起一個小木片當作武器，讓公輸般用他的攻城器械來進攻。結果，公輸般連用多種攻城器械都被墨子打敗了。這時，公輸般所設計的攻城器械都用完了，可墨子還有許多守禦的方法沒有使用呢。公輸般有點沮喪，不過他說：「我知道該怎麼對付您，我還是不說吧。」墨子接過他的話說：「我知道您想用什麼法子對付我，我也還是不說吧！」楚王忍不住了，就問：「這到底是怎麼回事？」墨子回答他說：「公輸般的意思，不過是想讓您殺了我，殺了我，宋國的城就守不住了，你們就可以進攻了。但是，我要告訴您，我的弟子禽滑釐等三百人已經按我的吩咐，拿著守城的武

---

8 《莊子‧天下》：「墨子真天下之好也，將求之不得也，雖枯槁不捨也。才士也夫！」
9 《淮南子‧泰族訓》。

器在宋國設了防，現在正等著楚寇的進犯呢。您即使殺了我，也奪不走我教給弟子的那些守城的辦法。」楚王聽了這一番話，歎了口氣說：「算了算了，我看還是不要攻宋了吧！」這個故事到底在多大程度上屬於歷史事件，一下子不好確定，但沒有問題的是，它告訴我們，墨子可能是工匠出身，他的手藝和設計上的創意至少不在公輸般──被後世的工匠尊為「祖師」而稱作魯班的人──之下。

另外，墨子顯然是一個擅長言辯的人。一次，他到北方的齊國去，途中遇到一位由觀測天象變化而預斷人事吉凶的人，那時人們把這種人稱為「日者」。日者對他說，今天是壬癸日，是天帝殺黑龍於北方的日子，你的臉色發黑，不宜北去。墨子沒有聽他的話，繼續向北，結果淄水氾濫，無法渡河，只好返回。日者自詡有先見之明，於是墨子就以膚色白的人照樣無法渡河為理由同他辯論了起來。墨子說，這種借天象變化定出種種忌諱不讓天下人正常外出旅行的做法，是「圍心而虛天下」──囚困人的心思，讓天下可走的路空在那裡。隨後，他聲稱：以你的那些話來非難我說的這些道理，那是以卵擊石，窮盡天下的卵，石仍然是石，不會有半點毀壞。[10]可見，墨子與人辯論，不僅信念堅定，慎於邏輯和措辭，而且氣勢奪人，分毫不讓。相比之下，老子、孔子要含蓄、從容得多，墨子出於救世的急切，放言立論總不免咄咄逼人。老子因「道隱無名」而主張「行不言之教」，孔子也認為微妙的「性與天道」只能「默而識之」，「默」和「不言」不可能引發論戰，真正說來，先秦時代的論辯之風是發端於墨子的。重論辯必然重邏輯，墨家後學在邏輯研究上的自覺同墨子立論往往取辯難的方式有著深刻的關聯。

---

10 《墨子·貴義》：「以其言非吾言者，是猶以卵投石也；盡天下之卵，其石猶是也，不可毀也。」

　　同孔子、老子一樣，墨子並不看重文字。儘管他不像孔子那樣「述而不作」，而是主張「述」而又「作」——「述」那些從古代流傳下來的善的東西，「作」那些在當今之世體會到的善的東西[11]，但他也只是把「述」和「作」局限在口頭講授上，尚不曾留下親手撰寫的簡劄。今天我們所能看到的《墨子》一書，其實是墨家弟子對墨子遺教的記錄和墨子後學著述的彙集。《漢書‧藝文志》著錄《墨子》七十一篇，現僅存五十三篇。[12]其中，從《尚賢》上篇（第八篇）到《非命》下篇（第三十七篇）等三十篇（現存二十三篇）是墨子身後墨家三派對墨子遺教的輯錄[13]，可看做墨子本人的學說。依理相推，這些篇章正可說是《莊子》的《天下》篇所謂墨家弟子相裡勤、鄧陵子等「俱誦《墨經》」的那個《墨經》。

　　現存《墨子》一書的前七篇《親士》、《修身》、《所染》、《法儀》、《七患》、《辭過》、《三辯》是墨家後學撰寫的文字，這些文字大

11　《墨子‧耕柱》：「吾以為古之善者則誅（述）之，今之善者則作之，欲善之益多也。」

12　所佚十八篇，在今本《墨子》中尚有存其目者八篇：《節用下》、《節葬上》、《節葬中》、《明鬼上》、《明鬼中》、《非樂中》、《非樂下》、《非儒上》；清人孫詒讓依《備城門》篇所舉攻城器械臨、鉤、沖、梯、堙、水、穴、突、空洞、蟻附、轀、軒車等，對照《備城門》以下所存各篇指出：《墨子》第十四卷當佚《備鉤》、《備沖》、《備堙》、《備空洞》、《備轀》、《備軒車》六篇（參見孫詒讓：《墨子間詁》）；近人羅根澤由《尚賢》至《非命》諸篇皆分上、中、下而緊隨其後的《非儒》僅分上、下篇推測可能《非儒》中當七佚（參見羅根澤：《諸子考索》，164頁），其說似可聊備一格；其他佚文三或四篇（如果羅氏所說未可置信，所剩佚文當是四篇）已不可考，或當列於《墨子》第十五卷，與《迎敵祠》、《旗幟》諸篇同屬一類。

13　俞樾《〈墨子間詁〉序》謂：「墨子死而墨分為三，有相里氏之墨，有相夫氏之墨，有鄧陵氏之墨。今觀《尚賢》、《尚同》、《兼愛》、《非攻》、《節用》、《節葬》、《天志》、《明鬼》、《非樂》、《非命》皆分上、中、下三篇，字句小異，而大旨無殊，意者乃相里、相夫、鄧陵三家相傳之本不同，後人合以成書，故一篇而有三乎？」其說雖以推測之口吻，但大體可信。

都是對被視為《墨經》的《尚賢》、《尚同》、《兼愛》、《非攻》、《節用》、《節葬》、《天志》、《明鬼》、《非樂》、《非命》諸篇立意的闡述和發揮。清人孫詒讓曾指出，《法儀》「所論蓋《天志》之餘義」，《七患》、《辭過》「二篇所論，皆《節用》之餘義」，《三辯》「所論，蓋《非樂》之余義」[14]。但他同清代以至民國許多墨學考釋者一樣，認為《親士》、《修身》、《所染》三篇可能出於後世儒者。近人羅根澤力排眾說，基於較翔實的考索，提出了「自《親士》至《三辯》七篇，自非墨翟所作，但作者決為戰國墨家」[15]的見解。這一提法持之有故，對前人所論多有辨正，應該可以許為篤論。《墨子》中，《經上》、《經下》、《經說上》、《經說下》、《大取》、《小取》等六篇（第四十至四十五篇）重在「談辯」的討論，無疑是戰國末期墨者的作品。這些文字在墨學中略成一脈，可能由墨子所謂「能談辯者談辯」[16]之說發其端，由後期墨家弟子竟其緒。至於《耕柱》、《貴義》、《公孟》、《魯問》、《公輸》等篇（第四十六至五十篇），顯然是墨家後學對墨子生前言行的追述，而《備城門》以下等二十篇（現存十一篇）自當屬於墨家論戰備、防禦的著述，可能成文較晚。墨子對儒者有許多詰難之辭，但也許因為有過「受孔子之術」的經歷，他對孔子總還存有一份由衷的敬意。《墨子》的《公孟》篇記載了這樣一件事：有一次，墨子在同一位叫程繁的人辯論時引用了孔子的話，於是對方就問他：「你既然是在非難儒家，為什麼還要援引孔子的話呢？」墨子回答說：「我從孔子那裡引用的都是些不可改易的道理。就像鳥遇到炎熱乾旱就往高處飛，魚遇到炎熱乾旱就往深處遊，在這種情形下，即使夏禹和商湯這樣的聖人為鳥和魚著想，他們也一定想不出能夠取

---

14 孫詒讓：《墨子間詁》。

15 羅根澤：《諸子考索》，168頁。

16 《墨子‧耕柱》。

而代之的更好的法子了。鳥和魚可以說是愚昧的，可禹和湯仍然不能不認可它們的沿襲已久的做法；禹和湯對於鳥和魚尚且如此，如今我怎麼能夠不承認孔子早就說過的那些不可更改的道理呢？」[17]可見，墨子對儒家的非難終究只在於申述自己的主張，並不要刻意與孔子一爭高下。《墨子》中有《非儒》這樣一篇文字，凡提到孔子總是以「孔某」相稱，文中評說孔子甚至放膽使用「汙邪詐偽」一類醜詆之辭，出語明顯不似墨子本人。這篇文字，雖有學者多方論證，將其與《尚賢》、《兼愛》等篇列為同類而歸於「墨經」，但在我看來，它很可能只是墨家後學中某個「談辯」者的應激之作。

下面，我講第二個問題：墨子學說的價值取向──

「兼相愛，交相利」

有如老子、孔子的學說，墨子學說不是一種知識，而是一種教化。這教化歸結到一點，即是所謂「兼相愛，交相利」。一次，墨子外出遊歷，他的弟子魏越問他：「見到各地的諸侯後，先生將說些什麼呢？」墨子說：「凡到一個國家，一定要找準它最重要的問題，然後勸導當政者採取相應的措施。國家昏亂，就告訴他們要『尚賢』、『尚同』（推崇德才兼備的人，崇尚上下同一、步調一致）；國家貧窮，就告訴他們要『節用』、『節葬』（節減用度，葬禮從簡）；國家沉迷於聲樂酒色，就告訴他們要『非樂』、『非命』（不要被樂舞所誤，不要信從『命』教）；國家淫僻無禮，就告訴他們要『尊天』、『事鬼』

---

17 《墨子・公孟》：「子墨子與程子辯，稱於孔子。程子曰：『非儒，何故稱於孔子也？』子墨子曰：『是亦當而不可易者也。今鳥聞熱旱之憂則高，魚聞熱旱之憂則下，當此，雖禹、湯為之謀，必不能易矣。鳥魚可謂愚矣，禹、湯猶雲因焉。今翟曾無稱於孔子乎？』」

（尊崇天意，侍奉鬼神）；國家一味欺侮、侵奪別的國家，就告訴他們要『兼愛』、『非攻』（不分差等、親疏地愛人，擯斥諸侯間的攻伐和兼併）。這就叫做『擇務而從事』。」[18]墨子的這段話可以說是墨子學說的總綱，所謂五「務」（五種最重要的問題）、十「事」（十項解決問題的措施）恰好構成「墨經」（從《尚賢》篇到《非命》篇）所論述的全部內容。這裡，「兼愛」被列為治理國家的措施之一，但更值得注意的是，它也指示著墨子和整個墨家學說的價值取向。

　　如果一定要拈出一個字來概括墨子學說的宗趣，那麼，選擇「兼」字可能是最恰當的了。曾是法家人物而後來又轉向雜家的尸佼就說過：「墨子貴兼」。就是說，墨子推崇「兼」，以「兼」為貴。在墨子這裡，「兼」的意味是由「別」反襯出來的；「別」，既然著意於人與我之間的分別或區別以表達對差異、差等的認可，反其意的「兼」，就在於強調人與我之間不作分別或擯棄差等。由「兼」而要求一種沒有差等的愛，這愛被稱為「兼相愛」或「兼愛」；由「兼」而要求一種不分彼此的利或「天下之利」，這利被稱為「交相利」。懂得「兼相愛，交相利」這一道理並按這一道理去做的君王被墨子稱作「兼君」、「兼王」，反之，被墨子稱作「別君」、「別王」；懂得「兼相愛，交相利」這一道理並按這一道理去做的士人，被墨子稱作「兼士」，不懂得「兼愛」、互利這一道理的士人被墨子稱作「別士」。與「兼」、「別」的這一分判相應，墨子死後分為三派的墨家後學無一不以墨學正宗自居而蔑稱不同於自己的派別為「別墨」。

　　墨子宣導「兼愛」是從利害說起的，不過這利害是著眼於天下的

---

18 《墨子·魯問》：「子墨子游，魏越曰：『既得見四方之君，子則將先語？』子墨子曰：『凡入國，必擇務而從事焉。國家昏亂，則語之尚賢、尚同；國家貧，則語之節用、節葬；國家憙音湛湎，則語之非樂、非命；國家淫僻無禮，則語之尊天、事鬼；國家務奪、侵凌，即語之兼愛、非攻。故曰：擇務而從事焉。』」

大利與大害。他指出，在他所處的時代，可稱得上天下之害的莫過於三者：一是大國侵奪小國，大家族危害小家族，強者劫掠弱者，眾者欺凌寡者，狡詐者謀騙愚鈍者，居高位者傲視地位卑賤者；二是為君者不仁，做臣子的不忠，當父親的不慈，做兒子的不孝；三是人們相互殘害，有的用兵刃，有的用毒藥，有的用水火，無所不用其極。在他看來，這些天下之害的發生是由於人們往往把他人與自己相區別而不能待人如己；這不能將他人與自己一視同仁就是「別」，「別」是不對的，糾正這不對只有「兼以易別」[19]。所謂「兼以易別」，就是以「兼」取代「別」，把我與人對立變為我待人如己。墨子引導人們作這樣一種推想：如果對待別人的國家像對待自己的國家一樣，誰還會傾自己全國的力量去攻打別人的國家呢？如果對待別的都邑像自己所在的都邑一樣，誰還會動用自己都邑的所有資力去討伐別人的都邑呢？如果對待別的家族像對待自己的家族一樣，誰還會調動起自己家族的整個勢力去侵擾別人的家族呢？要是國家、都邑、家族之間不相互攻伐、侵害，那隨之而來的不就是天下之利了嗎？因此，墨子說，天下之害產生於「別」，產生於人我分別、相互對立，天下之利產生於「兼」，產生於待人如己、對人對己一視同仁。由此，墨子提出「以兼為正」[20]（以待人如己這樣的「兼」的態度從事政治）。

在當時的士人中，有這樣一種非難「兼」的議論：「兼」即是仁，即是義，好固然是好，但終究不過是立意太高的願望，要真正做起來，那恐怕就會像拎著泰山跨越長江、大河那樣難了。墨子駁斥說：拎著泰山跨越江河確實是自古以來沒有人能做到的事，但「兼相愛，交相利」畢竟是「先聖六王」堯、舜、禹、湯、文、武曾親身踐

---

19 《墨子・兼愛下》。
20 《墨子・兼愛下》。

行過的，我們雖然沒有生活在他們那個時代，不能親見其面，親聞其
聲，但從那些寫於竹簡、縑帛，刻於鐘鼎、石碑，雕於盤、盂而流傳
後世的文字可以知道，那時他們正是這麼做的。他逐一引證了《尚
書》的《泰誓》、《禹誓》、《湯誓》篇和《周詩》中的一些話，一再強
調禹、湯、文、武這些古代聖王都曾經取法於「兼」，都曾經意識到
「別非而兼是」從而選擇「以兼為正」。

　　此外，當時的士人中，也有人從另一角度非難「兼愛」。在他們
看來，講「兼愛」對侍奉父母不利，有礙於子女對父母盡孝道。墨子
針對這種看法反駁說：那些侍奉父母、願意盡孝道的人，想必也一定
希望別人愛他的父母，做有利於他父母的事，但怎樣才能使別人也愛
自己的父母、做有利於自己父母的事呢？究竟是我厭惡、傷害別人的
父母才能讓別人愛我的父母、做有利於我父母的事，還是我愛別人的
父母、做有利於別人父母的事才會使別人愛我的父母、做有利於我父
母的事呢？顯然，只有我愛別人的父母、做有利於別人父母的事，才
會使別人愛我的父母、做有利於我的父母的事。他摘引《詩·大雅·
抑》中的詩句「無言不仇，無德不報」、「投我以桃，報我以李」（沒
有言語得不到應答，沒有恩德得不到報償，別人把桃贈送給我，我總
會以李相報），以此告訴人們愛人者必被人所愛，惡人者必被人所
惡，真正愛自己父母的人應當做到「兼愛」。

　　「兼愛」當然是一件難事，但墨子指出，歷史上有過比這更難的
事，人們也都做到了。他舉例說：從前，楚靈王喜歡細腰，以腰細為
美，弄得當時的楚國人爭相減食，比誰的腰更細，以至於許多人餓得
靠著拐杖才能站起來，扶了牆才能走路。像這樣節食減用實在太難做
到了，但楚靈王喜歡這樣，結果時間不長，整個國家的風氣都跟著改
變了。為什麼這麼難做的事當時的楚國人都能做到？那是因為居於高
位的人有所喜好，而下面的人們總不免要投其所好。接著，墨子又舉

了一個例子。有一個時期，越王勾踐崇尚武勇，他訓導他的臣子和士卒以勇敢為美德。三年後，一件意想不到的事發生了。一次，戰船失火了，士兵們依然擊鼓前進，前列的士兵倒下了，後面的人沒有退卻的，就這樣，竟有不計其數的人葬身於水火中。那時的越國士兵一門心思只知道勇敢向前，即使當時不擊鼓，他們也會前進的。焚身於火中，這是多麼難以做到的事，但越國人做到了。越國人一下子變得強悍起來，民風在不長時間裡有了這麼大的變化，那是因為越王喜好武勇，而他的臣子和士兵們又很自然地以他的所好為所好。墨子說，還有一個例子，同樣說明了這一點，即不論多麼難做的事，只要上有所好，就一定會下有所效。當年晉文公喜歡穿粗拙的衣服，於是晉國人很快就形成一種時尚，他們用質地粗疏的布料做衣，用老羊皮做裘，戴那種粗糙的帛做的帽子，穿那種用葛麻製成的鞋子。衣冠粗陋本是件很不體面而令人難堪的事，但由於晉文公的緣故，整個晉國的風氣都跟著變了。墨子說，比起節食、焚身、穿粗陋的衣服來，「兼相愛，交相利」要對人有利得多，做起來也容易得多，它之所以難以推行，不過是因為沒有哪個居上位者像楚靈王好細腰、越王勾踐好勇武、晉文公好粗服那樣喜歡它就是了。他認為，如果有居上位者推崇「兼愛」、互利，以獎賞和榮譽予以勸勉，以威嚴的刑罰予以督責，那麼，人們就一定會像火向上燃、水向下流那樣爭著去實踐「兼相愛，交相利」，到那時，天下的潮流所趨怕是任何人想阻擋都難以阻擋了。

墨子是把「兼愛」之「兼」視為「聖王之道」的，這「兼」同時即是一種「利」──當然是「萬民之大利」，所以墨子總要關聯著「兼相愛」講所謂「交相利」。墨子也以「兼愛」講「忠」、「孝」、「義」等，但墨學中的「忠」、「孝」、「義」正像他的後學所解釋的那

樣:「義,利也」,「忠,以為利而強君也」,「孝,利親也」[21]。「愛」與「利」、「兼相愛」與「交相利」的一體在相當大程度上使「兼愛」功利化了,而有著功利底色的「兼愛」從一開始就被講成了一種道理,不再能留住「愛」所當有的那種油然而發的情愫。純粹的道理可以按照邏輯去推理,所以墨家後學也對「兼愛」──又稱「周愛」──作這樣的演繹性的說明:「愛人,待周愛人,而後為愛人。不愛人,不待周不愛人。不周愛,因為不愛人矣。乘馬,不待周乘馬,然後為乘馬也。有乘於馬,因為乘馬矣。逮至不乘馬,待周不乘馬,而後為不乘馬。此一周而一不周者也。」[22]那意思是說:就騎馬而言,只要某人騎過一匹馬就算他騎馬了,不必騎遍一切馬才算騎馬;反之,說某個人不騎馬,那不是指他不騎某一匹馬,而是指他不騎所有的馬。愛人與騎馬不同,說一個人愛人,那是指他遍愛天下所有的人,說一個人不愛人,卻不必是指他不愛天下一切人。換句話說,愛人意味著要遍愛天下所有人,騎馬卻不必指遍騎一切馬;前者含有「周」或普遍的要求,後者不含「周」或普遍的要求。當對「愛人」和「乘馬」作這樣的比較時,實際上,本應浸潤於「愛人」之「愛」中的那份由衷之「情」也就被全然棄之不顧了。

這種抽去了「情」的涵潤而只作為一種道理講的「兼愛」必然是實利化了的愛,它是墨子學說的核心價值所在,也是墨子學說得以推繹為一個嚴整體系的最終依據所在。墨子是提倡「尚賢」、「尚同」的,而「尚賢」的那個「賢」的標準在於「兼相愛,交相利」,「尚同」的那個「同」的最高目標也在於「兼相愛,交相利」。墨子主張「非攻」,而「非攻」不過是「兼相愛,交相利」在制止或消除國與

21　《墨子・經上》。
22　《墨子・小取》。

國、家與家之間的侵奪或攻伐行為方面的體現。墨子也是主張「節用」、「節葬」、「非樂」、「非命」的，這些主張明顯出於一種「利」的考慮，但這「利」是與「兼相愛」一體而論的「交相利」之「利」。墨子甚至引導人們「尊天」、「事鬼」，不過上天和鬼神的可尊可敬終究仍在於「天」、「鬼」對「兼相愛，交相利」的讚賞和推重。墨家後學中的一支分外看重邏輯，但他們的著述無論是《經上》、《經下》、《經說上》、《經說下》，還是《大取》、《小取》，其辨名實、論取捨，用心所至無不在於標舉「兼相愛，交相利」。墨家後學中的另一支尤其擅長佈防、守禦之術，而他們的著述無論是《備城門》、《備臨高》還是《迎敵祠》、《旗幟》、《號令》等，其對防禦技藝的悉心研尋也都背負著「兼愛」而「非攻」的使命。

下面，要重點講述的是「兼相愛，交相利」這一價值取向在墨子政治學說中的體現──

「尚賢」與「尚同」

墨子所謂「尚賢」，顧名思義，即是唯賢是尚、崇尚賢者。在墨家這裡，「尚賢」不僅是應對「國家昏亂」的措施之一，而且是一個國家的政治的根本。所以，墨子告誡那些負有治理國家之責的王公大臣說：「夫尚賢者，政之本也。」[23]在墨子看來，為政於國家者所要追求或所應追求的不外乎國家富裕、人民眾多、刑罰公正而政令清明。但怎樣才能做到國家富裕、人民眾多、刑罰公正而政令清明呢？他認為，關鍵在於能不能「以尚賢事能為政」。如果一個國家崇尚賢者，重用所謂「賢良之士」，這個國家的賢者或賢良之士就會越聚越多，

---

23 《墨子‧尚賢上》。

國家也就會治理得越來越好；相反，如果一個國家不能崇尚賢者，重用賢良之士，這個國家的賢者或賢良之士就會越來越少，國家的治理也就會越來越差。什麼樣的人才能算作「賢者」或「賢良之士」？墨子說，「賢者」或「賢良之士」是指那些德行篤厚、言談雄辯而又通曉道術的人。賢者的德行、言談、道術見之於政治，即在於對「兼相愛，交相利」這一準則的履行，而履行「兼相愛，交相利」準則的典型人物又莫過於堯、舜、禹、湯、文、武。墨子指出：「富貴為賢，以得其賞者誰也？曰：若昔者三代聖王堯、舜、禹、湯、文、武者是也。所以得其賞何也？曰：其為政乎天下也，兼而愛之，從而利之，又率天下之萬民以尚尊天事鬼，愛利萬民。是故天鬼賞之，立為天子，以為民父母。萬民從而譽之曰『聖王』。」[24]這段話的意思是：什麼樣的人處於富貴地位而履行賢者的職責因此能夠得到人們的稱讚和褒揚呢？是古時候三代聖王堯、舜、禹、湯、文、武這樣的人。為什麼他們能夠得到人們的稱讚和褒揚呢？那是因為他們治理天下做到了「兼而愛之，從而利之」，並且，他們又能率領天下的萬民尊崇上天，敬事鬼神，引導萬民互愛互利。所以，上天和鬼神讚賞他們，立他們為天子，以他們為百姓的父母，萬民從而把他們譽之為「聖王」。依墨子的看法，賢者成其為賢者在於其對「兼相愛，交相利」這一準則的履行，而按照這樣的標準，堯、舜、禹、湯、文、武等古代聖王又正可以說是賢者的典型。就此而論，所謂「尚賢」，也就是崇尚三代聖王，崇尚「聖王之道」。

　　唯賢者能真正地「尚賢」。三代聖王是典型的賢者，三代聖王也為人們做出了「尚賢」的表率。墨子舉例說：舜，原來只是一個在河東歷山務農、在河濱燒製陶器、在雷澤捕魚的人，堯在服澤之北遇到

他，舉薦他為天子，讓他承擔治理天下的重任；伯益，原是一個善於放牧和狩獵的人，後來禹在陰方結識了他，保薦他與自己一道治水，使中國得以有了九州的規模；伊尹本是一位廚師，湯授予他治理國家的要職，讓他做自己的相，結果成就了以商代夏而一統天下的大業；閎夭、泰顛，都是下網掘阱捕捉鳥獸的獵人，文王推薦他們擔任要職處理政事，後來他們設謀使被囚於羑裡的文王獲釋，又輔佐武王誅滅了商紂。以三代聖王「尚賢」的事蹟為鑒照，墨子對當世的王公大臣「明小物而不明大物」的庸瑣作為提出了嚴厲而中肯的批評。他指出，他們這些人，一件衣裳不能製作，知道去找好的衣工，一頭牛或一隻羊不會宰殺，知道去找好的庖宰，反而在治理國家這樣的大事情上，不知道在自己力不能及時像找衣工和庖宰那樣去尋找和任用賢者。這樣的王公大臣當政，一旦國家出現變亂，社稷發生危機，他們要麼以親取人任用自己的親戚，要麼以貌取人任用那些面目俊好自己看著順眼的人。於是，往往出現這樣的情形，一些連百人都管理不了的人反倒被委任去做管理千人的官，而管理不了千人的人反倒被委任去做管理萬人的官。這樣的人做官完全是因為官的爵高位顯而俸祿豐厚，他們沒有德能和智慧，讓他們治理國家，國家會陷入怎樣深的危亂之中可想而知。為此，墨子勸誡那些任人唯親或以貌取人的王公大臣效法三代聖王，為德行篤厚的人安排職務，重用德才兼備的賢良之士。他認為，對於賢良之士，即使他們是些在田間務農或在作坊做工的人，也應予以拔舉，給予他們高貴的爵位，豐厚的俸祿，委以重任，使他們有發佈命令、果斷處事的權力。墨子把高爵位、厚俸祿和決斷權稱為「三本」，這「三本」被看做「尚賢」之法得以實行所必要的「術」。他強調指出：「何謂三本？曰爵位不高則民不敬也，蓄祿不厚則民不信也，政令不斷則民不畏也。」[25]用這「三本」之術不在

---

25 《墨子·尚賢中》。

於表明對臣子的重賞厚賜，而是為了把那些關係到國家治亂安危的事情辦成。與儒家尚賢更看重賢者的自律不同，墨子以「三本」之術所要鼓勵和促進的是一種與功利目的相應的競爭。所謂「不義不富，不義不貴，不義不親，不義不近」[26]，即是不賢不富，不賢不貴，不賢不親，不賢不近；當「賢」、「義」直接與富、貴、親、近關聯時，「尚賢」也就被徹底功利化了。但無論如何，由此而宣告一種「官無常貴而民無終賤，有能則舉之，無能則下之」[27]的原則，畢竟對於政治這一人生的對待性領域有著不可低估的意義。

與「尚賢」相應，墨子受戰國亂世的刺激，也呼籲「尚同」。「尚同」是以「尚賢」為前提的，它的要義在於以「上同而不下比」——以上面認定的是非為是非而不與下面的異議相親比——的方式達到「一同天下之義」[28]。所謂「一同天下之義」，就是統一天下人的看法或把天下人的意旨定於「一」。這個「一同天下之義」的「一」，說到底就是被墨子作為唯一價值標準的「兼相愛，交相利」。

有似於西方的自然法學派，墨子帶著理想的政治藍圖構想國家的產生時假設了生民之初的「自然狀態」，不過他不稱其為「自然狀態」，而說那是「民始生，未有刑政之時」。他說：在人剛剛開始生活於這個世界的遠古時代，還沒有刑罰政令約束人們的言行，每個人都按自己的意旨說話、行事。因此，一個人一種意旨，兩個人兩種意旨，十個人就會有十種意旨，人越多，不同的意旨也越多。於是，每個人都以自己的意旨為是，以別人的意旨為非，以至於互相指責，使得一家之內父子兄弟因為相互埋怨、厭棄而離散，天下的百姓甚至以水、火、毒藥相互殘害。這時的人，即使自己有餘力也不會幫助別

26　《墨子・尚賢上》。

27　《墨子・尚賢上》。

28　《墨子・尚賢上》。

人，有多餘的財產就是腐爛掉也不會分給別人，有好的技藝寧可藏起來也不願傳授給別人。天下一片混亂，人與人相處簡直就像禽獸那樣。當人們終於明白天下之所以一片混亂是因為沒有行政長官的管理時，人們就挑選天下有才德之人，把他立為「天子」。有了天子，一個人的力量不足，又挑選天下有才德之人，把他們立為「三公」。有了天子、三公，還是管理不過來，天下如此博大，遠國異土民眾的是非利害難以一一分辨，於是把天下劃分為眾多的諸侯國，在每個諸侯國設立國君。諸侯國的國君仍然力不能支，因此他又選拔他的國家中那些有才德的人，讓他們擔任里長、鄉長等各級行政長官。就這樣，從天子到里長，一個品級有序的國家管理階層形成了。

單就所謂「選天下之賢可者，立以為天子」、「又選擇天下之賢可者，置立之以為三公」、「畫分萬國，立諸侯國君……又選擇其國之賢可者，置立之以為正長」[29]而言，大體說來，國家機構的形成是一個人為的選舉或選拔過程，其中天子的產生顯然在於萬民的推舉，這之後的三公、諸侯和各級行政官員的產生可能主要在於自上而下的選拔。但墨子對天子的選立同時還有另一個說法，他說：「古者上帝鬼神之建設國都、立正長也，非高其爵、厚其祿、富貴佚而錯之也，將以為萬民興利、除害、富貴（貧）、貧（眾）寡、安危、治亂也。」[30]那意思是說，古時候，上帝鬼神設立國都、設置國家行政長官，不是為了讓這些擔任官職的人爵位顯赫、俸祿豐厚，安享富貴和逸樂，而是要他們為萬民興利除害，使貧者富起來，寡者多起來，使世道轉危為安，變亂為治。依照這一觀念，國都的建立和包括天子在內的各級政長的設置都是出於上帝和鬼神的意願，儘管上帝和鬼神仍是在為萬民的利害、安危著想。

---

29 《墨子‧尚同上》。
30 《墨子‧尚同中》。

　　對於墨子說來，里長以至天子，各級政長的設置是為了結束那種
「人異義」——每個人都按自己的意旨說話行事——而天下混亂的局
面，因此，從里長到天子所要做的全部事情如果歸結到一點，那就是
「一同天下之義」：里長發佈政令，要求所管轄的百姓以鄉長的所是
為是，以鄉長的所非為非，學鄉長的善言，效法鄉長的善行，改正自
己的不善之言，克服自己的不善之行，由此達到「一同鄉之義」——
使一鄉之人意旨統一，沒有異義；鄉長發佈政令，要求全鄉的百姓以
國君的所是為是，以國君的所非為非，學國君的善言，效法國君的善
行，改正自己的不善之言，克服自己的不善之行，由此達到「一同國
之義」——使一國之人意旨統一，沒有異義；國君發佈政令，要求全
國百姓以天子的所是為是，以天子的所非為非，學天子的善言，效法
天子的善行，改正自己的不善之言，克服自己的不善之行，由此達到
「一同天下之義」。在墨子這裡，「一同鄉之義」、「一同國之義」是
「一同天下之義」的必要環節，在這些環節上，里長、鄉長、諸侯國
的國君既是要求一裡、一鄉、一國百姓「上同而不下比」的政令的發
佈者，又是以身作則上同於鄉長、國君、天子的典範。依「上同」的
邏輯，天子是比里長、鄉長、諸侯國國君更有典範意義的「賢可
者」，但天子畢竟是從世人中優選而出的，他的才能德行不可能沒有
局限。墨子是不能容許「一同天下之義」的那個「義」的標準有局限
的，因此他由「上同乎天子」進而提出了「上同乎天」。他指出：「夫
既上同乎天子，而未上同乎天者，則天災將猶未止也。故當若天降寒
熱不節，雪霜雨露不時，五穀不孰，六畜不遂，疾菑戻疫、飄風苦雨
薦臻而至者，此天之降罰也。將以罰下人之不尚同乎天者也。」[31]墨
子這段話的意思是：如果天下人做到了上同於天子，沒有做到上同於

---

31 《墨子・尚同中》。

天，那上天還是會降災給人們的，像寒往暑來不合節令、雪霜雨露不當其時、五穀不成熟、六畜繁殖不正常、瘟疫惡疾流行、暴風苦雨不斷等，這些都是天降給世人的懲罰，懲罰世人不能上同於天。墨子所說天降災害「以罰下人之不尚同乎天」的那個「下人」，當然是指萬民百姓，但也包括了百姓們尊崇的「天子」；把「天子」──相對於天仍然可以說是「下人」──置於天的俯瞰和監督之下，這意味著墨家對「尚同」之說可能帶來的負面效應的相當程度的警覺。的確，「上同而不下比」不免導致唯上是遵的極權傾向，但「尚同」的重心畢竟不落在極權上，它祈求的「一同天下之義」的「義」最終只在於「兼相愛，交相利」。

「尚同」已經涉及「尊天」，下面講：

「尊天」與「事鬼」

「尊天」與「事鬼」雖被墨子作為矯治「國家淫僻無禮」的主要措施提出，但同「尚賢」、「尚同」所集中表達的政治理想比起來，這兩者更能體現墨子學說的宗教信念。宗教信仰是一種終極眷注；墨家是富於宗教感的學術流派，它的終極眷注在於「兼相愛，交相利」這一價值取向及這一價值取向所可能達到的某種極致狀態。

墨子所崇仰的·「天」是有意志的，這意志被他稱作「天志」。依墨子的看法，天下的君子們所推崇並願意篤行的「仁義」，不可能出自愚昧而品格低賤者，而只能從品格高貴而富於智慧者那裡產生；天是最高貴而最富於智慧的，所以「義果自天出矣」[32]──「義」，真正說來，那是由「天」而產生或出自天意的。天意何在？天喜好什麼

---

32 《墨子‧天志中》。

厭惡什麼？墨子說，天不希望大國攻擊小國，大家危害小家，強者凌辱弱者，勢眾者欺侮力薄者，狡詐者謀騙愚鈍者，高貴者傲視低賤者；天希望有力量的人幫助別人，有財富的人施與別人，有技藝的人教給別人，天還希望身居上位的人努力於國家治理，處在下位的人努力做好自己分內的事。如果人們都能像天所希望的那樣，上面的人努力治理國家，下面的人努力做好自己分內的事，國家就會安定、太平，社會就會財用充足，對內就會有能力備辦豐盛的祭品祭祀上天和鬼神，對外也才有能力以珠寶美玉與四鄰的國家禮尚往來。這樣，諸侯之間不再發生怨隙，邊境上也不再會有人挑起戰端，境內得以使饑餓的人有飯吃，勞作的人能得到休息，而萬民之老少皆有所養。到那時，君主厚待臣子，臣子效忠君主，父親慈愛兒子，兒子孝敬父親，國家富強，政治清明，百姓會豐衣足食，社會會安寧祥和。反之，如果當政的人不去做天所希望人們做的事，而是去做天不希望人們做的事，那就會把天下萬民引向禍患和動亂，結果將會是這樣：人不去做天想要人去做的事，天就不會讓人得到他想得到的東西，人去做天不想要人去做的事，天就必定會讓人得到他不想得到的東西——凡是以暴力和狡詐謀取福祿的人，他所能得到的只會是疾病和 災禍。

　　「天」在墨子這裡是「義」或「正義」的維護者，它對那些愛人、利人、順天意而行的人予以獎賞，對那些憎惡人、殘害人、逆天意而行的人予以懲罰。墨子認為，「三代聖王」堯、舜、禹、湯、文、武就是順天意而行得到天的獎賞的人。他們「從事兼，不從事別」[33]，主張不以大國攻擊小國，不以大家危害小家，不以強凌弱、以眾欺寡、以狡詐謀騙愚鈍、以高貴傲視低賤。這樣做事上有利於天，中有利於鬼，下有利於人，對天、鬼、人無所不利，可以說是一

---

33 《墨子‧天志中》。

種「天德」。於是，天就讓天下人集聚所有的美名加予他們，稱他們是愛人利人的仁義之人，並且讓人們把這些寫在竹帛上，刻在金石上，雕在盤盂上，傳揚於子孫後代。與此相反，「三代暴王」夏桀、商紂、周幽、周厲是逆違天意受到天的懲罰的人。他們「從事別，不從事兼」，一味以大國攻擊小國，以大家危害小家，以強凌弱，以眾欺寡，以狡詐謀騙愚鈍，以高貴傲視低賤。這樣做事，上不利於天，中不利於鬼，下不利於人，對天、鬼、人都不利，可以說是一種「天賊」。於是，天就讓天下人集聚所有的醜名加予他們，稱他們是虐待人、殘害人的不仁不義之人，並且讓人們把這些寫在竹帛上，刻在金石上，雕在盤盂上，讓子孫後代都知道他們的惡行。就此，墨子說：我們懂得了「天意」或「天志」的存在，就像是輪人──製作車輪的人──有了圓規或匠人有了矩尺一樣，輪人拿起圓規用它來量度天下那些圓形的東西，中規的就說它圓，不中規的就說它不圓；匠人拿起矩尺用它來量度天下那些方形的東西，中矩的就說它方，不中矩的就說它不方。同樣，我們對上可以用「天意」或「天志」來量度王公大夫對國家的治理，對下可以用「天意」或「天志」來量度天下萬民的言談和著述。觀察他們的德行，順天意的，就判定其為善的德行，反天意的，就判定其為不善的德行；觀察他們的言談，順天意的，就判定其為善的言談，反天意的，就判定其為不善的言談；觀察他們的刑罰和政令，順天意的，就判定其為善的刑罰和政令，反天意的，就判定其為不善的刑罰和政令。如果把天意或天志立為準則或標準，用它來量度天下那些王公大人卿大夫到底「仁」還是「不仁」，那就一定會像分辨黑白一樣真切而不致失誤。

墨子肯定上天是有其「意」、「志」的存在，但他並不因此認為上天會註定人的命運。他是否棄命定論的，這否棄與他宣導「尊天」、「事鬼」並沒有什麼抵牾之處。在《非命》篇，墨子駁斥那種「命富

則富，命貧則貧，命眾則眾，命寡則寡，命治則治，命亂則亂，命壽
則壽，命夭則夭」[34]的說法時，提出了「言必立儀」——一定要確立
一個標準以衡量言談是否合理——的主張；這被稱作「儀」的準則或
標準在他看來主要有三條，也就是所謂「三表」。什麼是「三表」？
墨子指出：「有本之者，有原之者，有用之者。於何本之？上本之於
古者聖王之事；於何原之？下原察百姓耳目之實；於何用之？廢
（發）以為刑政，觀其中國家百姓人民之利。」[35]用我們現在的話
說，就是：所謂「三表」或三條標準，一是從根本上說的，一是從由
來上說的，一是從實際效果上說的。從根本上說，一種言談是否正
確，就是要看它是否可以從上古聖王的言行那裡找到依據；從由來上
說，一種言談是否靠得住，就是要看它是否與眾人親眼所見親耳所聞
的實際情形相符；從實際效用上說，一種言談是否合理，就是要看它
在被採納而作為行政法令發佈後是否能夠給國家和百姓帶來利益。這
三條標準總的說來還是經驗形態的，經驗形態的標準不免會有它的局
限性。事實上，墨子並沒有停留在這裡，他要在這三條標準之上找到
一個能籠罩這些標準的最高標準，那就是有「意」、「志」的「天」。
在《非命》篇的中篇，墨子談到「三表」（三條標準）或「三法」（三
條準則）中的「本之者」時，就已經有了「考之天鬼之志，聖王之
事」的提法，此後，墨家後學在其所寫的《法儀》篇中，依墨子本意
把「天意」、「天志」作為「法儀」明確地提到了「聖王之事」、「百姓
耳目」之上。這篇文字提醒人們：「天下從事者，不可以無法儀；無
法儀而其事能成者，無有也。」「然則奚以為治法而可？故曰：莫若
法天。天之行廣而無私，其施厚而不德，其明久而不衰，故聖王法

34　《墨子・非命上》。
35　《墨子・非命上》。

之。既以天為法，動作有為，必度於天。天之所欲則為之，天所不欲則止。然而天何欲何惡者也？天必欲人之相愛相利，而不欲人之相惡相賊也。奚以知天之欲人之相愛相利，而不欲人之相惡相賊也？以其兼而愛之、兼而利之也。」[36]就是說，凡天下人做事都要有一種準則或法度，沒有準則或法度是不可能把想做的事做成的。然而以什麼來作治理天下、國家的準則或法度才妥當呢？那當然就是以天為準則或法度了。天之所行寬宏而無私，它施予萬物的東西很豐厚卻不以有德者自居，它以日月星辰照亮大地歷時長久而從未衰懈，所以那些古代的聖王們都效法它。以天為準則或法度，意味著你的一舉一動一定要以天意來衡量。天想要你做的你就去做，天不想要你做的你就停下來不做。但天到底想要人做什麼而又厭惡人做什麼呢？天一定是想要人相愛相利，而不希望人們相互仇視相互殘害。從哪裡知道天想要人們相愛相利而不希望人們相仇視相殘害呢？這從天對所有的人無一不愛、對所有的人無一不利就可以知道。的確，在這裡，天是正義的化身，對於那些愛人利人的人，天都會帶來福祉給他們以獎賞，對於那些仇視人殘害人的人，天也都會降下災禍給他們以懲罰。但更重要的是，在墨子的心目中，天還是人的最高的楷模：天以它的「兼而愛之、兼而利之」啟發它所關愛的人們相互之間「愛之」、「利之」。墨子以「天」或「天意」、「天志」的名義告訴人們的，終究是「兼相愛，交相利」的道理，不過，對於他說來，有「意」、「志」的「天」不僅是正義的監護者，因而有著至高的懲惡揚善的權力，而且是「兼愛」、「兼利」準則的躬行者，因而有著「愛」、「利」取向上的至高的境界。

在承認一個「兼而愛」、「兼而利」並以「兼愛」、「兼利」為尺度

---

36 《墨子‧法儀》。

懲惡揚善的「天」的同時，墨子也認可那有著「賞賢而罰暴」[37]能力的鬼神的存在。墨子以「兼相愛，交相利」立教，他的目的在於教化人，為了達到這一目的，他不僅以「天」為人確立了最高的「法儀」或行動準則，而且也盡可能地憑藉天和鬼神的德行和威力督促並訓導人們朝著這一方向去努力。在墨子所信守的天、鬼、人的世界格局中，鬼處於居中的地位。相對於人，墨子往往以「上帝鬼神」並稱或「天鬼」並稱[38]，而由「兼」談到「利」或由「別」談到「不利」時，他往往會列舉「三利」或「三不利」。例如，《墨子》一書的《尚賢》、《非攻》、《天志》、《非命》等篇，都記有墨子的這樣一些說法：「法（取法）其（賢者）言（主張），用其謀（謀略），行其道（道術），上可而利天，中可而利鬼，下可而利人。」[39]「今天下之所譽（稱道）善者，其說將何哉？……必曰：將為其上中天之利，而中中鬼之利，而下中人之利。」[40]「若昔者三代聖王……觀其事，上利乎天，中利乎鬼，下利乎人。三利無所不利，是謂天德。」「若昔者三代暴王……觀其事，上不利乎天，中不利乎鬼，下不利乎人。三不利無所利，是謂天賊。」[41]「故（執）命，上不利於天，中不利於鬼，下不利於人。」[42]對於墨子說來，鬼或鬼神的地位是高於人的，而且，不像人有善惡之分那樣，鬼或鬼神總是富於正義感因而總能「賞賢而罰暴」。有趣的是，在墨子的描繪中，人死為鬼後不僅賦有了生前不曾

37　《墨子・明鬼下》。

38　「上帝鬼神」並稱如《墨子・兼愛下》：「然且不憚以身為犧牲，以祠說於上帝鬼神，即此湯兼也。」又如《墨子・節葬下》：「若苟寡，是事上帝鬼神者寡也。」「天鬼」並稱如《墨子・非命上》：「率其百姓，以上尊天事鬼，是以天鬼富之。」

39　《墨子・尚賢下》。

40　《墨子・非攻下》。

41　《墨子・天志中》。

42　《墨子・非命上》。

有過的神奇的力量，而且不再拘泥於生前受其制約的君臣上下之倫，
因此常能做到生前所做不到的事。周宣王時，天子以其淫威屈殺了杜
國國君杜伯，杜伯無辜被殺死而為鬼，三年後的一天周宣王會合諸侯
在一個叫圃田的地方狩獵，日中時被飄然而至的杜伯當眾射死。春秋
末年，燕簡公殺大夫莊子儀，一年後，死於無辜而早已做鬼的莊子儀
在燕簡公前往燕人祭祀、遊觀之地沮澤的途中以朱杖將其擊斃於車
上。墨子列舉這樣的事例是要為鬼神的存在提供佐證，但重要的還在
於借此以警戒那些位高權重的人：「凡殺不辜者，其得不祥」[43]──
凡是屈殺無辜的人都不會有好結果。墨子並沒有嚴格區別鬼與神，所
以他說：「古之今之為鬼，非他也。有天鬼，亦有山水鬼神者，亦有
人死而為鬼者。」[44]為了向人們證明鬼神的存在，他不厭其煩地援引
周代、商代以至夏代的典籍，其中分外值得注意的是他對《詩經・大
雅・文王》篇的援引。在引了這首詩的「文王在上，於昭於天！……
文王陟降，在帝左右。穆穆文王，令聞不已」等句子後，他得出結論
說：如果說鬼神不存在，那麼文王死後怎麼能說他會待在天帝的左右
呢？[45]像這樣摘引前人頌揚文王的詩句來論證文王死後為鬼為神，顯然
是沒有多少說服力的，但可以理解的是，墨子把「鬼」或「鬼神」與
有「意」、「志」的「天」關聯在一起，終究不過是要以此作為一種督
責性的力量制約人們的價值棄取，這即是：「知天鬼之所福（賜福），
而辟天鬼之所憎（憎惡），以求興天下之利，而除天下之害」[46]，或所
謂「（使）吏治官府不敢不潔廉，見善不敢不賞（讚揚），見暴不敢不
罪（治罪）。民之為淫、暴、寇、亂、盜、賊以兵刃、毒藥、水火（殘

---

43 《墨子・明鬼下》。

44 《墨子・明鬼下》。

45 《墨子・明鬼下》。

46 《墨子・天志中》。

害人者），退無罪人乎道路（攔截無辜之人於道路），奪車馬衣裘以自利者，由此止（從此終止）。」[47]

　　除「尚賢」、「尚同」、「兼愛」、「非攻」、「尊天」、「事鬼」外，墨子還逐一論說了「節用」（節儉用度）、「節葬」（喪葬從簡）、「非樂」（廢止樂舞）、「非命」（否認命定），墨家學說的這部分內容明白易懂，無須展開講述，但我會在辨析儒墨兩家的學術分歧時順便予以評點。下面，我講最後一個問題：由墨家對儒家學說的責難而講——

儒墨之辨

　　墨家後起於儒家而與儒家「俱道堯舜」；出於對堯舜之道的另一種理解，墨家對儒家這一同他們學緣最深的學術流派作了不遺餘力的批判。墨家後學記有墨子在與一位叫程繁的儒者爭辯時說過的一段話，這段話是：「儒之道足以喪天下者四政焉。儒以天為不明，以鬼為不神，天、鬼不說，此足以喪天下。又厚葬久喪，重為棺槨，多為衣衾，送死若徙，三年哭泣，扶後起，杖後行，耳無聞，目無見，此足以喪天下。又弦歌鼓舞，習為聲樂，此足以喪天下。又以命為有，貧富壽夭、治亂安危有極矣，不可損益也。為上者行之，必不聽治矣，為下者行之，必不從事矣，此足以喪天下。」[48]那意思是說：儒家學說中足以使天下陷入喪亂的有四種教化。一是儒者不以天為高明，不以鬼有神通，上天和鬼神不高興，這足以喪天下。二是儒者主張葬禮隆重，服喪三年，死者棺槨重重，又隨葬許多衣服被褥，送葬就像給死人搬家一樣，而且，做孝子的要居喪三年，常年哭泣，成天

47　《墨子・明鬼下》。

48　《墨子・公孟》。

耳不聞聲，目不旁視，以至於身體虛弱得要別人攙扶才能站起來，沒有拐杖就不能行走，這足以喪天下。三是彈琴鼓瑟、載歌載舞，以聲樂之事為習尚，這足以喪天下。四是肯定人生有命運主宰其中，貧富壽夭、治亂安危都有定數，不可改變；身居上位的人如果信從這種觀念，那他一定不再盡心於天下國家的治理，那些處在社會下層的人如果信從這樣的觀念，那他一定不會去努力做事，這足以喪天下。墨家對儒家學說的上述責難，除「厚葬久喪」外，其他三者顯然都不那麼公允。檢討這些有欠公允的責難是必要的，它使我們能夠更確切地把握儒墨兩家學說的分野所在，也因此使我們有可能更清楚地窺見墨家學術的局量。

墨家「尊天」、「事鬼」，在相當程度上把「天」、「鬼」實體化了，借著實體化因而有意志的「天」、「鬼」對人們作「相愛」、「相利」的說教，往往易於從利害的誘導滑轉為對神祕的、外在於人的力量的膜拜。這用於外在功利的合理求取也許是有效的，但終究不足以養潤或陶冶人的內在心靈。儒家並不是不主張尊「天」、敬「鬼」，不過儒家尊「天」、敬「鬼」既不是出於功利上的考慮，也決不賦予「天」、「鬼」以神通和借此干預人間事務的權威。「子不語：怪、力、亂、神。」[49]「鬼」在儒家這裡是已故祖先的代稱，儒家所看重的對鬼神的祭祀原只是為了「慎終追遠」以使「民德歸厚」[50]。祭祀對於儒者說來並不存在取悅鬼神的意圖，孔子所說「祭如在，祭神如神在」[51]不過是要告誡人們，祭祀的莊重蕭穆無非在於陶養人的不忘先祖、不忘天地的虔敬之心。「如在」意味著不執著於鬼神的實體存在，對鬼神的祭祀就此最終被歸結為祭祀者主體的心靈境界的提升。

49　《論語・述而》。

50　《論語・學而》。

51　《論語・八佾》。

尊「天」，也正像敬「鬼」，儒家崇仰「天」是為了喚起人的終極追求所當有的那種神聖感，而不是要人們去揣摩在意想中被實體化了的「天」的意志或好惡。「天行健，君子以自強不息」，「地勢坤，君子以厚德載物」，如果把《易傳》中的這一類提法所表達的儒家意願也稱作「法天」，那麼，完全可以說，儒者對「天」的效法是決沒有功利目的的，而且，這被效法的「天」也終究不過是虛靈的、大化流行的「天」或所謂義理的「天」。孔子的學生子貢曾感歎說：「夫子之文章可得而聞也，夫子之言性與天道不可得而聞也。」[52]的確，孔子從不輕易談論「性」和「天道」，但這只是表明了他的審慎，並不是說他不承認「性」和「天道」。孔子說過「人能弘道，非道弘人」這樣的話，「道」在他這裡既是「天道」，也是「人道」，始終保持著一種「天道」之「天」與「為仁由己」[53]的「人」之間的內在的張力。墨家非難儒家「以天為不明」，其實那是局限於實體化了的「天」對人的單向度的俯瞰，相比之下，儒家以「天」明「人」——以「天」之所賦理解人性的端倪和人性之當然，而又以「人」明「天」——人由「為仁」而「弘道」、「知天」，才是真正對「天」有所「明」。如同墨家的終極眷注完全與實體化因而離人而獨立的「天」相系，儒家的終極眷注引發於「天」、「人」張力下的「天」而「人」、「人」而「天」。儒墨兩家的教化都關聯著「天道」，只是由於他們對「天道」的不同領悟才導致了他們由「道」而「教」的分道揚鑣。

　　墨家認定儒者「以命為有」，並把這「命」解釋為一種不可「損益」的定命或宿命，顯然是對主流儒家學說的誤讀或曲解。從夏、商以來，中國人就一直被某種「命」意識所糾纏，不過，即使在整個前

52　《論語・公冶長》。

53　《論語・顏淵》。

孔子時代，「命」也從未像古希臘人所信從的「命運」那樣被歸結為
「不可挽回的必然」（伊比鳩魯語），否則，所謂「湯武革命」也就無
從被更多的人作「順乎天應乎人」的價值認定了。產生於殷周之際的
《周易》起先作為一部占筮之書，可以說是中國式的「命」的觀念的
見證，其中的卦辭、爻辭甚至於卦畫的排列變化都沒有給人們喻示一
種古希臘式的必然的「邏各斯」。以占筮方式探問吉凶禍福，既意味
著問卦者對冥冥中某種與人的利害成敗相關的神祕力量的置信，也意
味著問卦者在一定限度內可以依據卦中的消息作出相宜的選擇。
「命」的可能變通使中國古人在其所默認或信可的「命」面前有一份
相應的主動，這主動使人們在任何情形下都不至於放棄必要的努力。
「命」總是同人的事功成敗或貧富壽夭等價值追求關聯著，孔子創立
儒家教化並沒有置人的生死富貴價值於不顧，也沒有一般地否定
「命」的觀念，他只是重新確定了人的價值追求的重心，並且把
「命」放在了一個在他看來的恰當的位置上。孔子的學生子夏說過：
「商聞之矣，死生有命，富貴在天。」[54] 這「聞之」，應該說是聞於孔
子。因此，「死生有命，富貴在天」的說法雖出於子夏之口，但可以
認為是孔子的觀念。不過，孔子由「死生」、「富貴」說到「命」和
「天」——「天」在這裡與「命」是同義語，並不是要人們相信「死
生」、「富貴」是命中註定。「有命」、「在天」的措辭好像含有幾分無
奈，但那看似無奈的話語所說出的原是只有聖賢、大儒才可能達到的
那種生命的灑脫。「死生」、「富貴」確實是人生的一重價值，不過，
依孔子的看法，這一重價值畢竟是有待或有賴於外部條件成全的，而
且它也並不是人生最重要的價值，——人生最重要的價值是以「仁」
為內涵的精神境界或高尚人格，而這一重價值是無待的，它的求得無

---

54 《論語・顏淵》。

須更多地借重外部條件。就孔子的本意而言，既然以「仁」為內涵的道德、人格是人最值得求取的價值而又不可推諉於外部條件，那麼人就應該孜孜以求、毫不懈怠，至於「死生」、「富貴」，它對於人成其為人說來本來就不像道德人格那樣重要，而又往往受外部的難以完全由人所控制的條件的制約，那就盡可以在守持「仁」心修養的情形下任其自然──所謂「有命」、「在天」。孔子和孔子之後的儒家主流人物不是墨子所指責的那種「執有命者」或命定論者，他們只是更看重使人最終成其為人的德行、人格的價值，但從未主張人們對「死生」、「富貴」一類價值放棄正當求取的努力。在孔子看來，「邦有道，貧且賤焉，恥也；邦無道，富且貴焉，恥也」[55]。就是說，如果一個邦國是講求道義的，你生活在這樣一個邦國裡居然又貧又賤，那是件很恥辱的事，因為這說明你一定疏於勞作而不夠勤勉；同樣，如果一個邦國沒有道義可言，你生活在這樣的邦國裡竟然能又富又貴，那會是很可恥的，因為這說明你一定在求取富貴時使用了不正當的手段。這樣談論富貴貧賤，與墨家所譴責的那種「執有命者」的「命富則富，命貧則貧」的認命之說可以說是毫不相干。孔子有時甚至會把「道」的「行」、「廢」與「命」關聯在一起，他說：「道之將行也與，命也；道之將廢也與，命也。」[56]這說法往往被人作一種命定論的解釋，其實，這裡的「命」是指人難以駕馭的外部條件所造成的那種關係到「道」的「行」、「廢」的態勢。這位儒家教化的創立者從不曾把他要踐行的「道」推諉於「命」，否則，他就不至於在厄於陳蔡、困於衛、「累累若喪家之狗」的遭遇下「知其不可而為之」了。

　　如果說墨家非難儒家「以命為有，貧富壽夭、治亂安危極矣，不

55　《論語・泰伯》。

56　《論語・憲問》。

可損益」，是把一種儒家從來就未認可的「命」意識強加給了儒家，而墨家對儒家所作的「儒以天為不明，以鬼為不神」的斥責，也只是更大程度地說出了墨家借實體化了的「天」、「鬼」以「神道設教」的方式推行其教化的用意，那麼，斷言儒家「弦歌鼓舞，習為聲樂，此足以喪天下」，就不僅表明了墨家對儒家以「樂」為教的誤解，也還暴露出墨家學說底蘊處的致命缺陷。儒家重「樂」，是因為「樂」有陶染人的心靈、情致以引導人「為仁」、「崇德」的作用，所以孔子甚至就此說過「興於詩，立於禮，成於樂」[57]之類的話。與儒家借重「樂」以昇華人的心靈境界不同，墨家「非樂」是由於「樂」在他們看來完全無益於實際功利的求取。墨子說：「民有三患：饑者不得食，寒者不得衣，勞者不得息。三者民之巨患也。然即當為之撞巨鐘、擊鳴鼓、彈琴瑟、吹竽笙而揚干戚，民衣食之財將安可得乎？」[58]他的邏輯是：人生不外三種憂慮，一是餓了沒飯吃，二是冷了沒衣穿，三是勞累了得不到休息。消除這三大憂慮是需要衣、食、財用的，而這些是不能靠撞鐘、擊鼓、彈琴、鼓瑟、吹奏竽笙和揮動干戚的舞蹈取得的。把人生的全部需要歸結為衣、食、財用，當然不可能肯定「樂」的價值，但人生畢竟不會只是為了吃飽、穿暖、勞而能息、財用充足。墨子曾詰難儒者所謂「樂以為樂」的說法，他這樣反駁對方：如果我現在問你為什麼要有房子，你一定會說那是為了冬天避寒，夏天避暑，而且也因為男女有別而為了居住方便，你這樣回答才算是把建造房子的緣故告訴了我。可我現在要問的是，為什麼要有音樂？你僅僅說了「樂以為樂」，這就像問你為什麼要有房子而你只是說「室以為室」一樣，等於什麼也沒有說。[59]這樣同別人論辯似乎

---

57 《論語・泰伯》。

58 《墨子・非樂上》。

59 《墨子・公孟》：「今我問曰：『何故為室？』曰：『冬避寒焉，夏避暑焉，室（且）

邏輯很嚴謹，一點疏漏都沒有，但實際上，卻暴露了對於墨家學說來說兩個致命的問題：一是以為什麼要建造房子與為什麼要有音樂相比，這是在純粹實用的意義上把音樂與房子相提並論，由此我們可以直觀到墨家學說所執著的實用價值一元論的偏頗。二是以「室以為室」的比方譏諷「樂以為樂」的說法，看似擊中了要害，實際上是陷入了偷換概念的詭辯，因為「室以為室」一語，前後兩個「室」字字義完全相同，而「樂以為樂」一語中，前一個「樂」字為音樂的「樂」（ㄩㄝ丶），後一個「樂」字為悅樂的「樂」（ㄌㄜ丶），「室以為室」是同義反覆，「樂以為樂」卻是在以悅樂人的性情說明音樂的價值。「樂」不是人生的小節，由重「樂」和「非樂」可以分辨出儒墨兩家學說分歧的要害。「樂」是用以怡情、養情、陶染人的性情的，重「樂」意味著重「情」，「非樂」意味著對人的這份情愫的淡漠：儒墨兩家都講「愛」，不過墨家的「兼愛」是從一種道理講起的，而「愛」並不就是一種道理；儒家由「親親」講「愛」，這「愛」緣起於真切生命中的一種自然而然、油然而發的「情」。孔子在以「愛人」指點他所說的「仁」[60]時，也教誨人們「泛愛眾」[61]；「泛愛」當然不比「兼愛」愛得褊狹，所不同的是儒家的「泛愛」之愛會由一個由近及遠的過程顯現出某種愛的差等來，但正是對愛的差等的認可，表明了儒家比墨家更懂得作為一種情而不是僅僅作為一種理的「愛」。墨家論「兼愛」，憧憬天下「老而無妻子者，有所侍養，以終其壽，幼弱孤童之無父母者，有所放依，以長其身」[62]，儒家以「親

以為男女之別也。』則子告我為室之故矣。今我問曰：『何故為樂？』曰：『樂以為樂也。』是猶曰：『何故為室？』曰：『室以為室也。』」

60　《論語・顏淵》。

61　《論語・學而》。

62　《墨子・兼愛下》。

親」啟示「仁」所祈想的「泛愛」在於「老吾老，以及人之老；幼吾幼，以及人之幼」[63]，兩者所企慕的那種理想境地似乎是全然相通的，但墨家所講的「兼愛」，說到底只是一種應當如此的道理，而儒家所講的看似同樣的道理，卻是由「老吾老」、「幼吾幼」——「親親」——中所涵潤的那種自然而本然的「情」提升出來的。前者純粹由「兼」之理說「愛」，後者在於順人情之自然始終把「泛愛」之理浸潤於一種「情」中。有「情」與「無情」是墨家無差等的「兼愛」之愛與儒家有差等的「泛愛」之愛的根本區別所在，也是墨家「非樂」而棄絕一切聲樂與儒家重「樂」而甚至以「樂」為教的最後緣由所在。

---

63 《孟子‧梁惠王上》。

第五講

莊　子

先秦諸子中，第一個憑著自然之「道」評說「儒墨之是非」的人物是莊子。他的名篇《齊物論》寫有這樣一段話：「道隱於小成，言隱於榮華。故有儒墨之是非，以是其所非，而非其所是。欲是其所非，而非其所是，則莫若以明。」那意思是說：大道被仁義一類小有所成的教化遮蔽了，真言被華美的辭藻淹沒了，於是就有了儒家與墨家那樣的是非之爭。他們都以自己為是，以對方為非，肯定對方所否定的，否定對方所肯定的。要想止息這種各執一偏的是非爭論，最好的辦法莫如讓爭論的人們明白那整全的、泯除是非彼此之分的大道。這種以自然之「道」超然於儒墨以至百家之爭的姿態，使道家在莊子這裡接續上了老子的學脈。

儘管「重生」、「為我」、「不以天下大利易其脛一毛」[1]或「拔一毛而利天下，不為也」[2]的楊朱也屬於道家人物，但後世的學人以老莊並稱顯然更能指示道家學說的主流。莊子是諸子中的大家，在講述他的學說之前，有必要了解一下——

莊子其人和《莊子》其書

莊子是戰國中葉宋國人，大約生於西元前369年，死於西元前286

1　《韓非子‧顯學》。
2　《孟子‧盡心上》。

年。據《史記‧老莊申韓傳》記載：莊子名周，曾做過蒙地管漆園的小吏，和梁惠王、齊宣王是同時代人。他的學說無所不涉及，但其精要和根本的東西與老子的思想旨趣相通。他有十餘萬言的著述，大都是以寓言方式寫成的。[3]

　　莊子很窮，有一次他順路去拜訪魏王，魏王見他穿著補了補丁的粗布衣服，腳上的鞋子脫了幫，用一根帶子繫著，就感歎地問：「先生怎麼困頓到了這種地步呢？」莊子回答說：「這是貧窮，不是困頓。有德之士不能行其道於天下，那才是困頓；衣服破了，鞋子穿了幫，只能說是貧窮。這就叫做不逢其時啊！」又有一次，莊子家裡斷了炊，他去監河侯那裡借糧，監河侯以嘲諷的口吻說：「好吧，我就要收繳我的封邑的稅金了，等稅金一收上來，就借給您三百金，怎麼樣？」莊子聽了很生氣，他沉下臉來說：「我昨天來的時候，半路上聽見有呼救的聲音，回頭一看，發現車轍中有一條鯽魚。我問它：『鯽魚啊，您在這兒做什麼呢？』那魚說：『我原是東海波濤中的一個小生靈，現在困在這裡了，您可以用一升半斗的水讓我活下來嗎？』我說：『好吧，我到南方去遊說吳越的國王，讓他們引西江的水來迎接您，怎麼樣？』鯽魚聽後憤憤地說：『我失去了我生活的常態，沒有了可讓我存身的水，現在只要能得到一升半斗的水就能活命，可沒想到您竟然會說出這樣的話來。您出這樣的主意，還不如早早地去乾魚店找我呢。』」從這兩個流傳下來的故事可以知道，莊子當年的確很貧窮，而貧窮的莊子從來就活得很有氣量，並且從來就不缺乏智慧。

　　據說，楚威王從別人那裡知道莊子是一個德才兼備的賢者後，曾

3　《史記‧老莊申韓傳》：「莊子者，蒙人也，名周。周嘗為蒙漆園吏，與梁惠王、齊宣王同時。其學無所不窺，然其要本歸於老子之言，故其著書十餘萬言，大抵率寓言也。」

派使者帶著豐厚的禮品去召聘莊子，讓他做楚國的相。莊子回答楚王的使者說：「千金，算是很重的禮了，卿、相也已經是很尊貴的爵位了，不過，您難道沒有看到過那在祭祀天地時用作犧牲的牛嗎？那牛在用好料餵養了幾年後被披紅掛彩，送進了太廟，到了這個時候，它即使想做一頭沒有人照料的小豬，也怕是不可能了吧？你趕快走吧，不要讓楚王的許諾玷汙了我。我寧可在汙水溝裡遊戲而自找樂趣，也不願被操有國家權柄的人牽著走。我將終身不沾染仕途，以快慰我的志節。」莊子是一個率性自然、不願受世俗功利牽累的人，因此，他也是一個豪縱、達觀、不拘泥人情常規的人。莊子死了妻子，惠施來弔唁。一眼看去，莊子正隨意蹲坐在那裡，邊敲打著盆子邊唱歌。惠施實在看不過去，就對他說：「你和自己的妻子居住在一起這麼多年了，她為你生兒育女，現在老了，死了，你不哭也就罷了，還敲著盆子唱歌，怕是太過分了吧？」莊子回答說：「你這話可就說得不對了。她剛死的時候，我怎麼能沒有傷感呢？後來靜下心來，細細一想，總算想明白了。她起先原本是沒有生命的；不但沒有生命，而且沒有形體；不但沒有形體，甚至沒有氣息。恍恍惚惚若有若無之間，變化中開始有了氣息，後來由於氣的聚合才有了形體，再後來，又由於形體的變化而有了生命。現在，又從生變到了死。這就像春夏秋冬四時的運行那樣，一切都出於自然的演化。她現在正安靜地躺在天地之間，而我反倒在一旁哇哇地哭她，自以為這樣不通生命的常理，所以就不再哭泣了。」莊子的這段話表明，他立於自然之道，已經以他自己的方式窺破了生死的底蘊。相傳，莊子臨終時，知道弟子們想要厚葬他，就對弟子們說：「我把天地當作棺槨，把日月當作雙璧，把星辰當作珠璣，把萬物當作賞賜給我的隨葬品，伴我下葬的東西已經這麼多了，難道還不完備嗎？有什麼能超過這些呢？」弟子們說：「我們擔心烏鴉和老鷹會叼食夫子的遺體。」莊子說：「在上被烏鴉

和老鷹吃，在下被螻蛄和螞蟻吃，把一方的食物奪過來給另一方，那豈不是太偏心了嗎？」他因任自然而生，因任自然而死，對於自然之「道」的自覺和踐行可以說是相當徹底的。

如果說莊子的生命情調在於他對了悟中的自然之「道」的踐履，那麼，他的著述就可以看做對這被覺悟到的自然之「道」的言說。莊子是心契於老子所謂「行不言之教」的慧識的，但正像老子以五千言言不可道之「道」是「強為之」言，莊子訴諸文字辯說那「不稱」之「大道」是不得已為之辯。依《漢書‧藝文志》，《莊子》一書原有五十二篇，但流傳至今的《莊子》只有三十三篇。這三十三篇的篇次可能是西晉時的向秀和郭象重新編訂的，分「內篇」（第一至七篇）、「外篇」（第八至二十二篇）和「雜篇」（第二十三至三十三篇）三部分。經歷代學人考證，《莊子》「內篇」雖有個別段落存疑，但大體可確定為莊周本人撰寫的文字；「雜篇」中的《讓王》（第二十八篇）、《盜跖》（第二十九篇）、《說劍》（第三十篇）、《漁父》（第三十一篇）等，可能是偽託之作；「外篇」、「雜篇」中的其他各篇，大多是莊子後學演述莊子學說之作或道家其他派別的著述，也有某些文字如《寓言》、《天下》等，依文體風格而論，可能是莊周的手筆。[4]

4　近人張默生著《莊子新釋》，把《莊子》全書的文字依文體分為四等。第一等文字分兩類：甲類先總論，次分論，無結論；乙類先分論，次結論，無總論。第二等文字只有分論，沒有總論和結論，一篇中的各段可獨立成篇，其意義大多不相連屬，與雜記相類。第三等文字，沒有總論、分論之分，全篇一氣呵成，與後世文體相近，產生時間較晚。第四等文字是對前三等文字的模仿，文理膚淺，產生時間更晚。按這一標準，他把「內篇」全部歸於第一等文字，並指出：「《外篇》的《秋水》、《至樂》、《達生》，《雜篇》的《寓言》、《天下》，又極似《內篇》文體的構造，雖說有部分的膚淺之處，但大體看來，又和《內篇》的文章，並無多大分別。」而「外篇」中的《在宥》、《天地》、《天道》、《天運》、《山木》、《田子方》、《知北遊》等，「雜篇」中的《庚桑楚》、《徐無鬼》、《則陽》、《外物》、《列禦寇》等，則被歸於第二等文字。此外，「外篇」中的《駢拇》、《馬蹄》、《胠篋》、《刻

　　《莊子》一書最值得留意的文字是「內篇」的《逍遙遊》、《齊物論》和「雜篇」的《寓言》、《天下》。《逍遙游》、《齊物論》集聚了整個莊子學說的精蘊和詩情，是《莊子》一書論「道」的「道樞」所在。讀解《莊子》一書其他各篇，應以《逍遙遊》、《齊物論》的意趣為准據，當然，要想深刻而透徹地領會《逍遙遊》、《齊物論》的神韻，也需要輔以《莊子》其他各篇的精心讀解。《天下》一文是《莊子》全書的「序」，它對莊子之前的各家學說──主要是墨翟、禽滑釐，宋鈃、尹文，彭蒙、田駢、慎到，關尹、老聃等的學說──的評說，對莊子本人學術思想的申述，都極其莊重、切當而富於智慧，因而對於研究先秦諸子學思境界有很高的史料價值和理論啟示價值。《史記・老莊申韓傳》說莊子「其學無所不窺」，這可以從《天下》一文對各家學說的精審品評得到印證，而從這篇文字對關尹、老聃學說的「至極」評價[5]，也可以較真切地理解司馬遷何以要說莊子之學

意》、《繕性》等，被歸於第三等文字；「雜篇」中的《讓王》、《盜跖》、《說劍》、《漁父》等，被認為是第四等文字。（參見張默生原著、張翰勳校補：《莊子新釋》，7-9頁，濟南，齊魯書社，1993）其說出自文體風格的角度，頗耐人尋味，可資參證。又，近人羅根澤著《〈莊子〉外、雜篇探源》一文，對《莊子》一書「外篇」、「雜篇」的二十六篇文字一一作了考證，指出：「《駢拇》、《馬蹄》、《胠篋》、《在宥》為戰國末年左派道家所作」，「《天地》、《天道》、《天運》為漢初右派道家所作」，「《刻意》、《繕性》為秦漢神仙家所作」，「《秋水》、《達生》、《山木》、《田子方》、《寓言》為莊子派所作」，「《至樂》、《知北遊》、《庚桑楚》為老子派所作」，「《徐無鬼》、《列禦寇》疑為道家雜俎」，「《外物》為西漢道家所作」，「《則陽》為老莊混合派所作」，「《讓王》、《漁父》為漢初道家隱逸派所作」，「《盜跖》為戰國末道家所作」，「《說劍》為戰國末縱橫家所作」，「《天下》疑為莊子所作」（羅根澤：《諸子考索》，282-312頁）。其說尚稱得上持之有故，可聊備一格。

5　《莊子・天下》：「以本為精，以物為粗；以有積為不足；澹然獨與神明居。古之道術有在於是者，關尹、老聃聞其風而悅之。建之以常無有，主之乙太一。以濡弱謙下為表，以空虛不毀萬物為實。……常寬容於物，不削於人。可謂至極。關尹、老聃乎，古之博大真人哉！」

「其要本歸於老子之言」。《天下》篇批評「百家之學」說：「天下大亂，聖賢不明，道德不一，天下多得一察焉以自好。譬如耳目鼻口皆有所明，不能相通。猶百家眾技也，皆有所長，時有所用。雖然，不該不遍，一曲之士也。判天地之美，析萬物之理，察古人之全，寡能備於天地之美，稱神明之容。是故內聖外王之道，暗而不明，鬱而不發。天下之人各為其所欲焉以自為方。」這段議論用今天的話說就是：如今天下大亂，聖人和賢者都隱而不顯了，道德沒有了公認的標準，天下百家各以所得道術的一個片段自以為是。這就像耳朵、眼睛、鼻子和嘴雖各有所用而不能相通，又像是出自不同行業的各種技藝都有一端之長、一時之用，卻無從構成一種全體大用。百家學術儘管各有一方面的道理，但畢竟不完備，沒有普遍性，而這些道理的鼓吹者終究也只是些執著於某個片面的人。天地之美被拆解了，萬物之理被割裂了，古人體會到的完整的東西被各種偏於一面的觀察弄得支離破碎了，從此人們很少能盡天地之美以養潤生命，使自己的精神境地與自然之道的容畜相稱。於是，「內聖外王」之道在許多人那裡變得晦暗不明、鬱塞不通，天下之人各依自己的所好行事而又自以為他所奉行的就是道。這對「百家」的批評中，其實蘊涵了一種承諾，即莊子對自己的學說足以「配神明，醇天地，育萬物，和天下，澤及百姓」[6]的承諾。

正像老子論「道」與論「名」密不可分，莊子在《寓言》一文中集中闡發了自己的語言觀，並由此述說了《莊子》一書的言語特徵。近人張默生把《寓言》一文看做「《莊子》的鑰匙」[7]，這是極有見地

---

6 《莊子‧天下》：「古之人其備乎，配神明，醇天地，育萬物，和天下，澤及百姓。」莊子就「古之人」道術的完備所說的這些話，既被用作批評「百家之學」的尺度，也被用來自勉而為自己的學術造境提出了一種理想的目標。

7 張默生原著、張翰勳校補：《莊子新釋》，12頁。

的。《寓言》一文開篇就說：「寓言十九，重言十七，卮言日出，和以天倪。」「寓言」是借著某個簡單的故事表達一種較深的道理的言說方式，「重言」是借重聖賢、名人的話增強某一道理的說服力的言說方式，「卮言」是不執著於固定見解的那種圓通而具有反諷特徵的言說方式。「卮」是古代的一種酒器，當盛滿酒時它會自動把酒傾出，當它空時又會自動仰起；「卮言」即是類似於這種酒器的語言，把握這種語言的意味不可執一守故。所謂「寓言十九」，是說莊子寫下的那些文字「寓言」的成分占了十分之九，所謂「重言十七」，是說莊子寫下的那些文字「重言」的成分占了十分之七；「寓言」中可以有「重言」，「重言」中也可以有「寓言」，兩者相互函括，所以「十九」、「十七」的說法並不矛盾。「寓言」、「重言」可以說是兩種不同於通常言說方式的言說方式，但就二者都是「卮言」而言，就《莊子》一書所言無不是「卮言」而言，「卮言日出，和以天倪」──不執一守故的話時時出現，總與自然的分際相應和──所說的已經不僅僅是一種言說方式，而是一種涉及語言局限的反省和消解的語言哲學了。人們通常所使用的語言，在從一個特定的向度上敞開事物的某一性狀時往往會遮蔽了這一事物的其他性狀，因而反倒使人不能了解事物的全貌。莊子論「道」，力圖避免局限於一端，以求整全地把握道術，要做到這一點，除境界上不能沒有一種非同尋常的開悟外，還必須對語言本身的局限有所反省和檢點。「道可道，非恒道；名可名，非恒名」[8]，老子的這一論斷所體現的語言觀被莊子所繼承。它在《莊子·寓言》中演化為這樣一種說法：「不言則齊，齊與言不齊，言與齊不齊也，故曰無言。言無言，終身言，未嘗言；終身不言，未嘗不言。」這段話是說：事物的存在有它自己的道理，不去言說它，

8　《老子》一章。

它是完備的，這完備的狀況與對它的言說是不一致的，所以說不要執著於語言。說那些不執著於一端的話，雖終身在說，卻未嘗在說；雖終身不說，卻未嘗不在說。莊子論「道」不能不言，但這「言」是「言無言」，也就是所謂傾仰不定而並不執一守故的「卮言」。「卮言」不論說多少，不論怎樣日出不已，總是與自然之道的分際相應和的。

　　莊子之學與老子之學神韻相貫，都以「道」為樞紐而主張因任自然。接著莊子其人與《莊子》其書的介紹，往下我想就莊子學說的宗趣講的一個問題是：

「大道不稱」而「寓諸庸」

　　同老子一樣，在莊子看來，「道」只能在切實的生命踐履中去體認或冥證，不可以用認識的方式作界說。《莊子》的《知北遊》篇有一則寓言，寫的是「泰清」和「無窮」、「無為」、「無始」等虛擬人物間一場關於「道」的對話。一次，泰清問無窮：「你知道『道』嗎？」無窮回答說：「我不知道。」泰清又去問無為，無為說：「我知道。」泰清說：「您既然知道『道』，那請您告訴我，『道』有規則法度嗎？」無為說：「有。」泰清又問：「它有什麼樣的規則法度呢？」無為說：「『道』可以處於高貴，可以處於卑賤，可以集聚為『一』，可以散見於萬物，這就是我所知道的『道』的規則法度。」於是，泰清就把無窮和無為的話說給了無始，並問無始：「像這樣，無窮說他不知道『道』，無為說他知道『道』，到底誰對誰不對呢？」無始說：「對於『道』，說不知道，那是知道得深；說知道，那是知道得淺。說不知道，表明他知道『道』的內涵；說知道，表明他只知道『道』的外表。」泰清聽了不禁感歎起來：「原來不知才是知，知反倒是不知，誰竟能懂得這不知之知啊！」無始說：「『道』是聽不到的，能聽

到的不是『道』；『道』是看不見的，能看見的不是『道』；『道』是不可言說的，能說出來的不是『道』。須知，使有形之物成其為有形之物的是無形的『道』！『道』是不宜於命名的。」無始接著又說：「對問『道』者予以應答的人是不知道『道』的，而問『道』本身表明問的人不懂得『道』。『道』是不能問的，問了也不能回答。對不能問的東西發問，是問本身的空泛；對不該回答的問題作回答，是回答者沒有內在的體會。以沒有內在體會的回答對待本身空泛的提問，像這樣做，外不足以觀察宇宙的廣大，內不足以了悟天地的原始，所以不能超越崑崙之高，不能神遊太虛之境。」這則寓言告訴人們，「道不可聞」、「道不可見」、「道不可言」、「道不當名」；可聞、可見、可言而「當名」的是有形的萬物，而使有形之物成其為有形之物的「道」是無形的，把使有形之物成其為有形之物的無形──所謂「形形之不形」──的「道」明白地說出來，那就不是「道」了。這些道理如果用莊子的另一種說法作歸結，那就是：「大道不稱」，「道昭而不道」[9]。也就是說，至大的「道」是無名可稱因而無法說出來的，能夠被明明白白說出來的所謂「道」，其實已經不是「道」了。

　　「聞」、「見」、「言」、「名」不是切近「道」的方式，但「道」畢竟不是憑空虛擬出來的。它「油然不形而神」[10]，只是自然而然不落形跡地顯現其神韻，因此，對它無從作概念式的界定，僅僅可以用婉轉的形容或曲盡其致的喻示向心有靈犀的人作勉為其難的指點。《莊子》論「道」，說得最出神、也最容易被領會的是《大宗師》篇中的

9　《莊子・齊物論》：「夫大道不稱，大辯不言，大仁不仁，大廉不嗛，大勇不忮。道昭而不道，言辯而不及，仁常而不成，廉清而不信，勇忮而不成，五者園（圓）而幾向方矣。」

10　《莊子・知北遊》：「惛然若亡而存，油然不形而神，萬物畜而不知，此之謂本根。可以觀於天矣。」

一段話：「夫道，有情有信，無為無形，可傳而不可受，可得而不可
見；自本自根，未有天地，自古以固存；神鬼神帝，生天生地；在太
極之先而不為高，在六極之下而不為深，先天地生而不為久，長於上
古而不為老。」這段話是說：「道」，真實存在而可以得到驗證，卻又
恬淡無為而沒有形體。它傳神於人的真切生命體驗而無法以言辭講授
給別人，可以讓敏銳的領悟者得之於心而任何人卻永遠無從目睹。它
自本自根，自己是自己的依據，在沒有天地以前就已經存在著。鬼和
帝因為它而神聖，天和地因為它而充滿生機。說它在陰陽未分之前早
就有了並不算說得太遠，說它在天地四方之下無處不在也並不算說得
太深。說它先於天地而發生並不算說得過久，說它比上古的年代更早
也並不算說得過老。就「道」能「神鬼神帝，生天生地」而言，它無
處不在；就它「自古以固存」，「先天地生而不為久，長於上古而不為
老」而言，它無時不有。「神何由降？明何由生？聖有所生，王有所
成，皆原於一。」[11]這「一」即是「道」。「道」固然是「神」、「明」、
「聖」、「王」所以「生」、「成」的緣由，卻也在萬物中無所不在——
莊子說它「在螻蟻」、「在稊稗」、「在瓦甓」，甚至「在屎溺」[12]。
「道」不是天地萬物之上而超離天地萬物的實體，它從不由天地萬物
之外或天地萬物之上向天地萬物發號施令。它「寓諸庸」[13]，寓於一
種「不用之用」中，它不在這「不用之用」之外另有存在，那天地萬
物的「自化」[14]、「自正」[15]即是運作著的「道」的發用。

　　老子說過「萬物將自化」、「天下將自正」[16]，這「自化」、「自

---

11 《莊子・天下》。

12 《莊子・知北遊》。

13 《莊子・齊物論》。

14 《莊子・秋水》。

15 《莊子・在宥》。

16 《老子》三十七章。

正」原是一種「自然」。莊子以另一種方式重申「自化」、「自正」，也是在重申「道法自然」。《莊子》的《在宥》篇寫有一則寓言，這則寓言說黃帝曾兩次問「道」於得道的高人廣成子。第一次，這位已經做了十九年天子的人是帶著有所作為的理想請教廣成子的，他想知道如何才能攝取天地的精華以有助於五穀的種植和百姓的生計，如何才能調理好陰陽以滿足眾多生靈的願望。廣成子把他訓斥了一頓，認為他心思不正，見識粗淺，不足以同他談「至道」。黃帝從廣成子那裡回來後不再過問天下的事，蓋了一間單獨住的房子，在地上鋪了茅草整天靜坐。三個月後，他又去向廣成子請教。廣成子頭朝南躺著，黃帝從他的腳下跪行到他的面前，再次行了跪拜禮後恭敬地問：「聽說先生對道的體悟已經達到了至高的境地，請問怎樣養身才能活得長久？」廣成子一下子坐了起來，接著就說了下面這段話：「善哉問乎！來，吾語女至道：至道之精，窈窈冥冥；至道之極，昏昏默默；無視無聽，抱神以靜，形將自正；必靜必清，無勞女形，無搖女精，乃可以長生；目無所見，耳無所聞，心無所知，女神將守形，形乃長生；慎女內，閉女外，多知為敗。我為女遂於大明之上矣，至彼至陽之原也；為女入於窈冥之門矣，至彼至陰之原也。天地有官，陰陽有藏，慎守女身，物將自壯。」這段話用我們現在的話說，就是：「問得好啊！來，我告訴你什麼是最高的『道』的境地：最高的『道』的精微，幽深難測；最高的『道』的極致，昏昏默默。眼不看，耳不聽，守護好精神，讓心靜下來，形體自然會變得純正；一定要心靜，一定要神清，不要勞累你的軀體，不要亂了你的精神，這樣，就能夠長生。眼睛什麼也不去看，耳朵什麼也不去聽，心中什麼也不去想，你的精神就會守住形體，形體就可以長生。重視你的內心，拒絕外面的誘惑，要知道，知識多了反倒會招致失敗。跟著我，我會使你到達極光明之地，進到那至陽之所；會使你入於幽靜深邃之門，來到那至

陰之處。天地自有它的職能，陰陽自有它的蘊藏，慎重地守護好你自身，世上萬物自會依其本性而強壯。」廣成子作為這則寓言中虛擬的道家高人，其實正可以看做「道」的化身。他所說的「無視無聽，抱神以靜」或「目無所見，耳無所聞，心無所知」，說到底，就是要摒去一切欲望和人為的努力，而所謂「形將自正」、「物將自壯」，也不外是要人們讓形體順其自然自己純正，讓萬物順其自然自己健壯。「道」從來沒有刻意和強制的姿態，「自正」、「自壯」的底蘊終究不過是自是其是、自然而然意味上的「自然」。

與「自正」、「自壯」的意味可相互印證，莊子在《秋水》篇提出了「自化」之說。這說法出現在寓言人物北海若和河伯的對話中。在河伯聽北海若講了許多以前從未聽說過的道理後，向北海若請教：「那麼，我該做些什麼呢？不該做些什麼呢？我到底應當拒絕什麼、接受什麼、追求什麼、捨棄什麼呢？」於是北海若告訴他：「以道觀之，何貴何賤，是謂反衍。無拘而志，與道大蹇。何少何多，是謂謝施。無一而行，與道參差。嚴乎若國之有君，其無私德；繇繇乎若祭之有社，其無私福；泛泛乎若四方之無窮，其無所畛域，兼懷萬物，其孰承翼，是謂無方。萬物一齊，孰短孰長？道無終始，物有死生，不恃其成。一虛一滿，不位乎其形。年不可舉，時不可止。消息盈虛，終則有始。是所以語大義之方，論萬物之理也。物之生也，若驟若馳，無動而不變，無時而不移，何為乎？何不為乎？夫固將自化。」這段話的大意是：立足於「道」去看，哪裡有貴賤之分呢？不分貴賤，這就叫做「反衍」——即所謂返回百川歸海、萬物混而為一那種情境。不要固執於你的心志，以致與「道」相乖離。立足於「道」去看，哪裡有多少之分呢？不分多少，這就叫做「謝施」——由少可以聚而為多，由多可以散而為少，不可拘泥於多，也不可拘泥於少。不要偏執於某一成見行事，以免與「道」不一致。這樣，儼然

像是一國之君，對國中的任何人都不施予偏私的恩惠；悠然自得，像
是受祭祀的土地神，對任何人都不作落於偏私的護佑；胸襟開闊得像
四方那樣沒有窮盡，不分界域，相容萬物，對誰都不會有所偏愛或著
意祖護，這就叫做不偏不向。既然萬物是齊一的，那還分什麼誰短誰
長呢？「道」是無始無終的，物是有死有生的，因此事物的所成並不
足以仗恃。萬物一虛一盈地變化著，它的形態不會一成不變地固定下
來。過去的歲月難以列舉，正在流逝的時間無法讓它停下來。陰陽的
消長總是盈虛有節的，有了終結就一定會有開始。懂得了這一點的
人，才配探討致「道」的方法，談論萬物的規律。萬物的生生不已像
是奔馬急馳，無動而不變，無時而不移，不必考慮該做什麼或不該做
什麼，事事物物自會順其自然而變化。所謂「物之生也……夫固將自
化」，正像前面所引述的「形將自正」、「物將自壯」一樣，是由事物
自然而然的自己變化而論說「道」，用另一種方式作表達即是自然
「無為」。「道」在莊子這裡顯然不是某一有著無限權威的實體，它對
於萬物僅僅意味著一種成全，成全事物的「自正」、「自壯」、「自
化」，卻從不加予事物以任何規範或指令。因此，萬物的「自正」、
「自壯」、「自化」終究不過是那種萬物自適其性的自然而然，而寓於
其運作或發用──「寓諸庸」──的「道」歸根結底也可一言以蔽之
為「自然」。莊子所謂「莫之為而常自然」[17]（不要有為而一味聽任自
然），固然是對「道」的意味作「自然」的指點，他所謂「順物自然
而無容私焉，而天下治矣」[18]（隨順物的自然本性，不加進人的任何
私意，天下就可以治理得均平），也未嘗不是在說「道」的「自然」
底蘊。至於他所謂「物固有所然，物固有所可，無物不然，無物不

<hr />

17　《莊子・繕性》。
18　《莊子・應帝王》。

可」[19]，雖然是就物而言物所固有的，但其韻致仍然在於「道法自然」或「自然」之「道」。對於莊子說來，「道」是玄深而又淺近的：它因為「芴漠無形，變化無常，死與生與？天地並與？神明往與？芒乎何之？忽乎何適？」[20]而顯得玄深，又因為「在螻蟻」、「在稊稗」、「在瓦甓」、「在屎溺」而表明它的淺近。這玄深和淺近都緣於它的不期然而然的「自然」。

下面，講第三個問題：

「明白入素，無為復樸，體性抱神」

「道」並不是價值中立的；它取法於「自然」，它也因此以「自然」為它的價值導向。「道」有「導」義，而「導」是從某一目標性的情境或趨向說起的一種動勢。與「道」的動詞詞源相應，「自然」作為「道」所要導引的一種趨向或情境有其形容詞的詞源，它的原初意義在於本來如此、自己如此。對「自然」的「本來如此」、「自己如此」的內涵作某種引申，「道」隨之有了「素」、「樸」、「白」或「純白」的價值取向。這價值取向在老子那裡可扼要地歸結為：「見素抱樸，少私寡欲，絕學無憂」[21]；同樣，它在莊子這裡也可扼要地歸結為：「明白入素，無為復樸，體性抱神」[22]。所謂「明白入素，無為復樸，體性抱神」，即是說，要明瞭「白」的意趣，進入「素」的境地，虛靜無為，回復「樸」的本性，體悟天性的真率，守持精神的專一。

《莊子》一書論「道」，分「天道」、「帝道」、「聖道」，有「天道

---

19 《莊子‧齊物論》。
20 《莊子‧天下》。
21 《老子》十九章。
22 《莊子‧天地》。

運而無所積，故萬物成；帝道運而無所積，故天下歸；聖道運而無所積，故海內服」[23]之說。「天道」即自然之道，「帝道」即帝王之道，「聖道」即聖人之道；所謂「運而無所積」是說大道運行而不阻塞，而「萬物（生）成」、「天下歸（附）」、「海內（信）服」，是說「天道」、「帝道」、「聖道」運行而不阻塞所可能帶來的結果。但「天道」、「帝道」、「聖道」並不意味著「道」被莊子一分為三。「天道」是「道」的別稱，它是「帝道」、「聖道」的根據，而「帝道」、「聖道」說到底不過是「道」或「天道」在帝王南面之術或聖人修養之術中的發用或體現。所以《莊子》的《天道》篇也這樣說：「夫虛靜恬淡寂漠無為者，萬物之本也。明此以南鄉，堯之為君也；明此以北面，舜之為臣也。以此處上，帝王天子之德也；以此處下，玄聖素王之道也。以此退居而閒遊，江海山林之士服；以此進為而撫世，則功大名顯而天下一也。靜而聖，動而王，無為也而尊，樸素而天下莫能與之爭美。」這是在說：「虛靜」、「恬淡」、「寂漠」、「無為」，是萬物的根本。明白了這個道理，為君就會像堯那樣，為臣就會像舜那樣。憑著它處於上位，就會有帝王天子當有的德行；憑著它處於下位，就會有玄聖素王那樣的修養。憑著它退隱而閒遊，那些江湖山林中的隱士就會悅服；憑著它進而治理人世，就會使治世者功績卓著、名聲顯赫，天下歸一。靜，可以成全聖人；動，可以成全帝王。由於無為，它受到尊崇；由於樸素，天下沒有什麼能同它比美。如果說，這裡以「虛靜、恬淡、寂漠、無為」形容「道」或「天道」不免給人以玄深之感，那麼，莊子對「道」或「天道」所作的一個比喻性的闡釋就要簡明得多，他借著寓言人物北海若的口說：「牛馬四足，是謂天；落馬首，穿牛鼻，是謂人。故曰：無以人滅天，無以故滅命，無以得殉

23　《莊子・天道》。

名。謹守而勿失，是謂反其真。」[24]「天」在這裡是相對於「人」而言的，它以對「天然」、「天道」的強調否定了一切人為的價值。依莊子的看法，牛馬生來有四隻腳，這就叫做天然或天道；用籠頭絡住馬首，用環子穿住牛鼻，那就是人為了。因此，他主張：不要以人的行為毀了天然、天道，不要以有意的造作傷害自然生命，不要以得之於天的東西去作世俗中浮名虛譽的犧牲品。他認為，謹慎地守住以上三者而不要忘記，就可以稱得上是返回天道的本真了。在莊子這裡，「真」是從「天」或「天道」說起的，「反其真」即是要「虛靜、恬淡、寂漠、無為」，也即是要「明白入素，無為復樸，體性抱神」。

　　《莊子》的《天地》篇記有一個故事，說的是孔子的學生子貢的一次見聞。子貢去南方的楚國遊歷，在返回晉國的途中過漢陰這個地方時，看到一位老人在菜園幹活。老人鑿了一條通到井下的隧道，抱著瓦罐從隧道走到井下取水澆園，他幹得很賣力，但出力多，功效低。子貢忍不住對老人說：「有一種機械，用它一天能澆百畦的菜地，很省力而功效又高，老先生不想試試嗎？」澆菜園的老人抬起頭來看了看子貢說：「那機械什麼樣？」子貢回答他：「那是一種用木材鑿製而成的機械，前面輕後面重，提水就像從井中抽出來一樣，水漫溢了似的從裡面滾滾流出，人們稱這機械為『槔』。」澆園的老人聽了後很不高興，一下子變了臉色，隨後笑了笑說：「我從我的老師那裡聽說：有了機械，就一定會有糾纏於機械使用的事情；有了糾纏於機械使用的那些事情，就一定會引起機變巧智之心；胸中存了機變巧智之心，『純白』的天性就不再完備；純白的天性不再完備，精神就惶惶然不得安定；精神惶惶然不能安定，那就會為道之所不載。我並

---

24 《莊子・秋水》。

不是不知道你所說的那種機械，只是羞於使用它罷了。」[25]這裡所說的「純白」，就是「素」、「樸」。同老子一樣，莊子的「道」的一元論就價值取向而言也是「樸」的一元論，他宣導的「為道」可以說就是為「樸」。「樸」是人生的一重至關重要的價值，它意味著對一切飾意造作的打落，向著人的元始真切處的返回。對於莊子說來，「復樸」即是「反其真」，而他和他的後學又把這復樸歸真稱為「修渾沌氏之術」。前面講到的故事只講了一半，那後一半是這樣的：子貢聽了澆園老人說的那一番話後很羞愧，低下頭來無言以對。過了一會兒，老人問：「您是做什麼的？」子貢說：「我是孔丘的弟子。」老人說：「您不就是那個憑博學自比於聖人、一心想出人頭地而獨自撫琴哀歌以向天下人賣弄名聲的人嗎？您姑且丟棄您的那副神氣，忘卻您的形體，這樣也許會離道近些的。現在您連自身都沒有修養好，哪裡有功夫治理天下呢？您去吧，不要妨礙我做事。」子貢聽後羞愧得臉上變了色，悵然有所失，走出三十里路後才回過神來。後來，子貢回到了魯國，把這件事告訴了孔子。孔子說：「那是一個借著澆菜園修渾沌氏之術的人。他只求識其一，不求知其二，只專注於內心修養，不願分心於身外事物的治理。對這種一心追求明白入素、無為復樸、體性抱神而遨遊塵世的人，你怎麼能不感到驚詫呢？何況，對於那渾沌氏之術，我和你又哪裡能夠弄得懂呢？」可以說，這是寓言中的重言，是在借孔子之口推崇道家的「修渾沌氏之術」。

對所謂「修渾沌氏之術」，莊子在《應帝王》篇中借另一則寓言作過提示。那寓言說：「南海之帝為儵，北海之帝為忽，中央之帝為渾沌。儵與忽時相與遇於渾沌之地，渾沌待之甚善。儵與忽謀報渾沌

---

25 《莊子‧天地》：「為圃園者忿然作色而笑曰：『吾聞之吾師，有機械者，必有機事；有機事者，必有機心，機心存於胸中，則純白不備；純白不備，則神生不定；神生不定者，道之所不載也。吾非不知，羞而不為也。』」

之德，曰：『人皆有七竅，以視聽食息，此獨無有，嘗試鑿之。』日
鑿一竅，七日而渾沌死。」這是對「修渾沌氏之術」的正面立意的一
種反說，它不說「修渾沌氏之術」是什麼，而說「修渾沌氏之術」不
是什麼。故事很簡單，是說南海之帝儵和北海之帝忽相好，經常在中
央之帝渾沌那裡相聚，渾沌對他們很友善。有一天，儵和忽商量怎樣
報答渾沌的恩德，心想：「人都有七竅，用來看東西、聽聲音、攝取
食物和保持呼吸，唯獨渾沌沒有，我們不妨試試，給他鑿出七竅
來。」於是每天鑿一竅，到第七天，七竅鑿成了，渾沌卻死了。這個
簡單的故事寓託的意趣是深刻的，它可以視為整個莊子學說的慧眼所
在。「渾沌」是對「道」的隱喻，也因此作了「道」的化身。它是渾
整的「一」，不顯現任何圭角，不透露任何跡象，沒有可測度的邊
際，沒有可分辨的輪廓。它是有生機的，這生機默默地通著北忽南儵
所暗示的陰陽之變，也默默地通著有形萬物的生生不已，但如果一定
要讓它陷於視、聽、食、息，讓它有「七竅」因而有面目可辨，那它
一定會由於生機消歇——沉溺於有形有相世界——而死。就它以盎然
生機「神鬼神帝，生天生地」而言，它當然是「有」，但就它不顯、
不露、不測、不辨、「不恃」、「不宰」[26]而言，它又可以說是「無」；
並且，把握它甚至不能執著於「無」，它能「無有」，也能「無無」
[27]——既「有」而又化解「有」，既「無」而又化解「無」。「渾沌」
的品質無從說起，這無從說起的品質是「自然」的品質。「自然」的
品質在於無所規定，在於「無為」，在於「惛然若亡而存，油然不形
而神」；「天無為以之清，地無為以之寧」[28]，由「天無為」、「地無
為」，「自然」也要求人無為。自然無為以色相喻，即是「白」，即是

---

26 《莊子・達生》。

27 《莊子・知北遊》。

28 《莊子・秋水》。

「素」，與一切造作、文飾、雕琢、奢華相對，即是「樸」。因此，「修渾沌氏之術」也可理解為「法自然」之術，它同「明白入素，無為復樸，體性抱神」或老子所謂「見素抱樸，少私寡欲，絕學無憂」原只是同義語。

價值趣求歸著於「白」、「素」、「樸」的「修渾沌氏之術」，見於觀物，用於審視種種論說萬物的言論，必至於把形形色色的「物」和「物論」齊之於「一」，齊之於可以「渾沌」相喻的「大道」或「天籟」、「天均」、「天府」，必至於由「物化」──萬物「以不同形相禪」[29]而並不固守於彼此之分──以倡說「天地與我並生，而萬物與我為一」[30]。由此，莊子提出了他的「齊物論」。如果說所謂「天地一指也，萬物一馬也」[31]重在喻說「齊物」或萬物的齊一，那麼，「欲是其所非，而非其所是，則莫若以明」之類說法，就是重在強調「齊物論」或「物論」的齊一。同樣，價值趣求歸著於「白」、「素」、「樸」的「修渾沌氏之術」，用之於養生，必至於從超越是非、善惡的「渾沌」中獲得「保身」、「全生」、「養親」、「盡年」的養身準則。由此，莊子提出了他的「養生主」（養生的主要原則）。莊子說：「吾生也有涯，而知也無涯，以有涯隨無涯，殆已！已而為知者，殆而已矣！為善無近名，為惡無近刑。緣督以為經，可以保身，可以全生，可以養親，可以盡年。」[32]他告訴人們：我們人的生命是有限的，而知識是沒有窮盡的，以有限的生命去追求無盡的知識，那是件很危險的事。如果已經被知識所困，反倒想以求知的方式走出困境，那就更危險了。一個人不宜為善，也不要為惡，因為做善事不免被善名所累，做

---

29 《莊子・寓言》。
30 《莊子・齊物論》。
31 《莊子・齊物論》。
32 《莊子・養生主》。

惡事不免遭受刑戮，都不足以養壽、全生。要是懂得「緣督以為
經」──順著居軀體之中的督脈虛靜而不倚於左右以維持生命常
態──的道理，能夠不被世俗的善惡刑名誘惑或驅迫，不離自然的常
道，那就可以保全身體，健全生命，奉養雙親，享盡天賦的年壽。莊
子講「齊物論」是以「道」這一「渾沌」的「一」為最後依據的，莊
子講「養生主」也是從泯除世俗的是非、善惡之辨的「渾沌」的
「道」說起的。既然可以因著「齊物」的信念達到「天地與我並生，
而萬物與我為一」的境界，可以因著「養生」的祈向而不囿於是非之
分、善惡之辨，那麼，一個真正心契於道──對「渾沌氏之術」有所
了悟──的人，就既可以「無謂有謂，有謂無謂」地「遊乎塵垢之
外」[33]，又可以「不譴是非，以與世俗處」[34]。這樣的人生之旅正可
稱得上是「逍遙遊」。此外，價值趣求歸著於「白」、「素」、「樸」的
「修渾沌氏之術」用於「人間世」，又必致產生莊子的「形莫若就，
心莫若和」而「就不欲入，和不欲出」[35]的處世態度。所謂「形莫若
就，心莫若和」、「就不欲入，和不欲出」，是說與人相處表面上莫如
遷就於人，內心莫如與人和善，但表面遷就並不要陷進去，內心和善
也不要顯露出來。而且，這種「修渾沌氏之術」用於修養道德，也必
致產生莊子對「才全」而「德不形」[36]的「德充符」──德性充實於
內而符驗於外──境地的追求。所謂「才全」，是指聽任自然、隨順
大化流行，無論在死生、存亡、窮達、貧富、賢愚、毀譽、饑飽、寒
暑等無常遭遇中發生什麼情形，都能在內心保持春天般的溫潤之氣而
不失怡悅之情；所謂「德不形」，是指不以德為德，使德行像平靜的

---

33 《莊子・齊物論》。

34 《莊子・天下》。

35 《莊子・人間世》。

36 《莊子・德充符》。

水那樣內充而不外蕩。「修渾沌氏之術」用於帝王南面統治或對國家的治理，那又必致產生莊子的「體盡無窮，而遊無朕，盡其所受乎天，而無見得，亦虛不已」[37]的政治期待。在這種期待中，他心目中的善於治理天下的人，能夠體會大道的無窮，神遊天下而不流露任何細微的跡象，盡其稟受於天的性分而不自以為得。總之，這種善於治理天下的人，只是「虛」其心以盡其容受而已。綜上所述，無論是齊物、養生、作逍遙之遊，還是處世修德、治理天下，「渾沌」的「道」都堪稱是「大宗師」，它教誨人們的道理，如果概而言之，那就是所謂「明白入素，無為復樸，體性抱神」。

接著「修渾沌氏之術」的話題，下面講：

「吾喪我」，以「相忘乎道術」

同是主張「復樸」，老子宣導「為道日損」[38]，把修養的功夫集聚在「損之又損」[39]上；莊子宣導「相忘以生」[40]，認為修養的功夫在於「忘」而又「忘」。其實，「損」與「忘」相通，它們都是那種鄙棄知識、消解欲望、革除機巧之心的生命踐履，只是「忘」的功夫顯得更自然些罷了。在經驗世界中，有著血肉之軀的人總是物件性的存在物，這物件性也是人的存在的有待性。「有待」——有所依賴，莊子稱其為「有所待」[41]——使人有可能牽累於外物，使人的各種欲望、追求因之滋生和膨脹。隨著這些欲求的滋生和膨脹，以滿足欲求為目

37　《莊子·應帝王》。
38　《老子》四十八章。
39　《老子》四十八章。
40　《莊子·大宗師》。
41　《莊子·逍遙遊》。

的的知識、技能也應運而增；與滋長著的欲求和增益中的知識相一
致，人的機變、巧智以至於偽詐的機心越來越控制和支配了人。在莊
子看來，人被「機心」所驅就會「神生不定」，而「神生不定」就會
「道之所不載」。如果要「體性抱神」而不離棄「道」，人就不能不脫
開血肉之軀的支配，有「喪」於那個被血肉之軀所驅動的機心之
「我」。為了說明那種「喪我」的情形，莊子虛構了這樣一個故事：
「南郭子綦隱機而坐，仰天而噓，荅焉似喪其耦。顏成子游立侍乎前
曰：『何居乎？形固可使如槁木，而心固可使如死灰乎？今之隱機
者，非昔之隱機者也。』子綦曰：『偃，不亦善乎而問之也！今者吾
喪我，汝知之乎？……』」[42]說的是，一位叫南郭子綦的得道高人，有
一天倚著一張小桌坐在那裡，仰望著天吁氣，看樣子像是心神脫開了
軀殼似的。侍立在旁邊的顏成子游很驚詫，就問他：「怎麼會這樣
呢？難道人的形骸可以變得像槁木，而心神可以變得像死灰嗎？今天
憑幾而坐的您，已經和往昔大不相同了。」子綦說：「偃，你問得好
啊！你知道嗎？今天我忘記我自己了……」接下來，他為顏成子游打
了個「天籟」的比方，說明「吾喪我」——自己忘記自己——就是沉
浸於那種無聲的「天籟」的境地。「人籟」是人為的聲音，如演奏樂
器所發出的聲音，「地籟」是地上的各種竅穴受到風吹時發出的聲
音，「天籟」並不是「人籟」、「地籟」之外的另一種聲音，它只意味
著「人籟」和「地籟」自己使自己如此的那種自然而然。莊子借南郭
子綦的口說：「夫吹萬不同，而使其自己也，咸其自取，怒者其誰
邪？」[43]——當風吹過眾多竅穴時，不同的竅穴發出不同的聲音，這
不同的聲音的發出都是因為那些不同竅穴自己如此，又有誰是這眾竅

---

42 《莊子‧齊物論》。
43 《莊子‧齊物論》。

之聲的發動者呢？「使其自己」、「咸其自取」即是「自然」。莊子讓
得道者南郭子綦說出「吾喪我」這樣的話，用意只在於引導人們
「喪」其非自然的「我」，以使自己「無為復樸」，回歸「自然」。

　　「喪我」之後的「吾」已經不是「喪我」之前的「吾」，這時的
「吾」不再為血肉之軀的欲念和機巧之心所驅使。「形如槁木」，比喻
一種忘其形骸的狀態；「心如死灰」比喻一種機詐、欲念不再滯留於
心的情境。這當然不是在說人的生機的消退，而是指「喪我」之後的
「吾」與「自然」之「道」的契合。「喪我」即是「忘己」，莊子說：
「忘乎物，忘乎天，其名為『忘己』。忘己之人，是之謂入於天。」[44]
「忘物」是人與物的界限的忘記，「忘天」是人與天的分辨的淡漠，
忘卻和淡漠了一己之我與物和天的界限，實際上也就是忘卻了自己。
「忘己」的人進到了「自然」，這時的他與物齊一而同化於「道」。
《莊子》的《大宗師》篇有「魚相忘乎江湖，人相忘乎道術」之說，
並且特別提出了「坐忘」這個術語來喻說道家「入於天」、「入於道」
的修養路徑及其可能達到的境界。「坐忘」的意味是通過孔子和他的
學生顏回的一段對話來表達的：「顏回曰：『回益矣！』仲尼曰：『何
謂也？』曰：『回忘禮樂矣。』曰：『可矣，猶未也。』他日復見，
曰：『回益矣！』曰：『何謂也？』曰：『回忘仁義矣。』曰：『可矣，
猶未也。』他日復見，曰：『回益矣！』曰：『何謂也？』曰：『回坐
忘矣。』仲尼蹴然曰：『何謂坐忘？』顏回曰：『墮肢體，黜聰明，離
形去知，同於大通，此謂坐忘。』仲尼曰：『同則無好也，化則無常
也，而果其賢乎！丘也請從而後也。』」這段虛擬的對話說的是：有
一天，顏回見到他的老師孔子，向他的老師報告：「我有進益了。」
孔子說：「你這是從何說起？」顏回說：「我忘掉禮樂了。」孔子說：

「可以是可以，只是還不夠。」過了些天，顏回又向孔子報告：「我
有進益了。」孔子說：「你這又是從何說起？」顏回說：「我忘掉仁義
了。」孔子說：「不錯是不錯，可還是做得不夠。」又過了些天，顏回
又一次向孔子報告：「我有進益了。」孔子說：「說說看，又有什麼進
益？」顏回告訴他：「我坐忘了。」孔子聽後連忙恭敬地問：「坐忘是
怎麼回事？」顏回說：「淡忘自己的肢體，貶黜自己的聰明，脫開形
體之累，消除機巧之心，默契於『自然』之『道』，這就是『坐忘』
了。」孔子感歎地說：「與『道』相合就不會陷入偏好，順其自然大化
也就不再會固執自己的成見。你果真是一位賢德之人啊！我願意跟在
後面向你學習。」從「忘禮樂」到「忘仁義」，再到「坐忘」，「坐忘」
作為「明白入素，無為復樸，體性抱神」的修養，被描述為一個漸次
深入的過程，這過程表明了由「喪我」而心契於「道」的不易，也暗
示了曾有過儒家學養背景的莊子如何把道家的「自然」境界領悟為對
儒家教化的超越。「忘」是對世俗分辨的消除，是捨去是非善惡計較
向著「渾沌」境地的歸依，就此，莊子甚至說「與其譽堯而非桀，不
如兩忘而化其道」[45]。此外，「忘」既然是向著「自然」而趨的，它本
身也就應當毫不勉強、自然而然，所以，莊子也把「忘」的情狀作這
樣一種表述：「忘足，履之適也。忘要（腰），帶之適也。知忘是非，
心之適也。不內變，不外從，事會之適也。始乎適而未嘗不適者，忘
適之適也。」[46]就是說，忘了腳，穿什麼樣的鞋子都舒適；忘了腰，
繫什麼樣的帶子都舒適；忘了是非，無論什麼樣的境遇心裡都會很舒
適。不改變內在的信念，不依從流俗的偏見，遇到什麼事都不會感到
不適。開始於舒適而時時處處未嘗不舒適，這是忘卻了舒適的舒適。

---

45 《莊子‧大宗師》。又，《莊子‧外物》：「與其譽堯而非桀，不如兩忘而閉其所譽。」
46 《莊子‧達生》。

　　「坐忘」中的人心通於「道」，不為形累，不為物役，不為機心所驅遣。這種「坐忘」之境使昧於世俗功利之爭的心得以齋戒，莊子稱其為「心齋」。與「坐忘」一樣，莊子是通過孔子和顏回的對話來談論「心齋」的，不過，在這場對話中是顏回向孔子討教，而不像討論「坐忘」那樣由孔子發問，由顏回作答。「顏回曰：『吾無以進矣，敢問其方？』仲尼曰：『齋，吾將語若，有而為之，其易邪？易之者暭天不宜。』顏回曰：『回之家貧，唯不飲酒、不茹葷者，數月矣，如此則可以為齋乎？』曰：『是祭祀之齋，非心齋也。』回曰：『敢問心齋？』仲尼曰：『若一志，無聽之以耳，而聽之以心；無聽之以心，而聽之以氣。聽止於耳，心止於符。氣也者，虛而待物者也。唯道集虛，虛者心齋也。』」[47]這段截引的對話是這樣：顏回打算到衛國去勸諫衛國的國君，在向孔子辭行時把自己的想法和策略告訴了老師，孔子以為不妥。於是，顏回向孔子請教：「我沒有更好的辦法了，請問先生有什麼可教我的嗎？」孔子說：「先齋戒吧，我會告訴你的。凡存心要做的事，容易得了嗎？存心要做的事果真那麼容易做就與自然之理不合了。」顏回說：「我家中貧窮，已經有好幾個月不飲酒、不吃葷了，這樣可以算是齋戒了吧？」孔子回答他：「這是祭祀所要求的那種齋戒，不是『心齋』。」顏回趕忙問：「那怎麼做才算是『心齋』呢？」孔子說：「你要心志專一，不要用耳朵聽，而要用心去聽；不要用心聽，而要用氣去聽。耳朵只能聽到聲音，心也只是以與外境相符驗為滿足，而氣卻是虛靈得足以容納萬物的。道就棲居在這虛靈的地方，心能致其虛，那就是心齋了。」若是簡要地說，莊子以孔子的口說出來的「心齋」，即是使心處在不為任何欲念所動的那種空靈狀態。這種空靈虛寂之境，可以稱之為「白」或「純白」，

47 《莊子·人間世》。

也可以稱作是「素」或「純素」。《莊子》雜篇《庚桑楚》中有一段話是專就「虛」而發論的，其中的意味正可以用來領會「心齋」。這段話是：「徹志之勃，解心之謬，去德之累，達道之塞。貴富顯嚴名利六者，勃志也。容動色理氣意六者，謬心也。惡欲喜怒哀樂六者，累德也。去就取與知能六者，塞道也。此四六者不盪胸中則正，正則靜，靜則明，明則虛，虛則無為而無不為也。」什麼叫做「徹志之勃，解心之謬，去德之累，達道之塞」？「徹」同撤，「勃」通悖，「徹志之勃」即是拋卻那些悖亂情志的東西；「解」即解除，「謬」即束縛，「解心之謬」即是解除心靈的束縛；「去」即丟棄，「累」即牽累，「去德之累」即是丟棄德行上的牽累；「達」即通，「塞」即阻塞，「達道之塞」即是使「道」暢行，不被阻滯。在莊子看來，使情志悖亂的有六種東西，即高貴、富有、顯赫、尊嚴、名望、利祿；使心靈受到束縛的有六種東西，即儀容、舉止、表情、姿態、情緒、意氣；使德行受到牽累的有六種東西，即厭惡、愛好、喜悅、憤怒、悲哀、歡樂；使「道」的流行受到阻滯的有六種東西，即捨棄、尋求、獲取、施與、智慮、技能。這四類二十四種祈求、束縛、牽累或蔽障如果不滯留而發動於胸中，人的心氣就會平正，平正就會寧靜，寧靜就會澄明，澄明就會虛靈，臻於虛靈之境就能做到「無為而無不為」──恬淡無為卻又自然而然地成全一切。顯然，這裡再次談到的「虛」不可與通常所謂的「虛無」同日而語；在經由「徹勃」、「解謬」、「去累」、「達塞」後，並不是一切都化為烏有，那最終被看重的仍在於「道」、「德」、「情」、「志」，不過這是回到了本真的「道」、「德」、「情」、「志」。「虛」，關聯著「靜」、「明」，而「靜」、「明」作為一種生命體驗並不神祕，對此，莊子的一個解釋是親切的。他說：「萬物無足以鐃心者，故靜也。水靜則明燭鬚眉，平中準，大匠取法

焉。水靜猶明，而況精神！」[48]以水的「靜」、「明」喻說人的精神的「靜」、「明」，又以「靜」、「明」推論「心齋」之「虛」，這「虛」說到底只是如水般的清澈無垢。「虛」是玄微的，卻也就在人生的淺近處，落在方便處也可以說是精神的無私。所以，莊子也讓他的寓言人物說這樣的話：「汝游心於淡，合氣於漠，順物自然而無容私焉」[49]。

　　「心齋」和「坐忘」是莊子學說的神韻所在；作為一事之兩面，二者可以相互詮釋。「心齋」重在從本體上說「唯道集虛」的「虛」，「坐忘」重在從功夫上說「忘禮樂」、「忘仁義」以至於忘卻自身形骸而「無好」（無私好）、「無常」（無成見）。「心齋」與老子所謂「致虛極，守靜篤」[50]約略相通：老子從「致虛極，守靜篤」說到「夫物芸芸，各復歸其根；歸根曰靜，靜曰復命，復命曰常，知常曰明」[51]，由「虛」而引出了「靜」、「明」，同樣，莊子所謂「正則靜，靜則明，明則虛」也把「靜」、「明」關聯到「虛」。可比擬的是，「坐忘」與老子所謂「為道日損」一脈相承：老子由「為道日損」說到「損之又損，以至於無為」，莊子也相應地從「忘禮樂」、「忘仁義」說到「相忘以生」，以至於「相忘乎道術」。但同是由「虛」、「靜」、「損」、「忘」稱「道」而「復樸」，老子以「守雌」、「守黑」、「守辱」[52]所啟示於世人的是一種以屈求伸或「大直若屈」[53]的人生態度，莊子卻由「心齋」、「坐忘」祈向於「逍遙」[54]、「天放」[55]、「恣

---

48 《莊子・天道》。

49 《莊子・應帝王》。

50 《老子》十六章。

51 《老子》十六章。

52 《老子》二十八章。

53 《老子》四十五章。

54 《莊子・逍遙遊》。

55 《莊子・馬蹄》。

縱而不儻」[56]的境界。老莊都以「道法自然」為指歸，只是老子從「自然」之「樸」中更多地領悟到的是「謙」、「守」的可貴，而莊子卻從「自然」之「樸」中更多地匯出了某種「遊」而「至樂」的情致。

下面講：

「無所待」，「以遊逍遙之虛」

「逍遙」而「遊」，「遊」而「逍遙」，是《莊子》一書的慧眼所在，開篇《逍遙遊》的篇名「逍遙遊」三字既是該篇的破的之語，也是全書的點睛之筆。「逍遙」作為一種值得的追求，指對物境無所憑藉的那種灑脫，指自然、率性、無所拘牽的那種逸致。它被莊子用來描摹「道」的運作和他祈想中的得「道」者的心靈境界。

對於「逍遙」，莊子是從一個古老的傳說說起的，這傳說為他的難以「莊語」──莊重的正面表達──的話題作了切近的反襯。他這樣敘述那個奇詭的故事：北海有一種魚叫鯤，鯤很大，頭尾不知有幾千里長。忽而化作鳥，人們稱這鳥為鵬，鵬很大，單是它的背就不知道有幾千里寬。奮力向上飛時，它的翅膀就像是從天上垂下來的雲。這鳥在海動風起時會飛往南海，那南海就是傳說中的天池。有一本書叫《齊諧》，專門輯錄古來的奇聞逸事，其中就有這樣的記載：「鵬向南海遷徙時，兩翼擊水而上，濺起的水霧有三千里遠，乘著盤旋而上的大風達九萬里高，它只有在六月海風大作的季節才能起程南去。」[57]其實，不只是鵬鳥，就是那湖泊、沼澤中出現的被人們稱作「野馬」的遊氣，那些在我們眼前飄浮不定的塵埃，以至於天地間千千萬萬的

---

56 《莊子‧天下》。

57 《莊子‧逍遙遊》：「《諧》之言曰：『鵬之徙於南冥也，水擊三千里，摶扶搖而上者九萬里，去以六月息者也。』」

生靈，哪個不是靠了自然氣息的發動啊！仰望蒼穹，那深深的青色是天本來的顏色呢，抑或不過是遠不可及的太空瀰漫了太多的積氣使它這樣呢？想必高處的鵬鳥向下看到的同我們從地上仰望到的會是相像的情景吧！水積得不深，就沒有力量浮起大船來；倒一杯水在堂前的低窪處，小草會像船那樣浮起來，可放一隻杯子上去，就粘在地上動不了了。同樣，風積得不厚，就無力承載鵬鳥那足夠大的翅膀。鵬鳥能高飛九萬里，那是因為從九萬里高處往下到處都充滿了風；有了這風之後，這隻背負青天的大鳥才會一直朝南飛去而不至於半途而廢。[58]莊子描繪的鵬鳥南徙的壯舉是令人驚歎的，這不免在許多人那裡留下莊子以大鵬自抒其志的印象，而他接下來對蟬與學鳩「決起而飛，槍榆枋（而止）」、尺「騰躍而上，不過數仞」[59]的敘述，更是在對比中加深了人們的這種印象。但以大鵬的怒飛解釋「逍遙」顯然是對莊子這段文字的誤讀，而自向秀、郭象注莊以來諸多學者以為大鵬尺雖大小有別而只要各任其性各當其分都可達到「逍遙」之境的見解，可能同樣對莊子的本意有所委屈。實際上，莊子是在「無待」──無所憑藉、無所依賴──的意義上述說「逍遙」境地的，他的確無意對大鵬與尺等以大小作褒貶，卻也並不認為它們無論高舉還是低飛都可以是一種「逍遙」。依莊子的看法，即使像鵬鳥那樣「摶扶搖而上者九萬里」，也仍是對這樣的扶搖大風「有所待」。他還舉了列子「御風而行」的例子，說這位儼然超凡脫塵的高人「雖免乎行，有所待者也」[60]。就是說，他雖然可免了步行的勞苦，卻還是「有所待」的。列子和鵬鳥都能乘風而行，不過既然對風有所乘，就不可能不對風有所依賴或「有所待」。與大鵬的氣勢磅礴和列子的輕巧自得之遊相

58　《莊子・逍遙遊》。

59　《莊子・逍遙遊》。

60　《莊子・逍遙遊》。

比，真正稱得上「逍遙遊」的是另一種遊，這即是莊子所謂「若夫乘天地之正，而御六氣之辯，以遊無窮者，彼且惡乎待哉！」[61]——若能依自然之道，順萬物之性，應合陰陽風雨晦明的變化，由此作無窮之遊，哪還會有什麼需要依待因而不得不受其制約的呢？就此，莊子得到這樣的結論：「故曰：至人無己，神人無功，聖人無名。」[62]至人、神人、聖人都是那種達到了「坐忘」、「心齋」境界的人，或者說都是那種能夠做到「明白入素，無為復樸，體性抱神」的人。所謂「無功」，即是「功成而弗居」[63]或不為事業上的成就所牽累；所謂「無名」，即是不執著於名望、聲譽或不為名聲所驅策；所謂「無己」，即是「喪我」或「忘己」，不再受「肢體」之我和「聰明」之我的役使。既然不再牽累於「功」、「名」、「己」，也就不再對成「功」成「名」成「己」的一切有所待，而只有做到了「無所待」，也才談得上所謂「逍遙遊」。真正說來，「逍遙遊」的典型在於自然之「道」的運作，莊子以「至人」、「神人」、「聖人」的生命形態稱述「逍遙游」，用心原在於啟示人們「修渾沌氏之術」以期體「道」、踐「道」、與「道」契合為一。

「人能虛己以遊世，其孰能害之？」[64]這「虛己」之遊，就是逍遙遊。「虛己」即「忘己」或「無己」，即忘卻自己的肢體形骸，遺棄自己的聰明巧智。人難以「忘己」、「無己」或「虛己」是因為人有著與他的種種欲求成比例的有待性，一個人的欲求愈強烈，他的有待的物件就愈多，他的生命的有待性也就愈是根深蒂固。莊子所謂「忘己」、「無己」或「虛己」，說到切近處，就是盡可能地消解一己的欲

---

61 《莊子‧逍遙遊》。

62 《莊子‧逍遙遊》。

63 《老子》二章。

64 《莊子‧山木》。

望以求最大程度的「少私寡欲」。要做到這一點，當然有必要以相應的方式喚起人的生命自覺，而莊子用以喚起人的生命自覺的是他的「物化」而「齊物」之說。「物化」意蘊的最具形象性的表達是「莊周夢蝶」，這是一則詭譎的寓言：「昔者莊周夢為蝴蝶，栩栩然蝴蝶也。自喻適志與，不知周也。俄然覺，則蘧蘧然周也。不知周之夢為蝴蝶與，蝴蝶之夢為周與？周與蝴蝶則必有分矣。此之謂物化。」[65]莊子讓自己成為寓言人物，他把自己置入夢境，讓自己「忘己」，忘卻人與他物的界限。寓言中的莊周夜間做了一個夢，夢中自己變成了一隻活生生的蝴蝶，飛得愉快而得意，不再知道有莊周其人。一會兒，夢醒了，他驚愕地發現自己又成了莊周，於是開始疑惑起來：到底是莊周在夢中化作蝴蝶了呢，還是蝴蝶在夢中化作莊周了呢？莊周與蝴蝶當然是有分別的，但有分別的莊周和蝴蝶畢竟你化作了我，我化作了你，——莊子說，這就叫做「物化」。不同的物的互化被稱作「物化」，寓言雖是借夢說話，卻並不就是無謂的夢囈。在莊子這裡，「物化」也被表述為同「種」之物的「不同形相禪」。他認為：「萬物皆種也，以不同形相禪，始卒若環，莫得其倫，是謂天均。」[66]這是說，萬物都出於同一種源，以不同的形體相嬗替。由同一種源來，又回到同一種源去，如同環那樣首尾相銜，無從理清它的倫次，其所遵從的是被稱為「天均」的自然均平之理。對於物「以不同形相禪」的情形，莊子作過一種近於繁冗的描述，他讓寓言中的列子代他說話：物的發生是有其微妙的契機的。那姑且以「種」相稱的生命的種子一旦得了水氣，就生出名叫那樣的水草；得到土，在水土的作用下就生成青苔。苔生在乾爽的高處，就成了車前草。車前草生在糞土中，就變

65　《莊子‧齊物論》。
66　《莊子‧寓言》。

為烏足草。烏足草的根變為蠐螬，葉變為蝴蝶。蝴蝶一下子又變成了蟲子。這蟲生在灶下，那形體像是沒有皮殼，名叫鴝掇。鴝掇在千日之後變為鳥，名叫乾餘骨。乾餘骨吐出的沫變為一種叫斯彌的蟲

斯彌變為醋蟲食醯。食醯生頤輅，黃軦生九猷，九猷生瞀芮，瞀芮生腐蠸，腐蠸生羊奚草。羊奚草的根與久不生筍的竹相連生出一種名叫青寧的蟲子來，青寧生程，程生馬，馬生人，人又返回到種源處的生的契機。萬物都出於生的契機，又都復歸於這契機。[67]莊子所歷數的似乎成一繁衍系列的生物是難以雅訓的，對這樣的並無生物學意義的述說不可執著其所謂科學價值。重要的是，以這種方式表達的物的「不同形相禪」的情形明白不過地體現了萬物「齊一」或「齊物」的信念。由「物化」而說萬物齊一並不是不承認物的「不同形」，而是要強調這「不同形」的物的那種「相禪」關係。「相禪」淡化以至消解了物與物之間的界限和對立，並由這物與物之間的界限和對立的淡化啟示人們泯除物我關係的對待性，化人對於物的有所待為無所待。

有所待必然受所待物件的制約；無所待既然不再有待於物件，也就不至於受所待對象的牽絆。《莊子‧至樂》篇有一段莊子與髑髏的對話十分有趣，莊子在這段對話中再次變為寓言人物。寓言說：有一次，莊子在去楚國的路上見到一個空髑髏，這個外形完好的髑髏已經很乾枯了。莊子用馬杖敲了幾下，接著問它：「先生，您是因為貪欲滋生做了有違法度的事而落到這個地步的嗎？還是因為遭亡國之禍，被人誅殺，才落到這個地步的呢？或是因為您生前有不善的行為，愧

---

67 《莊子‧至樂》：「種有幾，得水則為。得水土之際，則為蛙蟆之衣。生於陵屯，則為陵舄。陵舄得鬱棲，則為烏足。烏足之根為蠐螬，其葉為蝴蝶。蝴蝶胥也化而為蟲，生於灶下，其狀若脫，其名為鴝掇。鴝掇千日為鳥，其名為乾餘骨。乾餘骨之沫為斯彌。斯彌為食醯。頤輅生乎食醯。黃生乎九猷。（九猷生乎瞀芮。）瞀芮生乎腐蠸。（腐蠸生乎羊奚。）羊奚比乎不筍久竹，生青寧。青寧生程，程生馬，馬生人。人又反入於機。萬物皆出於機，皆入於機。」

對父母，羞見妻兒，不得不自殺，才落到這個地步呢？或是因為您家境貧寒，以致凍餓而死，才落到這個地步呢？要麼，是因為您年歲已到，壽終正寢，以至於此吧？」說完這些話，莊子拿過髑髏枕在頭下就睡了過去。到了半夜，莊子夢見髑髏對他說：「聽剛才說話的口吻，您很像是一位辯士。不過，您說的那些都是活人的牽累，人一死就沒有這些了。您願意聽我說說死後的怡悅嗎？」莊子說：「當然願意。」髑髏說：「死後，不再有君臣上下，也不再有春夏秋冬，可以無牽無掛無憂無慮地與天地共長久。想想看，這有多快樂。就是那人間帝王們的快樂，也不會比這更高了吧。」莊子第一次聽說人會安於死，他不相信，就說：「我讓司命之神恢復您的形體，為您重造骨肉肌膚，使您和父母妻兒團圓，和鄰里的鄉親會面，您情願嗎？」髑髏聽了皺起眉頭，一臉的憂愁，說：「我怎麼能捨棄帝王般的快樂再回到人間去勞心傷神呢？」[68]這段對話是以「死」來反省「生」，莊子的用心在於告誡人們有所待的生反倒不如死，因為那些活著時所受的有待的束縛之苦死後就可以解除了。莊子當然不是重死輕生，更不是要慫恿人們捨生赴死，他只不過以一種極端的方式說出了他對無待境地的嚮往。莊子沒有直接把死後的無所待關聯於逍遙遊，但由髑髏說出的那種死後的「悅」、「樂」確實是無所待的「悅」、「樂」，而無所待的「悅」、「樂」屬於逍遙遊的境界。

---

68 《莊子・至樂》：「莊子之楚，見空髑髏，髐然有形，撽以馬棰，因而問之曰：『夫子貪生失理，而為此乎？將子有亡國之事，斧鉞之誅，而為此乎？將子有不善之行，愧遺父母妻子之醜，而為此乎？將子有凍餒之患，而為此乎？將子之春秋，故及此乎？』於是語卒，援髑髏枕而臥。夜半髑髏見夢曰：『子之談者似辯士。諸子所言，皆生人之累也，死則無此矣。子欲聞死之說乎？』莊子曰：『然。』髑髏曰：『死，無君於上，無臣於下，亦無四時之事，從然以天地為春秋，雖南面王樂，不能過也。』莊子不信，曰：『吾使司命復生子形，為子骨肉肌膚，反子父母妻子閭里知識，子欲之乎？』髑髏深矉蹙頞曰：『吾安能棄南面王樂，而復為人間之勞乎？』」

　　儘管如前面所引述，《莊子》的《庚桑楚》篇有「惡欲喜怒哀樂六者，累德也」之說，把「樂」視為牽累德行的六種情愫之一，但這並不妨礙我們對莊子學說的某種趣「樂」底色的探討。不過，可以說，吸引著莊子的那種「樂」已是所謂超越了世俗之樂的「至樂」。「儵魚出游從容，是魚之樂也。」[69]當莊子這樣讚歎「魚之樂」時，他心目中的「樂」主要在於「出游從容」──這從容出游的「樂」是「無名」、「無功」以至於「無己」的「逍遙」之「樂」。通常為天下人所崇尚的不外富有、高貴、長壽和善行，許多人以為追求這些東西就是「樂」了，但依莊子的看法，這種「俗之所樂」是大成問題的。在他看來，求富之人為了致富不惜勞苦身體而勤勉做事，只顧更多地積聚財產，不能盡其所積為自己所用，致富原是為了身體的養頤之樂，不料最終反倒使自己受累於身外之物；求貴之人為了得到或保住期待中的爵祿地位，日不能安，夜不能寐，時時為自己的所作所為是否妥善而思慮，求貴的初衷正像求富，本在於身體的養頤之樂，結果全部心思都用在了地位的如何謀取上，反而把身體的養頤疏忽了；人活世間，憂愁與生俱來，所求愈多，所愁愈多，壽命長的人因而憂愁也長，昏瞶老者長久地處在憂愁中不能以死解脫，那是何等的苦啊，這樣的長壽實在是遠離了養頤生命的本來意義；至於善行，最受天下人稱道的莫過於烈士的所為，但做善事的烈士畢竟未能保全自己的生命，──這樣的善行是否算得上真正的善呢？說它善吧，它不足以保全做善事者的生命，說它不善吧，它又讓得到救助的人活了下來。莊子在作了這一番分辨後指出，世間的人們以富、貴、壽、善為樂群起而追逐，像是不能不如此，其實這被人們認為是「樂」的東西，既不能認定它就是樂，也不能認定它不是樂，而真正稱得上樂的是世俗的

---

69 《莊子·秋水》。

人反以為苦的「無為」。以「無為」說「樂」，莊子得到這樣的結論：
「至樂無樂，至譽無譽。」[70]這無為之樂的「至樂」也被稱為「天
樂」——所謂「與人和者，謂之人樂；與天和者，謂之天樂」[71]，而
「與天和」的「天樂」，正可謂無所待以「遊乎塵垢之外」的「逍
遙」之樂。

70　《莊子‧至樂》。
71　《莊子‧天道》。

附錄一
「先秦諸子」論講授提綱

一 人類文化史上的「軸心時代」

任何一個文明發祥較早並在此後以其最初成就長久地參與了人類文化創造的民族，都曾有過這樣的時代：它之前的所有時代都向著它而趨進，似乎都在為它的到來作一種準備，它之後的所有時代又都一次次地回味於它；這時代仿佛它前後的那些時代環繞的軸心，二十世紀的德國哲學家雅斯貝斯把它稱作「軸心時代」。

「軸心時代」的特徵，倘一言以蔽之，正可說是人文眷注之焦點從「命運」到「境界」或所謂由「命」而「道」的轉換。

中國的「軸心時代」當在諸子蜂起的春秋戰國之際。

1 文化的可比性

對文明發祥較早的東西方諸民族都曾有過的「軸心時代」的確認，是對不同民族文化的某種文化通性的認可。這認可，涉及不同民族文化形態的可比性的問題。

（1）像人類作為一個大的生命族類在最初獲得它的天文學知識時曾把自己棲居其上的大地（地球）認作宇宙的中心一樣，那些在文明的晨曦中心靈乍醒的族類幾乎無一例外地有過自我中心的設定。

（2）如同「共通」要從「不同」那裡獲得豐沛的內容一樣，「不同」只是在「共通」的網路上才展現出斑駁的色彩；「共通」的紐結

愈稀少，「不同」的蘊涵便愈淡薄，反之，「不同」的分辨愈深微，「共通」的經緯必當愈細密。問題不在於應當更鍾情於文化的民族個性的「多」，還是應當更經心於諸民族文化通性的「一」，而在於如何把握這意味深淺差不多總是成正比的「多」與「一」的相貫互涵。

2 從「命運」眷注到「境界」關切是不同民族的「軸心時代」的相通底蘊

東西民族在古代的某個時期都曾出現過其他時代的人們無與倫比的聖賢或哲人，如中國的孔子、印度的佛陀、猶太人中的耶穌、古希臘的蘇格拉底等。這些聖賢或哲人體現了那個時代的運會，為其所在民族確立了此後一直作著文化的價值神經的人文教化。倘從一種比較文化學的眼光去看，這個後來被稱作「軸心時代」的時代所確立的教化，雖然無不帶著民族的印痕，卻都有著對於人類說來的普遍意義；它們的一個共通之處在於，先前人們只是更多地顧念於人的可能的「命運」，此後人們關注的焦點則轉為涉及人生當有意義的「境界」。

大體說來，「命運」問題是「人從何處來，又向何處去」的問題，「境界」問題是「人生有什麼意義」──由此引生出人應當如何措置當下而又超越當下──的問題。這兩個問題是從人生的終極處問起的，因而構成人生其他一切問題的輻輳。「軸心時代」的聖哲們第一次把人生「境界」問題啟示給人們，這意味著對「命運」意識的某種超越，──儘管「命運」問題並未就此隱去，但往後，人們對「命運」的尋問再也脫不開「境界」的關切。

「軸心時代」所確立的「命運」而「境界」的教化，或取純然哲學的方式，或取典型宗教的方式，或取非典型哲學亦非典型宗教因而亦哲學亦宗教卻堪以「教」相稱的方式。

（1）從「命運」到「境界」：蘇格拉底前後的古希臘哲學。西方

哲學隨著泰勒斯的「水是萬物的始基」的命題的提出而誕生，此後被一再尋問的「始基」曾是希臘悲劇時代關聯著「命運」的沉重得多的話題；當著蘇格拉底出於對「心靈的最大程度的改善」的關切而探詢「美本身」、「善本身」、「大本身」時，哲學的重心開始歸落於人的精神內向度上的「境界」的開啟。依哲學史家們慣常的說法，古希臘早期哲學的措思興趣多在於「自然」，只是在蘇格拉底（或者更早些的「智者」）之後，哲學才把更大的熱情投向「人」。其實，真正確切的判斷也許應當是這樣：古希臘哲學的命脈自始即是為「人」所牽動的，不過它的前期所關注的是人的未可自作宰製的命運，因而外騖為種種宇宙論的懸擬；從蘇格拉底起，哲學的慧識開始屬意於人的境界，於是牽繫於人生意義確認的形上價值祈向成為其眷顧的主題。

（2）「命運」之約與「境界」之約：耶穌前後的《聖經》。上帝是猶太教和基督教的至高無上的神，對這至上神的刻骨銘心的信仰寄託著信仰者某種賴以安身立命的終極眷注。但「上帝」並不是一次性地走向人的。從《舊約》到《新約》，「上帝」留給他的造物的形象大異其致。《舊約》中的神威烈而嚴敏，人神之際所透露的主要是「罪」與「罰」的消息。一俟上帝在《新約》中重新俯瞰充滿罪惡的人間時，他對於人類說來已經是一位「慈悲的父」。神賜福給塵世，更把他的「道」誨示給能夠分辨善惡的生靈。這「道」是虛靈的Good，它意味著「智慧、公義、聖潔、救贖」（《聖經·新約·哥林多前書》）。神對於人之「罪」由懲罰代之以救贖，這時，「救贖」本身即是對被救贖者的一種價值誘導。人神之「約」仍在繼續著，不過，《舊約》中同神立「約」的人，多在與利害權度關聯著的「命運」感的驅使下，《新約》則把某種不排斥功利卻又超越功利的「境界」經由耶穌基督啟示給了人們。

（3）由「命」而「道」：孔子前後的《周易》。中國人文致思的原

始根荄深藏於《周易》，「有」與「無」、「多」與「一」的詭譎理致涵淹在古經卦畫的移易遷變之中。比起古希臘哲人由「始基」的懸設所引生的「一即是多」的哲學慧識來，中國《周易》古經（《易經》）對「一」與「多」的措置是另一種情形，但同樣有著終極意味的另一種「一」，畢竟也為哲思之光在東方的泛起繪出了一條足夠遼遠而漫長的地平線。《易經》在塵緣世界往往被用於占筮。求筮問卦固然在於決斷當下事宜之吉凶，但對盡可能準確地決斷的期許也促動著《易經》更大程度地完善其不落言筌的易理。但隱貫在占筮中的「人謀鬼謀」所報告的終究是「命」的消息，只是詮釋《易經》的《易傳》才從人生「境界」上確定了孔子所啟示的「天道」而「人道」、「時中」而「養正」的價值取向。

從《易經》到《易傳》，《周易》的主題詞由「吉凶休咎」轉而為「崇德而廣業」，「一」與「多」的微妙張力一仍舊貫。中國先秦諸子學說幾乎無一不結緣於《易經》而又多少收攝於《易傳》，其中最堪稱述的莫過於以老子為始祖的道家和由孔子創學立教的儒家。同是以「一」收攝「多」，老子、孔子之前中國學術中的「一」是「一」於「命」，「命」牽動著一切；老子、孔子之後的中國學術中的「一」是「一」於「道」，一切皆為「道」的價值之光所燭照。

二 中國「軸心時代」的歷史線索及其人文特徵

一如西方人文意識的嬗演有其韻律可尋，在對中國文化史的回溯中我們也能找到一個可以「軸心」相喻的人文樞紐。這樞紐對於我們理解或領略中國文化是如此重要，以致可以說，抓住了它也就掌握了打開中國文化之祕宇的管鑰。

1　「禮壞樂崩」與春秋戰國之際的諸子蜂起

　　春秋戰國是周代的禮樂之治由式微走向衰滅的時期。通常說這一時期「禮壞樂崩」大致是不錯的，問題只在於如何看待這「禮」、「樂」的崩壞。

（1）「禮」與「禮治」

　　「禮」，《說文》云：「禮，履也，所以事神致福也。」這可能是禮的元始意味。從殷墟出土的甲骨卜辭可知，殷人心目中漸次形成的至上神為「帝」。清人吳大澂《字說・帝字說》云：帝「象花蒂之形」，「蒂落而成果，即草木之所由生，枝葉之所由發。生物之始，與天合德，故帝足以配天」。可見殷人對「帝」的崇奉，說到底乃是對生或生命的崇奉。殷人亦崇拜日、月、風、雲、雨、雷等，但諸神崇拜則愈益籠罩於「帝」或「上帝」崇拜。武王伐紂，周代商而王天下，然而輻輳於「帝」的生命崇拜意識畢竟繼承了下來，西周金文中即有「惟皇上帝百神」（《鐘》銘文）之稱。此後，周人由「帝」、「天」合稱而說「皇天上帝」（《尚書・周書・召誥》）過渡到以「天」為至尊而稱「維天之命」（《詩・周頌・維天之命》），「天」的人格神意味雖漸次趨於淡漠，但生命崇拜意識並未因此稍有消滅。生命崇拜必至祖先崇拜，至少在商時，中國古人祭祀上帝百神，已經配以祖考。因此，禮自始同人的血緣宗法關係密不可分。中國文化可追溯的夏、商、周時代，是由治理家族而推擴到治理「天下」的時代，以「禮」確定人的位分和人與人之間的關係而獲得一種秩序，使其制度化，遂有了所謂「禮治」。《論語・八佾》載孔子語：「夏禮吾能言之，杞不足征也。殷禮吾能言之，宋不足征也。文獻不足故也。足則吾能征之矣。」又云：「周監於二代，郁郁乎文哉！吾從周。」從這

些說法可以看出，夏、商、周三代的制度皆以「禮治」為中心。夏、商之「禮」尚未完備，至周，有鑒於前代，損益夏、商而有了完備得多的周禮。通常所說「周公制禮」，指的正是「禮治」至周才達到「郁郁乎文」的那種典型狀態。

（2）「樂」與「禮」一體，側重於陶染

「樂」，《說文》云：「五聲八音之總名。」《周易》豫卦象辭云：「雷出地奮（ ䷏ ），豫。先王以作樂崇德。殷薦之上帝，以配祖考。」「樂」，顯然是相應於「禮」的，古人「事神致福」之「禮」通常總會有「樂」相伴。「禮」、「樂」原本一體，不過「禮」偏重於一種秩序的規定，「樂」則偏重於心靈、情致的陶染。「禮」、「樂」皆人為之「文」，它起先所以有生機而帶給人們一個上下相安的「品秩」，是因為人的素樸的性情（「質」）秉持其中，此孔子所謂「先進於禮樂」（《論語‧先進》）。

（3）「禮壞樂崩」在於「質」敝而「文」落於緣飾

春秋戰國之際「禮壞樂崩」，是因為「禮樂」之「文」沒有了誠樸的「質」涵潤其中，「文」徒具外觀，不再有先前那樣的生命力。孔子有「文質彬彬，然後君子」（《論語‧雍也》）之說，探孔子本意，「質」是人得之於「天」的歸本性稟賦，「文」的創發則在於人的自我成全，不過「文」既然以人的自我成全為依據，人便永遠不可在這創發中失卻或障蔽了那源之於「天」的「質」的樸茂。春秋時期，「禮樂」之「文」少了「質」的性狀，「禮樂」遂由「文」勝而成為一種緣飾。因此，孔子對其所處時代的「禮樂」狀況曾有如是之歎：「禮雲禮雲，玉帛雲乎哉？樂雲樂雲，鐘鼓雲乎哉？」（《論語‧陽貨》）

「禮壞樂崩」的緣由或在於現實的社會問題，但對問題向究竟處的思考，則會涉及「天」與「人」、「質」與「文」的張力的措置。

（4）「諸子」起於「禮壞樂崩」背景下的人文思考

「禮壞樂崩」是春秋時期已經日見嚴重的現實問題，對這現實問題的解決引出了「百家」的思考。「諸子」中有人對現實問題持急切的現實態度，如被後人稱作「法家」的那些人物；有些則取既現實又超越的態度，即把現實問題置於人生究竟這樣一種視野中去索解，如老子、孔子、墨子（他們分別創立了「道家」、「儒家」、「墨家」學派）等人。持後一種態度的人訴諸富於歷史感而又超越經驗的歷史的那種反省，這種反省只是在中國人的人文素養有了相當的醞釀、積累之後才有可能。到春秋戰國之際，現實的「禮壞樂崩」的問題固然構成一種刺激，而對現實問題作具有超越現實的姿態的深刻反省，只是在這時也才具有了可能性。

2 「諸子」思想在怎樣的人文分際上

（1）一種觀察與領略「諸子」思想品格的視角

人的生命存在的對待性向度與非對待性向度（人的生命活動的有待性與無待性）。

就人的生命存在的「對待性」向度而言，人是以「物件化」的方式獲得其物件性存在的存在物。人受動於人的生存境域（存在物件），人也能動於人的生存境域；人「受動」而「能動」於其生存境域，意味著人以打上了人的目的、意圖、價值祈向的烙印的物件為生存物件。人的人化中的自然境域，人的不斷為人所調整或重構著的社會關係境域，以及人的關聯於上述境域卻又不為其所累的精神境域，

構成人的文化境域。不論人們對這文化境域的整合機制如何理解，涵淹於其中的人的「受動─能動」性卻總是文化的真正靈魂。人的生命存在所以是一種文化存在是由於人自己。在自己是自己的存在方式的理由的意義上，人的存在正可以說是「自由」而非「他由」的存在。

在「對象化」或「受動」而「能動」的分際上釐定「自由」，被釐定的「自由」更大程度地顯現人的生命活動的有待性──同存在物件相對待因而對存在境域不能無所依待。但「自由」也有非對待性的一面（亦即人的生命活動的非對待性的一面），那便是人的道德的自我完善，人格的自我提升，心靈的自我督責，境界的自我超越。這是人的獨異的生命活動在反觀自照的內心世界的展示。「自由」在這裡體現為「自律」、「自正」的原則，人由此把自己和其他有生命的物種最後區別開來。

有自由的內在世界，才有所謂的「境界」問題。「境界」自覺是人類文化史上賦有界碑意義的事件，被雅斯貝斯稱作「軸心時代」的時代，其實是「境界」自覺的時代。雅斯貝斯發現了這個時代的獨特地位，但這個詩意朦朧的發現顯然還可補上畫龍點睛的一筆──「境界」意義上的心靈之光只是在這時才透出人類精神的地平線。

（2）「諸子」學說各在一種必要的人生價值祈向上

《漢書‧藝文志‧諸子略序》云：「諸子十家，其可觀者，九家而已。」其實，十家中除「街談巷語道聽塗說者之所造」的小說家「君子弗為」而不值得多所注意外，「勸農桑」、重食貨的農家，「使於四方」、「權事制宜」的縱橫家，以至試圖「兼儒墨、合名法」而「及蕩者為之，則漫羨而無所歸心」的雜家，對人文精神的培壅，相對來說亦較次要。劉歆（？-23）在《諸子略》中所列舉「諸子十家」的前六家與司馬遷（約前145或前135-？）在《史記‧太史公自

序》中所敘司馬談「論六家之要指」之六家相合決非偶然，這相合足見此六家（儒、道、墨、名、法、陰陽）在「諸子百家」中的首出地位。

雜家或許原創精神不足，但相容並包的氣度使其有可能較為公允地品評諸家。早期雜家人物尸佼（約前390-約前330）曾論列諸家說：

> 墨子貴兼，孔子貴公，皇子貴衷，田子貴均，列子貴虛，料子貴別囿。其學之相非也數世矣而已，皆弇於私也。天、帝、皇、後、辟、公、弘、廓、宏、溥、介、純、夏、幠、墳、晊、昄皆大也，十有餘名而實一也。若使兼、公、虛、均、衷、平易、別囿一實也，則無相非也。（《尸子·廣澤》）

尸佼所謂「兼」、「公」、「衷」、「均」、「虛」、「別囿」，皆價值範疇，而非認知或知解範疇。斷言上述價值「實一」，表明了尸佼尋求諸家通性、兼用諸子之術的雜家姿態，但倘能從「實一」中分辨出「兼」、「公」、「衷」、「均」、「虛」、「別囿」等價值的微妙差異來，那也許會使問題進到更深邃的層次。

後期雜家著述《呂氏春秋》有云：

> 老耽（聃）貴柔，孔子貴仁，墨翟貴廉，關尹貴清，子列子貴虛，陳駢貴齊，陽生貴己，孫臏貴埶（勢），王廖貴先，兒良貴後。……（《呂氏春秋·不二》）

其所論「柔」、「仁」、「廉」、「清」、「虛」、「齊」、「己」、「埶（勢）」、「先」、「後」皆為一種價值，如此評說諸子似與尸子相因，但《呂氏春秋》重在強調尋找諸家分歧所在以「定其是非」。

　　倘將《尸子‧廣澤》與《呂氏春秋‧不二》合觀，而取上面所述觀察與領略諸子思想品格的那種獨特視角，先秦諸子研究當對以下幾點斷制有所遵循：

　　（一）對諸子不同價值取向的分辨應是先秦諸子研究的綱脈。

　　（二）價值問題是對「好」的認定問題，諸子皆有其「好」，這「好」連著人生的某種意義。

　　（三）「自由」是無色的，但在價值的三稜鏡下，「自由」之光可折射出種種價值色調。以這種種價值對於「自由」（人的生命活動的類特性）的實現狀況為參照系，衡量先秦諸子思想的得與失，並由此悟識中國傳統的人文精神以探求未來當有的人文取向。

問題與思考：

　1. 範疇釋義：

　　軸心時代　命運　境界　禮　樂　禮治　對象化　自由
　　諸子六家　諸子十家

　2. 簡答：

　　（1）如何把握不同民族文化的可比性？

　　（2）「軸心時代」的相通底蘊何在？

　　（3）怎樣看待春秋戰國時代的「禮壞樂崩」？

　3. 思考與論述：

　　如何理解先秦時代的諸子蜂起？

附錄二
老子學說講授提綱

一　老子學說之宗趣

　　老子之學是「無為」之學，但這「無為」是被覺悟的「無為」，因此是人必得「為」之的那種「無為」，即所謂「為無為」。「無為」似乎只是一種否定的姿態，一種對任何價值的委棄，但「為無為」畢竟也是「為」，那遮撥中有著確鑿的祈向。以老子為開山的道家並非通常意謂上的虛無之徒，致「道」對於老子說來也是致「素」、致「樸」、致「虛」、致「靜」。「素」、「樸」、「虛」、「靜」是一種被置於終極格位上的價值，這價值亦被稱述為「真」。

　　老子致「道」，成就的是形而上學。這種形而上學是價值形而上學，而非實體形而上學；它看似連涉天地萬有，卻終是歸著於人的趣之彌高的境界。這境界是一種「作而弗始，生而弗有，為而弗恃，功成而弗居」（《老子》二章）的態度，是一種「淡乎其無味，視之不足見，聽之不足聞，用之不可既」（《老子》三十五章）的情狀。它也由「道」而尚「德」，但那是「上德不德」的「玄德」（《老子》三十八章、五十一章）；它也稱「善」，但那是「善利萬物而不爭」的「若水」的「上善」（《老子》八章）。它所要求的修養方式是「日損」（《老子》四十八章），亦即日益剝落、消解刻意的文飾和隨起的情欲；它的摯切的心靈趣向是「見素抱樸，少私寡欲，絕學無憂」（《老子》十九章），或莊子所謂「明白入素，無為復樸，體性抱神」（《莊子·天地》）。

這裡，價值的形上訴求是出於自律的，但自律之律對於道家說來仍嫌相「強」了些。老子有「自化」、「自正」（《老子》五十七章）之說，這「自化」、「自正」正可看做自律的「自然」化或「自然」化的自律。

老子的著述《老子》（儘管《老子》一書不無老子後學增益的成分）亦稱《道德經》。它是導人覺悟於「道德」之經，它對「道德」的「名」（言說）而不名（不言）、道而不道又使它成為最早而至今最可稱道的名言之經。致「道」之路在老子以至莊子那裡是拓闢於「有名」而「無名」的，「名」、「道」的同一所憑的是價值企求中的人的踐履──「為無為」、「事無事」、「味無味」（《老子》六十三章）、「欲不欲」、「學不學」（《老子》六十四章）──與「道」的同一。

《史記‧太史公自序》援司馬談「論六家之要指」云：

> 道家使人精神專一，動合無形，贍足萬物。其為術也，因陰陽之大順，采儒、墨之善，撮名、法之要，與時遷移，應物變化，立俗施事，無所不宜，指約而易操，事少而功多。

由對道家的推崇備至，看得出「論六家之要指」的司馬談乃是歸宗道家之學的史家。不過，就其以「采儒、墨之善，撮名、法之要」評說道家而論，他所領會的道家之「道」已別具一種意趣。司馬遷引述司馬談「論六家之要指」誠然不無褒意，但如果因此斷言司馬遷全然認同其父的見地卻未必妥當。從司馬遷對孔子的評價看，他顯然更大程度地讚賞或推許儒家學說。在同一篇《自序》中，他自白其心曰：「先人有言，自周公卒五百歲而有孔子，孔子卒後至於今五百歲，有能紹明世，正《易傳》，繼《春秋》，本《詩》、《書》、《禮》、《樂》之際，意在斯乎？意在斯乎？小子何敢讓焉？」無疑，「紹明

世，正《易傳》，繼《春秋》，本《詩》、《書》、《禮》、《樂》之際」，
乃承繼孔子的事業，司馬遷於此申明其治史的價值取向，足見其以
《史記》為《春秋》之「繼」相許。

　　《漢書・藝文志・諸子略》援劉歆語云：

> 道家者流，蓋出於史官。曆記成敗存亡禍福古今之道，然後知
> 秉要執本。清虛以自守，卑弱以自持。此君人南面之術也。合
> 於堯之克攘，《易》之嗛嗛，一謙而四益。此其所長也。及放
> 者為之，則欲絕去禮學，兼棄仁義。曰：獨任清虛，可以為
> 治。

　　劉歆和班固多是出自儒者的眼光審視道家的，所評兼有褒貶，似
不無中肯之辭，但把道家學說歸結為「君人南面之術」，可能更大地
囿於漢儒過分倚重政治的褊狹局量。

二　老子與《老子》

　　老子生卒年代不詳，相傳為春秋末期人。先秦典籍《莊子》、《荀
子》、《韓非子》、《呂氏春秋》、《禮記》、《戰國策》等對其皆有所稱，
但真正對其生平概略有所述的還是西漢時司馬遷撰寫的《史記》。《史
記・老莊申韓傳》云：

> 老子者，楚苦縣属鄉曲仁裡人也。姓李氏，名耳，字伯陽，諡
> 曰聃，周守藏室之史也。
> 孔子適周，將問禮於老子，老子曰：「子所言者，其人與骨皆
> 已朽矣，獨其言在耳。且君子得其時則駕，不得其時則蓬累而

行。吾聞之，良賈深藏若虛，君子盛德，容貌若愚；去子之驕
氣與多欲，態色與淫志，是皆無益於子之身。吾所以告子，若
是而已。」孔子去，謂弟子曰：「鳥，吾知其能飛；魚，吾知
其能游；獸，吾知其能走。走者可以為罔，游者可以為綸，飛
者可以為矰，至於龍，吾不能知其乘風雲而上天。吾今日見老
子，其猶龍邪！」

老子修道德，其學以自隱無名為務。居周久之，見周之衰，乃
遂去。至關，關令尹喜曰：「子將隱矣，強為我著書。」於是
老子乃著書上、下篇，言道德之意五千餘言而去，莫知其所
終。

司馬遷此段文字所記大體可信，但《老莊申韓傳》中亦對有關老
子的其他傳聞有所記載，如謂「或曰：老萊子亦楚人也，著書十五
篇，言道家之用，與孔子同時雲。蓋老子百有六十餘歲，或言二百餘
歲，以其修道而養壽也。自孔子死之後百二十九年，而史記周太史儋
見秦獻公，曰：始秦與周合而離，離五百歲而復合，合七十歲而霸王
者出焉。或曰儋即老子，或曰非也，世莫知其然否」。

今人高亨考辨老子生平，認為《左傳‧昭公十二年》中所說「老
陽子」即老子（老子名聃，字伯陽），「老陽子」的事蹟在年代上正與
《史記‧老莊申韓傳》所記孔子問禮於老子合。不過，以老陽子的事
蹟衡之於孔子問禮，孔子問禮不在周而在魯。考證大體可信。以此說
為據，則可認定老子與孔子是同時代人，老子比孔子約長二十歲。

《老子》一書是否老子（老聃）本人所作，宋代已有學人存疑而
考辨其事。清末民初以來，疑古辨古之風大盛，《老子》一書經多方
考證，被更大程度地確定為戰國中後期的著述。有人認為老子其人與
《老子》其書出現年代均較晚，也有人認為老子其人在世較早，而

《老子》一書的出現卻在較晚的年代。近二十餘年來，老子及《老子》的考辨又有新的進展，分析各種不同的說法，這裡暫作如此裁斷：《老子》一書由增刪而臻完備以至於在形式上的體系化，可能是戰國時期的事，但《老子》一書的神韻、思想的原創性乃至其中的諸多論說屬於生活在春秋末年的老子本人。因此，研究《老子》一書，仍可以說是對老子本人思想的研究。

三　老子思想大要

老子學說的樞紐是「道」。「道」非實體，因此老子由「道」所演述的形而上學非實體形而上學，乃是價值形而上學。稱說「道」，不免名其為「道」，但這名是「強字之」（《老子》二十五章）。老子對於「道」，從未訴諸界說，只是一味形容。對價值格位上的「道」的悟解，須訴諸生命踐履，這踐履不同於儒者「興於詩，立於禮，成於樂」（《論語・泰伯》）那樣的「學以致其道」（《論語・子張》），而在於「日損」其欲以「復歸於樸」。依老子本懷，致此「道」乃「不言之教」（《老子》二章、四十三章），言只是出於不得已。言不免有因辭害意之虞，但討論老子學說又不可不言。這裡有一層理路上的糾結；知道此一糾結，以下所論則只可視為啟示語，不可對章句的條理多所執著。

1　「道法自然」

就不得已而「字之曰道」的那個「道」字的詞性而言，它似乎屬於名謂，「道」由此則可視為道路之「道」向著形而上之維的昇華——《說文》即有「道，所行道也」之說，但溯向源頭，「道」的本始義涵或在於「導」（「導」，疏導，引導）而行之，唐人陸德明所

撰《經典釋文》就曾指出「『道』亦或作『導』」。《尚書‧禹貢》有云「九河既道（導）」，《左傳‧襄公三十一年》亦有云「大決所犯，傷人必多，吾不克救也；不如小決使道（導）」，所稱之「道」皆可看做「道」的初始之義的遺延。「道」在《論語》、《老子》、《中庸》、《易傳》等先秦著述中雖以名謂的方式稱說「形而上者」，但其所含之「導」義卻默默提示人們不可把「道」執著為實體。它毋寧只在於標舉一種虛靈的動勢，一種對「器」的「形而下」的界域的超出。這超出本身即意味著一種價值導向。

由價值棄取看「道」之所導（導引），老子之「道」最深微亦最親切的機乃在於一任「自然」而不因人成事。《老子》云：

> 域中有四大，而人居其一焉。人法地，地法天，天法道，道法自然。（《老子》二十五章）

人、地、天取法於「道」，而「道」為之所導之法則只是「自然」。「自然」者，自己如此，自然而然。自己如此，意指天、地、人皆天性自在，當自作成全；自然而然，即順其天性而不造作飾意。「天地不仁」（《老子》五章），本無意欲、念願，由「道」所導之「自然」趣向真正說來只是對人而言。因此，唐人李約所著《道德真經新注》也對「道法自然」一段話作如是斷句：「域中有四大，而人居其一焉。人法地地，法天天，法道道，法自然。」今人高亨依此釋其意為：人法地與地同德，法天與天同德，法道與道同德，皆為法自然。此外，他補正說，究其本意，此句原文當為「人法地，法天，法道，法自然」，而「法地地，法天天，法道道」所多出的地、天、道三字或為傳抄時誤贅。李約、高亨之說與《老子》諸多注本不合，但別出心裁的斷句除開更多地突出了「法自然」主要對人而言外，與通

行的釋意並無大端處的扞格。「自然」之「道」並不像古希臘哲學中的「邏各斯」（λόγος））那樣把一種勢所必至的命運——所謂「必然」——強加於宇宙萬物和人，它沒有一匡天下的那種咄咄逼人的霸氣，它對於萬物和人並不意味著一種強制性的他律（人與萬物之外的律令）。「道」導人以「自然」只在於喚醒人的那份生命的「真」趣，在老子看來，這生命的「真」趣正愈益被人自己造就的文物典章、禮儀制度、風俗時尚所消解或陷溺。

　　先秦諸子從老子講起是順理成章的，「道法自然」所啟示的是任何有價值的人文尋索都不能沒有的「自然」的起點。孔子曾以「繪事後素」（《論語・八佾》）喻說「禮」後於「質」，其實這比喻也正可以用來領會孔子之道與老子之道的關係——孔子的「人能弘道」（《論語・衛靈公》）之「道」當屬於後於質底之「素」的「繪事」，老子的「道法自然」之「道」由「見素抱樸」所提供的「素」的質地理應先於可喻為「繪事」的富於生命力的人文創發。

2　「道」之性：「玄」

　　「自然」之「道」自作釐定（自是其是，自己如此），自然而然。「道恒無為而無不為」（《老子》三十七章），其無所措意卻又無所不予成全；其「自然」而無所依待、無所牽累，顯現於天地萬物的「自化」、「自正」而並不局守於任何形下的形式。就其見於事物的「自化」、「自正」、對天地萬物無所不予成全因而「無不為」而言，它有「有」的性向；就其不委落於經驗事物、不為任何界限所囿、無所措意而「恒無為」而言，它以穿透「有」的「無」為其更根本的性向。「道」自是其然、亦「無」亦「有」、亦「有」亦「無」，這自然而然的「有」、「無」相即使「道」有了某種玄致。

　　《老子》一章云：

道可道，非恒道；名可名，非恒名。無名，天地之始；有名，
萬物之母。故恒無欲以觀其妙，恒有欲以觀其徼。此兩者同出
而異名，同謂之玄，玄之又玄，眾妙之門。

這是老子「道」論的總綱，也是老子「名」（言）論的總綱，
「道」論與「名」論的相即相成意味著道家價值形態的形而上學與道
家名言觀的相即相成。言語必至於命名，命名是對被命名者的開示，
也是對被命名者的遮蔽。老子施論，先須名「道」（提出「道」來，
必得以「名」稱之），以「道」名其所欲道（言說）是道（言說）
「道」，而如此道「道」卻不免有礙「道」之所當道，因此他分外要
指出以「道」為其所道之「名」乃是以可名之名名不可名之「恒
名」。單是對可名、可道者殊非「恒道」的指出，已足見言其「不言
之教」者對名言的審慎和對名所言者由名言可能導致的成毀的敏感。
老子論「道」上溯天地之始，下究萬物生髮。在他看來，天地之始不
可名狀（「無名」），「道」嘗運貫其中；萬物生髮，可名其狀而可予命
名（「有名」），「道」亦運貫其中。從「道」通「無名」而具「無」的
性向這一點上，可審觀、悟識「道」的微妙；從「道」通「有名」而
具「有」的性向這一點上可審觀、悟識散殊之萬物對「道」的涵淹的
機奧。這「無」與「有」同系於「道」，在「道」兼具「無」的性向
與「有」的性向此一神致處透露著「道」的玄深叵測，領會這一層玄
深而又玄深的理境是洞悉「道」的眾多妙趣的門戶。

《老子》二十一章云：「道之為物，惟恍惟惚。惚兮恍兮，其中
有象。恍兮惚兮，其中有物。窈兮冥兮，其中有精。有精甚真，其中
有信。」這是由「惚恍」、「窈冥」而論「道」，所論「道之為物」之
「物」乃擬物而談，並非以「物」稱「道」。但「有物」、「有象」、
「有精」、「有信」之說，顯然在於從兼具「無」、「有」性向的「道」

那裡更多地提撕其「有」，儘管這「有」與「無」相通因而「惚恍」、「窈冥」而性狀玄微。與這一章相應，《老子》十四章則謂：「視之不見，名曰夷；聽之不聞，名曰希；搏之不得，名曰微。此三者不可致詰，故混而為一。一者，其上不皦，其下不昧；繩繩不可名，復歸於無物。是謂無狀之狀，無物之象，是謂惚恍。」如果說二十一章是由「道」而「一」以述說「道」的「有」的性向，那麼，十四章當可說是由「一」論「道」，由「道」的「有」的性向而強調此「有」（「一」）卻還是「無」——「無狀之狀」、「無物之象」、「復歸於無物」。

因此，「天下萬物生於有，有生於無」（《老子》四十章）也完全不應從時序先後上去作一條線式的了解（似乎先有一個「無」，然後由「無」生出「有」，再然後，由「有」生出萬物），其諦解或當是這樣：天下萬物之「生」顯現「道」的「有」的性向，而「有」與「無」同出於「道」，此「有」非有意而為之「有」，它毋寧又只是「無」——「有生於無」之謂不過是說「有」以其為「無為」之「有」卻仍不過是「無」而已。如此領悟「生」，方可知老子何以會斷言「有無相生」（《老子》二章），而以「有」、「無」同體、「有無相生」領悟「道」，亦方可知老子之「道」終究乃是「生」之「道」或「生」之導。

3 「道」之用：「弱」

萬物「作而弗始，生而弗有，為而弗恃，功成而弗居」，其「作」、「生」、「為」、「功成」作為「道」的「有」的性向的體現，也可說是「道」在其「有」的性向上的發用；其「弗始」、「弗有」、「弗恃」、「弗居」作為「道」的「無」的性向的體現，也可說是「道」在其「無」的性向上的發用。此發用非手段意義上的功用（見之於某種功能而為功能之用），而是有著價值斷制的德用。所以，《老子》五十

一章著意對二章所論再度申說後則要由「道」而提撕一種「德」:「道生之，德畜之，長之育之，亭（成）之毒（熟）之，養之覆（護）之。生而不有，為而不恃，長而不宰，是謂玄德。」「道」之「玄德」相應於「道」之「有」、「無」玄同──「（有、無）兩者同出而異名，同謂之玄」──之性；如果說從「有」、「無」之性向的「玄同」處論「道」之性所省思的更多的在於「道」之本然，那麼可以說，就「玄德」而論「道」則是更重於從「道」之本然中引申出某種價值趣向上的應然。「生」、「為」、「長」等「有」的德用固然是「玄德」的應有之義，但在老子那裡，「玄德」成其為「玄德」卻在於「不有」、「不恃」、「不宰」等「無」的德用。老子有時徑直謂「弱者，道之用」（《老子》四十章），這「弱」是一種德，它通著「無之以為用」（《老子》十一章）的「無之」。

「道」以其「玄德」在天地萬物中的涵淹默導於人，人取法於「道」、取法「自然」當效其「玄德」以行。「飄（大）風不終朝，驟雨不終日」（《老子》二十三章），人事欲長久便不可如飄風之猛或驟雨之疾；不飄不驟即是「無之以為用」的「無之」，亦即是不逞其強而清虛用「弱」。老子有「知其雄，守其雌，為天下谿（溪）」、「知其白，守其黑，為天下式」、「知其榮，守其辱，為天下穀」（《老子》二十八章）之說，所稱「守雌」、「守黑」、「守辱」皆不外以「弱」為德，亦皆是對逞「雄」、奪「白」、爭「榮」之心的「無之」，而「無之」以取「弱」卻正是「道」的發用。

倘不以「弱」為巧智的謀略，而是依老子的初衷以其為「道」之德用，「弱」德便當了解為所謂「萬物莫不尊道而貴德」（《老子》五十一章）論者所貴之德。《老子》亦稱《道德經》，「道德」之謂，正可以借《論語・為政》「道（導）之以德」之說作詮釋，儘管老子之「道德」與孔子之「道德」的價值內蘊並不全然相合。與《老子》一

章總攝「道」之性向以命意相應，《老子》三十八章總攝「道」之發用──「德」──而立論。此章云：

> 上德不德，是以有德。下德不失德，是以無德。上德無為而無以為，下德為之而有以為。上仁為之而無以為，上義為之而有以為，上禮為之而莫之應，則攘臂而扔（拉）之。故失道而後德，失德而後仁，失仁而後義，失義而後禮。夫禮者，忠信之薄而亂之首也。前識者，道之華而愚之始也。是以大丈夫處其厚，不居其薄；處其實，不居其華。故去彼取此。

在老子看來，「禮」固然是一種不再有「忠信」可言的文飾，由「禮」而上推至「義」、「仁」以至於「下德」，也都不過是「道」的失落的不同層次。「上德」之人與德無間而相忘於德──「弱者，道之用」由此而呈現，老子謂之「上德不德，是以有德」；「下德」之人於德有所求，但孜孜於德之不失，已見出德與修德者的對置為二而非渾然一體，老子謂為「下德不失德，是以無德」──「無德」者，指沒有了「德」作為自然無為之「道」的發用的那一份真切。「上德」之人於德無所措意，因其「無為」而無所偏傾（「無以為」）以至於無不為；「下德」之人措意於「為之」，其所為便不可能不受其意致的局限而落於某一偏向（「有以為」）；「上仁」之人措意於「為之」，在與其「為之」相應的受局限的範圍內因其仁心的不能自已而愛人愛物尚可做到無所偏私（即有限制中的「無以為」）；「上義」之人措意於「為之」，但只是取自以為相宜者為之，因此在由「為之」帶出的受局限的範圍內仍會有所偏落（「有以為」）；「上禮」之人亦措意於「為之」，其所為卻只在於以自己認同的節文秩序制衡或約束他人，此之謂「上禮為之而莫之應，則攘臂（捋袖露臂）而扔（拉）之」。這裡

以「無為」、「為之」、「無以為」、「有以為」的錯落關聯，對「上德」、「下德」、「上仁」、「上義」、「上禮」所作的高下相去的分判，有著一以貫之的價值取向，這即是「道」見之於發用的「弱」或「無之」。

「弱」者，「無之」者，「無為」而「無以為」也。老子曰：「恒德不離，復歸於嬰兒」（《老子》二十八章）、「含德之厚，比於赤子」（《老子》五十五章），這「恒德」、「厚德」即是「上德」之「德」或所謂「玄德」，而「嬰兒」、「赤子」即「弱」或「無之」的形象化、直觀化。

4 「道」之動：「反」

作為「道」的發用，「弱」是一種不逐強爭勝的態勢；守持這一態勢即是所謂「致虛」、「守靜」（《老子》十六章）或「守中（沖）」（《老子》五章）。與之相應，得之於「道」的事物的自然而本真的品格被老子稱之為「樸」。對於他說來，「恒德不離，復歸於嬰兒」亦是「恒德乃足，復歸於樸」（《老子》二十八章），因此，「恒德」──「上德」之「德」或所謂「玄德」──也正可徑稱之為「樸」德。「樸」是「道」之「玄德」的告白，是老子「道」論的價值宗趣所在。它意味著一切文華的泯除，一切造意的消弭，一切人為的摒棄，一切以「自然」為然的自然而然。

「道」依其本性和德用，其「動」的常態在於「反」，所以老子在指出「弱者，道之用」時也以「反者，道之動」（《老子》四十章）與其相提並論。「反」，即是「返」。「有無相生，難易相成，長短相較，高下相傾，音聲相和，前後相隨」（《老子》二章）、「禍兮福之所依，福兮禍之所伏」、「正復為奇，善復為妖」（《老子》五十八章），誠然是就「反」（返）而說「道之動」；「大曰逝，逝曰遠，遠曰反」

（《老子》二十五章），也未始不是由「反」而說「道之動」。然而，究老子論「反」的衷曲，其「反」卻重在於「夫物芸芸，各復歸其根」（《老子》十六章）、「復歸於嬰兒」、「復歸於樸」（《老子》二十八章）之「復」。「正復為奇，善復為妖」一類說法當然可以在「辯證」意趣上把握為一種方法論的，但在老子這裡，方法從來就不是價值中立的，它只是被燭引於反本復「樸」、復歸於自然的價值取向時才可能免於為詭辯者所用。如果說，玄德之「樸」（樸真）是因「道」的「玄同」之性而確立的價值取向，那麼，「反」（「復」）便是由「道」的「玄同」之性所決定的致「樸」的價值的修為方式。以「樸」為中核的價值觀與以「反」（返）為主導的修養途徑的一致，述說著老子學說（「道德經」）的真正祕密。

　　在老子這裡，致「道」也是致「樸」，而致「樸」對於塵累中的人們說來毋寧是一種返回，這返回（「反」）的努力則在於對情識和意欲的日漸消損與摒除。老子稱說「為學日益，為道日損」（《老子》四十八章），又倡言「致虛極，守靜篤」，其實，其所謂「虛」、「靜」皆在於「樸」，而所謂「致」、「守」皆在於「損」。「為道」之於萬物原是自然而然的事，無意欲可言的萬物對「虛」、「靜」而「樸」的「致」、「守」僅在默然而行中。但人與物不同，人之「為道」須有心靈的自覺。所以，老子在說了「夫物芸芸，各復歸其根；歸根曰靜，是謂覆命，覆命曰常」一類話後，要著意指出：「知常曰明，不知常，妄作凶；知常容，容乃公，公乃全，全乃天，天乃道，道乃久：沒身不殆。」（《老子》十六章）「知」在這裡是覺悟之謂，「明」、「容」、「公」、「全」、「久」皆屬於價值觀念，由對「天」、「道」之「知」（覺悟）啟示給人們「樸」這一根本價值所可能帶來的諸多價值，略可窺見老子論「道」之苦心。「大道廢，有仁義；智慧出，有大偽」（《老子》十八章），人既然已經深陷在自己造成的人文泥淖

中，他的「為道」便須借著萬物「復歸其根」的啟示「日損」其巧利
的牽慮和虛文的縻羈。老子稱：「絕聖棄智，民利百倍；絕仁棄義，
民復孝慈；絕巧棄利，盜賊無有。此三者，以為文不足，故令之有所
屬：見素抱樸，少私寡欲，絕學無憂。」（《老子》十九章）這是在痛
切宣說「為道」者所當取的價值祈向──消極地說，它在於對
「聖」、「智」、「仁」、「義」、「巧」、「利」價值的棄絕；積極地說，它
則是對「素」、「樸」價值的「見」（呈現）、「抱」（擁留）。

　　《老子》中頗多以「無為」、「無事」、「無欲」論「治國」、「取天
下」的章節，如所謂：「治人事天莫若嗇」（《老子》五十九章）、「治
大國若烹小鮮」（《老子》六十章）、「以正治國，以奇用兵，以無事取
天下。吾何以知其然哉？以此：天下多忌諱，而民彌貧。民多利器，
國家滋昏。人多伎巧，奇物滋起。法令滋章（彰），盜賊多有。故聖
人云：『我無為而民自化，我好靜而民自正，我無事而民自富，我無
欲而民自樸。』」（《老子》五十七章）……但由此把「道德經」歸結
為一部為治人者出謀劃策之書則未免失之本末誤置。身處周文失範、
天下紛爭的時代，老子不可能不關注政治，只是這遠非急功近利的政
治關注僅為某種天地機、人生意義之究極尋問所派生。他也許是在受
了激切的現實刺激後才去索求那形而上的天地人生之「道」的，不過
這被悟知的「道」決不就是某一早已擬想好的政治方略的理由化。所
以，在老子的政治觀念中，「樸」並不局限於政治運作的手段性價
值，它也是政治賴以有自身價值的價值。「自化」、「自正」、「自富」
的意義無不釐定於「自樸」，而「自樸」作為連著人生根蒂的價值非
但不是俯仰於政治，反倒是用來評量和督責當下政治是否盡到其職分
的依憑。老子亦嘗有「小國寡民」的政治理想，這理想只有從「民自
化」、「民自正」、「民自富」、「民自樸」那裡才可能獲得合其本趣的理
解。所謂「使有什佰之器而不用，使民重死而不遠徙。雖有舟輿，無

所乘之。雖有甲兵，無所陳之。使民復結繩而用之。甘其食，美其服，安其居，樂其俗；鄰國相望，雞犬之聲相聞，民至老死不相往來」（《老子》八十章），其最後的理由和憑藉乃在於「樸」——人法「道」、法「自然」終究只是要返（「反」）於本真的生命之「樸」。

　　人「法地」、「法天」、「法道」、「法自然」之「法」（取法、師法）是人自覺地「法」，自覺地以「自然」為法而達於「自然」已不再是本始意義上的自然而然之「自然」。老子之學也可謂為「無為」之學，但這無為是被覺悟的「無為」，是人必當「為」之的那種「無為」，即所謂「為無為」。「為無為」的極境是老子祈願中的一種聖境，因此，他亦常以「聖人」為人之楷模而教誨人們「尊道而貴德」，如所謂：「聖人處無為之事，行不言之教」（《老子》二章），「聖人云：『我無為而民自化，我好靜而民自正，我無事而民自富，我無欲而民自樸』」，「聖人終不為大，故能成其大」（《老子》六十三章），「是以聖人欲不欲，不貴難得之貨；學不學，復眾人之所過，以輔萬物之自然，而不敢為」（《老子》六十四章）等。然而，正是因著對這一被自覺到的聖境的嚮往，對可能達於這一聖境的「聖人」的企慕，那所謂「絕聖棄智，絕學無憂」的提法便不可不作必要的匡正。《老子》以五千言抉發「見素抱樸」之「自然」之「道」的終於可能，非對人生之究竟有所「覺」並因此非對前人所遺的人世滄桑的道理有所「學」而不可擬想。「聖」、「學」的終究不可盡棄，使老子渾然一體的玄言露出詭譎的裂隙。或者，裂隙也是一種敞開，別有宗趣的諸子其他學說——尤其是揚棄（非一味否定）老子「自然」之學的儒家學說——有可能從這裡找到另闢蹊徑的最初的靈感，儘管這靈感的被催發更多的是在消極的意義上。

問題與思考：

1. 人物、典籍簡介及範疇釋義：

老子　《老子》　無名　有名　虛　靜　素　樸　玄德　反　損

2. 簡答：

（1）簡析「（有、無）此兩者同出而異名，同謂之玄，玄之又玄，眾妙之門」。

（2）簡析「見素抱樸，少私寡欲，絕學無憂」。

（3）簡析「為學日益，為道日損。損之又損，以至於無為，無為而無不為」。

3. 思考與論述：

試從「道」之性、用、動等方面論述老子思想之宗趣。

附錄三
孔子學說講授提綱

一　孔子學說之宗趣

　　孔子之學，一言以蔽之，可謂之「仁」學。孔子所致之「道」，可謂「仁」道，孔子所立之「教」，可謂「仁」教，孔子所祈想之「政」，可謂「仁」政，孔子所要培養的儒者，可謂「仁」者。在孔子看來，「仁」作為人成其為人的本始而終極的價值，其根荄或端倪在人的性情的真率、自然處，其極致則是一種虛靈而真實的境界——「聖」的境界。

　　孔子以「仁」立教，並不是要排斥相系於人的肉體生命的「死生」、「富貴」的價值，而是要引導人們作這樣的抉擇，在「死生」、「富貴」這一必得借重外部條件（因而「有待」）才能實現的價值與輻輳於「仁」的德性人格（非可推諉於外因而「無待」）的價值不能兼得的情形下，人可以割捨前者而任其自然，卻不能丟棄後者而稍有苟且。他所謂「死生有命，富貴在天」（《論語・顏淵》）並不是那種執著於「死生」、「富貴」的宿命式說教；由「無求生以害仁，有殺身以成仁」（《論語・衛靈公》）的價值棄取看，「有命」、「在天」（任其自然）所述說的乃是一個高尚的儒者所當有的不以「死生」、「富貴」為念的那層生命的灑脫。

　　黑格爾在其《哲學史講演錄》中蔑稱孔子的學說只是「毫無出色之點」的「常識道德」（〔德〕黑格爾著，賀麟、王太慶譯：《哲學史

講演錄》第一卷，119頁，北京，商務印書館，1959），這除開他的思辨的癖好和西方中心主義的病態心理影響了他的正常判斷外，對孔子「中庸」觀念的視而不見也是導致他的偏見的原因之一。黑格爾由「絕對精神」的懸擬所成就的形而上學是實體形而上學，而這絕對精神實體的懸擬乃出自思辨邏輯的獨斷。孔子「叩其兩端」（《論語・子罕》）以「允執其中」（《論語・堯曰》），由「中庸」之途所開示的形而上學是價值形而上學，這種形而上學給予人的那種親切的緊張感或緊張的親切感在於：對於每個人說來，都可以說「仁遠乎哉？我欲仁，斯仁至矣」，然而，即使是孔子，他也不能不說「若聖與仁，則吾豈敢」（《論語・述而》）。

《漢書・藝文志・諸子略序》援劉歆語云：

> 儒家者流，蓋出於司徒之官。助人君順陰陽明教化者也。游文於六經之中，留意於仁義之際，祖述堯舜，憲章文武，宗師仲尼，以重其言，於道最為高。孔子曰：「如有所譽，其有所試。」唐虞之隆，殷周之盛，仲尼之業，已試之效者也。……

劉歆之學宗主儒家，於《諸子略》所述十家之中對儒家評價最高，這對儒家的推崇當然可以看做對儒學立教者孔子的推崇。

《史記・太史公自序》援司馬談「論六家之要指」云：

> 儒者博而寡要，勞而少功，是以其事難盡從，然其序君臣父子之禮，列夫婦長幼之別，不可易也。

司馬談批評儒者「博而寡要，勞而少功」，當然亦可看做對孔子的微詞，但司馬遷引述這段話卻未必表示他對司馬談見解的全然認

同。《史記‧太史公自序》亦云：

> 太史公曰：先人有言，自周公卒五百歲而有孔子，孔子卒後至
> 今五百歲，有能紹明世，正《易傳》，繼《春秋》，本《詩》、
> 《書》、《禮》、《樂》之際，意在斯乎？意在斯乎？小子何敢讓
> 焉？

　　顯然，「紹明世，正《易傳》，繼《春秋》，本《詩》、《書》、
《禮》、《樂》之際」，乃繼承孔子的志業，司馬遷於《自序》中如此
自白其心，可見其治史的價值取向，亦可見其以《史記》為《春秋》
之「繼」的旨趣。

二　孔子與《論語》

　　孔子（前551-前479），名丘，字仲尼。春秋末期人，生於魯國昌
平鄉的陬邑（今山東曲阜東南）。其先祖屬於殷商後裔宋國公族，其
五世祖為避禍自宋國遷居魯國。孔子少年時「貧且賤」，及長，做過
「委吏」、「乘田」一類小吏。年五十時，魯定公任孔子為中都宰，一
年後，由中都宰遷為司空、大司寇，年五十六，孔子以大司寇攝行相
事。不久，即去魯而周遊宋、衛、陳、蔡、齊、楚等國。十三年後返
魯，又三年，病逝。據《史記‧孔子世家》載，孔子出仕前即「修
《詩》、《書》、《禮》、《樂》，弟子彌眾」，去職後更以六藝之教為事，
有謂「孔子以《詩》、《書》、《禮》、《樂》教，弟子蓋三千焉，身通六
藝者七十有二人」。

　　《孔子世家》稱孔子曾編《書》、傳《禮》、正《樂》、刊《詩》、
序《傳》（《易傳》），從後來諸多學人的考證看，這些事未必皆孔子親

自所為，但孔子治六藝之學，為《詩》、《書》、《禮》、《樂》、《易》的
編訂、整理、詮釋開出了一個以成德之教為旨歸的方向當是可理解的
事實。《詩》、《書》、《禮》、《樂》、《易》（《易經》）在孔子之前即已有
之，它們最終成為儒家經典卻是因為它們的編訂、整理或詮釋涵貫了
源自孔子的儒學命意。

　　至於《春秋》，原是魯國史官所記的一部編年文獻，它只是在經
由孔子刪正後才成為儒家的又一部經典。《孟子‧離婁下》這樣說到
孔子「作《春秋》」：「其事則齊桓晉文，其文則史。孔子曰：其義則
丘竊取之矣。」顯然，這裡重要的是一種「義」的賦予。《春秋》之
「義」乃孔子之義、儒教之義，有了這一重「義」，《春秋》才得以列
「六經」之一。

　　孔子一生「述而不作」，並未留下嚴格意義上的文字著述。但其
「學而不厭，誨人不倦」（《論語‧述而》）數十年如一日，所言多有
傳誦於弟子或時人者。這些言論或被輯纂成冊，如《論語》一書，或
被援引於後儒之論著，如《中庸》、《大學》、《易傳》等文字中的若干
「子曰」。由是，歷代學人得以聞知孔子之教之崖略而一窺儒家學說
之元始。

　　《論語》輯孔子之言最為集中，是研究、領略孔子思想的最重要
的資料。《漢書‧藝文志‧六藝略序》云：「《論語》者，孔子應答弟
子時人及弟子相與言而接聞於夫子之語也。當時弟子各有所記，夫子
既卒，門人相與輯而論纂，故謂之《論語》。」西漢時，《論語》版本
嘗有《魯論》、《齊論》、《古論》三種；西漢末年，做過漢成帝之師的
安昌侯張禹先後修習《魯論》、《齊論》，並依《魯論》釐定《論語》
為二十篇，參取魯、齊兩種版本，將其合而為一，於是便有了世人稱
之為《張侯論》的《論語》。東漢末年，經師鄭玄以《張侯論》為底
本，兼采《齊論》、《古論》注論語，今存《論語》即鄭玄之定本。

三　孔子思想大要

1 孔子之「道」:「仁」──「吾道一以貫之」

　　同是推重「道德」形而上學,孔子開啟的儒家之學與老子奠基的道家之學大相徑庭。儒家沒有一部《道德經》,但《論語》、《孟子》、《中庸》、《大學》、《易傳》等儒家典籍無不以「道德」為其命意所系。老子立意中的「道」乃「自然」之「道」,亦可謂「天道」;老子立意中的「德」只是所謂「上德」之人為「自然」之「道」所作的一種見證,在「德」那裡沒有對可能「弘道」的人的寄託。孔子則明確宣說「人能弘道,非道弘人」(《論語・衛靈公》),並著意以「仁」點示「道德」。孔子自抒其志云:「志於道,據於德,依於仁,游於藝。」(《論語・述而》)這裡,儒、道(孔、老)「道德」觀的分野全在於是否「依於仁」,由「依於仁」確立的道德是儒家的道德,由「失道而後德,失德而後仁」(《老子》三十八章)觀念確立的道德是道家的道德。

　　「仁」作為人之所以為人──如後來《中庸》所謂「仁者,人也」──的一種價值,在孔子看來,其在人的自然而本然的生命中有其端倪與根荄,所以他說:「仁遠乎哉?我欲仁,斯仁至矣。」「仁」這一人之所以為人的價值的極境乃是「聖」,就「仁」與「聖」相通而言,孔子又有「若聖與仁,則吾豈敢」之說。「仁」的根荄、端倪內在於人的生命之自然,屬意於「仁」的儒家道德未始不通於道家;但由「仁」所提撕的儒家道德的「應然」也意味著一種主動,一種導向,一種對渾然於生命自然中的價值性狀的有為地開出。

　　致「仁」也是致「道」,孔子所立儒家之道是「仁」道,離「仁」別無其道。孔子稱「吾道一以貫之」(《論語・里仁》),這個

「一以貫之」的「道」即是「仁道」。儘管孔子的弟子們多次問「仁」，孔子也曾一一作答，但所問所答都不落在「是什麼」這樣的語格內，孔子對「仁」的指點是多角度的，如謂：

> 夫仁者，己欲立而立人，己欲達而達人；能近取譬，可謂仁之方也已。（《論語‧雍也》）
> 剛毅木訥，近仁。（《論語‧子路》）
> 巧言令色，鮮矣仁。（《論語‧學而》）
> 顏淵問仁，子曰：「克己復禮為仁。一日克己復禮，天下歸仁焉。」（《論語‧顏淵》）
> 司馬牛問仁，子曰：「仁者，其言也訒。」（《論語‧顏淵》）
> 樊遲問仁，子曰：「愛人。」（《論語‧顏淵》）
> ……

　　所有這些對「仁」的底蘊的誨示都以「近取譬」的方式，從某一向度上作點撥，使人會其意。「仁」是「圓而神」的，不可以「方以智」的思維方式執著於孔子關於「仁」的某一種說法。

　　「仁」而至於「聖」，使儒家之「道」從孔子開始便有了其「形而上」的品格。這「仁」道的「形而上學」是價值形而上學，而非實體形而上學。由人的生命自然的「仁」的端倪提升至「仁」的極境的「聖」，在孔子這裡走的是「中庸」的道路。「中庸」所指示的是一種極致，一種沒有底止的圓滿，它不可能坐實到經驗中來，卻只是憑著覺悟到這一點的人向著它的努力而把人的某一價值追求引向一種極境。孔子的「中庸」趣求是落在「仁」而至於「聖」這一德性向度的，正是因著它，道德的形上境界才得以開出，道德形而上學也才可能成立。孔子謂：「中庸之為德也，其至矣乎！」（《論語‧雍也》）這

裡所說的「至」，即是一種盡其完滿而無以復加之境。德性之「仁」的「至」境是「仁」的形而上之境（「聖」境），因為它永遠不會全然實現於形而下的修養踐履中。所以孔子也這樣稱歎「中庸」：「天下國家可均也，爵祿可辭也，白刃可蹈也，中庸不可能也。」（《禮記·中庸》）

2　孔子之「教」：「興於詩，立於禮，成於樂」

「修道之謂教」（《禮記·中庸》），對「仁」道的修養過程的指點構成孔子之「教」（教化）。後世的人們多稱儒家之教為「禮教」，其實，從究竟處說，也許稱其為「樂教」更確當些。否則，孔子便不至於如此說：

興於詩，立於禮，成於樂。（《論語·泰伯》）

「詩」感於自然，發於性情，抑揚吟詠最能使人脫落形骸私欲之累，緣此所召喚的那種生命的真切最易引出靈府的回聲。因此對人──體證「仁」而為人──的不失天趣的教化必當由「詩」而「興」。但詩情之興有邪有正，由真情涵養一種堪以中正、高尚相許的情操，還須衡之以「禮」。「禮也者，理也」（《禮記·仲尼燕居》），「禮」原是見之於節文的「理」。人的真情由「禮」而得以導向，人遂因此不為境相所搖奪而得以卓然自立，但「禮」既然終於不能不訴諸節文度數，便不免使匡束中的中正、高尚之情失於孤峭。教化至此未臻完成，其成尚待於「樂」。「樂」是對「興」於「詩」的性情之真的養護，「樂」又是對因禮而得以「立」的性情之「正」的陶冶。只是在「樂」這裡，「情」（「詩」之根荄）才涵貫了「理」（「禮」之本然），「禮」才內蘊了「詩」，人性之「仁」才在葆有天真而祈向高尚

的意趣上獲得圓融的提升。

所謂「孔顏之樂」乃是一種境界，這境界不是由玄深的思辨推致而得，而是真摯、中正之性情所至。在這一點上，可同「興於詩，立於禮，成於樂」的心性修養路徑相互詮說的，是孔子對「樂」高於「知」乃至高於「好」的精神格位的肯定。他說：

> 知之者不如好之者，好之者不如樂之者。（《論語‧雍也》）

「知」不要求對所知的擁抱，也不表示對所知的厭棄。「知」的這種不染涉意欲與性情的品格，使所知在知者的真實生命中無所貞立。「立」是從「好」開始的。在「好」這裡，正像在「禮」這裡，有認同的判斷。但認同所不能沒有的決斷必致踐履中的「好」者更多地留下好惡的圭角，只有「樂」才可能化所「好」為一種中和之情，蕩去「好」的意致，使「樂」者達於一種「從心所欲」而又「不逾矩」的境界。「樂」是不「立」之「立」，不「好」之「好」，它融通了生命中的坦真、不苟和從容之情，以全副真性情的湧流，模糊了一切因刻意而留下的對待性的畛域。

3 孔子論「儒」：「女（汝）為君子儒，無為小人儒」

孔子曾告誡子夏：「女（汝）為君子儒，無為小人儒。」（《論語‧雍也》）這是孔子對子夏的策勉，也是對所有「依於仁」以致道的孔門弟子的訓示。「儒」起先是指那些流落民間供人們諮詢古代典籍和禮儀規範的人，這些人從有著官方背景的巫、史、祝、卜一類人中分化而出。孔子「依於仁」而確立儒家之道和儒家教化後，「儒」開始指稱遵行儒家教化而修身致道之人。同是與古代典籍的詮釋和禮儀規範的指點有關，孔子立教之前的「儒」重在修習一專之能的

「術」，孔子立教之後的「儒」重在涵養得之於仁「道」的「德」。孔子所謂「君子儒」、「小人儒」的說法，乃是在儒家之教的意義上誨示人們做一個真正的儒者。

　　「小人儒」雖然並不就是「小人」，但「君子儒」、「小人儒」的分別畢竟關聯著「君子」、「小人」之辨的話語背景。「君子」、「小人」原是就某種社會地位而言的；「君子」指那些有貴族身份的男子，「小人」則指身份低下的庶民。孔子以儒立教後，「君子」、「小人」漸次轉而指稱德性、人格的高下，「君子」指那些德性相對純正、人格相對高尚的人，「小人」則與「君子」對舉，表示德性、人格方面的不堪者。孔子也在前一種意義上說到「君子」，但更多的還是在後一種意義上（即德性、人格意義上）稱說「君子」，如：

> 君子周而不比，小人比而不周。（《論語・為政》）
> 君子喻於義，小人喻於利。（《論語・里仁》）
> 君子坦蕩蕩，小人長戚戚。（《論語・述而》）
> 君子成人之美，不成人之惡；小人反是。（《論語・顏淵》）
> 君子和而不同，小人同而不和。（《論語・子路》）
> 君子求諸己，小人求諸人。（《論語・衛靈公》）
> ……

　　這裡所讚可的君子之行正是孔子所要宣導的儒者的風範。

　　與老子以「法自然」引導人們「復歸於樸」略不相襲，孔子重「質」（與「樸」相通）而不落於「質」，重「文」而不溺於「文」；「質」與「文」在這裡保持著必要的張力。孔子為此說：

> 質勝文則野，文勝質則史，文質彬彬，然後君子。（《論語・雍也》）

「文質彬彬」意味著「文」在「質」中的內化或「質」在「文」中的秉持。這是在說一種儒風，也是在說儒者所當求取的一種社會文化情狀。

同「君子」內涵的轉換相應，春秋戰國之際的「士」的品位漸次由「人爵」演變為「天爵」。先前，「士」是貴族位秩的最末一等；孔子之後，所謂「行己有恥，使於四方不辱君命，可謂士矣」（《論語‧子路》）、「士不可以不弘毅」（《論語‧泰伯》）、「士而懷居，不足以為士矣」（《論語‧憲問》）之「士」，則意味著那種具備相當水準的德性人格的人。就孔子對「士」的稱述看，儒者亦當是人中有著「士格」或「士」這種生命範型者。

4 孔子論「政」：「政者，正也」

孔子之學作為「成德之教」（一種成全人的道德品操的教化）或「為己之學」（一種為著人的本己心靈安頓的學問），其意致在於人生「境界」的自律性提升，而不在於某種「權利」分際的孜孜探求。孔子也分外關心屬於對待性領域的社會治制，但政治這一被後世儒者稱作「外王」的事業，在孔子那裡只是德性修養——後世儒者所謂「內聖」——的直接推擴。「政者，正也；子帥以正，孰敢不正？」（《論語‧顏淵》）孔子如此論政，固然也可以引申為對政治所應體現的公正價值的指出，但其重心卻落在「為政」者（孟子所說「治人者」）的「身正」上。在他看來，居上位的人「其身正，不令而行；其身不正，雖令不從」（《論語‧子路》）。「身正」屬於德性修養，所以孔子心目中的理想的社會治制或政治應是德治或與德性感化相關聯的禮治。他說：

> 為政以德，譬如北辰，居其所，而眾星共之。（《論語‧為政》）

道之以政，齊之以刑，民免而無恥；道之以德，齊之以禮，有
恥且格。(《論語·為政》)

「道之以德，齊之以禮」，以治人者的「身正」感化治於人者，
治於人者以禮為準則，恥於不善，而正其不正之心。這種自上而下的
德治，換一種說法，孔子亦有風之於草之喻：

子為政，焉用殺？子欲善，而民善矣。君子之德風，小人之德
草，草上之風，必偃。(《論語·顏淵》)

「德」顯然更內在些，以內在的德性修養保證對待性關係中的
「禮」得以遵行。循「禮」，必致於「正名」；「正名」之謂，即正其
名分以求各安其位、各盡其分。由是，孔子云：

名不正則言不順，言不順則事不成，事不成則禮樂不興，禮樂
不興則刑罰不中，刑罰不中則民無所錯（措）手足。(《論語·
子路》)
又云：
君君，臣臣，父父，子子。(《論語·顏淵》)

君、臣、父、子各遵其當有的一格，分別不悖於君之名分、臣之
名分、父之名分、子之名分，依禮成序，政遂得其治。為政者自修德
性、自正其身以表率天下，天下以德為尚而名正言順，如此治理政
事，孔子稱其為「無為而治」：

無為而治者，其舜也與！夫何為哉？恭己正南面而已矣。(《論
語·衛靈公》)

此「無為」重在就對待性關係而言，孔子如此論政當然不會對當下體制的變革多所措意。

問題與思考：

1. 人物、典籍簡介及範疇釋義：

孔子《論語》　仁　中庸　儒　君子　士　正名　文質彬彬

2. 簡答：

（1）簡析「我欲仁，斯仁至矣」與「若聖與仁，則吾豈敢」這兩種關於「仁」的提法的關係。

（2）怎樣理解「天下國家可均也，爵祿可辭也，白刃可蹈也，中庸不可能也」？

（3）簡析「質勝文則野，文勝質則史，文質彬彬，然後君子」。

（4）何謂「政者，正也」？

3. 思考與論述：

為什麼說孔子之學是踐「仁」之學？

附錄四
墨子學說講授提綱

一　墨子學說之宗趣

墨家是興起於戰國初葉以「兼相愛，交相利」（《墨子‧兼愛中》）為價值祈向的學術流派。這一學派重志功與實效，但為墨家所逐求的功利乃「興天下之利，除天下之害」（《墨子‧兼愛下》）的天下為公之利。尸佼有「墨子貴兼，孔子貴公」而「實一」（見《尸子‧廣澤》）之說，而《淮南子》則稱：「墨子學儒者之業，受孔子之術，以為其禮煩擾而不說，厚葬靡財而貧民，（久）服傷生而害事，故背周道而用夏政。」（《淮南子‧要略》）「兼」與「公」的相通和「夏政」與「周道」在禮樂上的異趣似乎恰構成一種奇詭的張力，儒、墨兩家學說個性的深微顯然只是憑著二者間的通性的豐贍才以更易於人們理解的方式展露出來。

司馬談「論六家之要指」云：

> 墨家儉而難遵，是以其事不可遍循，然其強本節用，不可廢也。

《漢書‧藝文志‧諸子略序》援劉歆語云：

> 墨家者流，蓋出於清廟之守。茅屋采椽，是以貴儉；養三老五更，是以兼愛；選士大射，是以上賢；宗祀嚴父，是以右鬼；

順四時而行，是以非命；以孝視天下，是以上同。此其所長也。及蔽者為之，見儉之利，因以非禮；推兼愛之意，而不知別親疏。

對墨家的批評，先秦及漢初諸子所遺文字中頗可注意者尚有以下：《莊子・天下》、《孟子・滕文公下》、《孟子・盡心上》、《荀子・非十二子》、《荀子・天論》、《荀子・解蔽》、《韓非子・顯學》、《呂氏春秋・不二》、《淮南子・要略》。

二　墨子與《墨子》

墨家學派創始人墨翟（約前468-約前376），戰國初年生於魯國，並長期活動於魯。曾為宋國大夫，去過齊、衛、楚、越等國。莊子稱墨子的學說「不侈於後世，不靡於萬物，不暉於數度；以繩墨自矯而備世之急」，並讚歎「墨子真天下之好也，將求之不得也，雖枯槁不捨也。才士也夫」（《莊子・天下》）！孟子雖嚴詞申斥「墨子兼愛，是無父也」（《孟子・滕文公下》），卻也還指出：「墨子兼愛，摩頂放踵，利天下為之。」（《孟子・盡心下》）從這些評說，可大致窺知墨子其人之氣象與其學之宗趣。

《墨子》中《耕柱》、《貴義》、《公孟》、《魯問》、《公輸》等篇載有墨子的若干故事，從中可略見墨翟之生命情調與人格操守。

《墨子》一書是墨家學術著述的輯集。《漢書・藝文志》著錄《墨子》七十一篇，現僅存五十三篇。

自《尚賢上》（第八篇）至《非命下》（第三十七篇）等三十篇（現存二十三篇）為前期墨家（三派）所記墨子言行，可視為墨子本人的學說（包括《尚賢》上、中、下，《尚同》上、中、下，《兼愛》

上、中、下，《非攻》上、中、下，《節用》上、中、下，《節葬》
上、中、下，《天志》上、中、下，《明鬼》上、中、下，《非樂》
上、中、下，《非命》上、中、下）。

　　據考，《親士》（第一篇）、《修身》（第二篇）、《所染》（第三
篇）、《法儀》（第四篇）、《七患》（第五篇）、《辭過》（第六篇）、《三
辯》（第七篇）等七篇，為墨家後學所撰。《非儒》上、下篇（第三十
八、三十九篇）（現僅存下篇），是後期墨家的反儒之作。

　　《墨子》一書中的《經上》、《經下》、《經說上》、《經說下》、《大
取》、《小取》（第四十至四十五篇）等重在「談辯」的討論，是戰國
末期墨者的作品。此六篇文字，在墨學中別具一系統，其意之所致由
墨子發其端，由後期墨者竟其緒。

　　《耕柱》、《貴義》、《公孟》、《魯問》、《公輸》等五篇（第四十六
至五十篇）及《公輸》後所佚之一篇（第五十一篇），是墨家後學記
墨子逸聞趣事之作。

　　《備城門》（第五十二篇）至《雜守》（第七十一篇）等二十篇
（現存十一篇），是墨家論兵法之作，可能成文較晚。

　　研索墨子學說及前期墨學的較可靠的資料當為《墨子》中的以下
諸篇：《尚賢上》至《非命下》，《法儀》至《三辯》，《耕柱》至《公
輸》。

三　墨子思想大要

　　韓非詰難儒、墨「顯學」，謂「孔子、墨子俱道堯舜，而取捨不
同，皆自謂真堯舜，堯舜不復生，將誰使定儒墨之誠乎」（《韓非子·
顯學》），置孔、墨於勢不兩立的地位。其實，孔、墨既然皆以「道」
自任，而又都託始堯舜，便不可能全然暌異。《墨子·公孟》載：「子

墨子與程子辯，稱於孔子。程子曰：『非儒，何故稱於孔子也？』子墨子曰：『是亦當而不可易者也。……』」可見墨子並非一味否棄孔儒。但墨子託「夏政」以立教，與孔儒之說多有不合，辨其大端，可識墨學何以另闢蹊徑而自成一家。

墨子思想樸真而富於感染力。雖多有機辯，但常為生命之天趣所充盈。審其運思理境與心靈所祈，可從以下幾點挈其要而會其歸。

1 墨子學說之標的在於「擇務而從事」以治國

> 子墨子曰：凡入國，必擇務而從事焉。國家昏亂，則語之尚賢、尚同；國家貧，則語之節用、節葬；國家憙音湛湎，則語之非樂、非命；國家淫僻無禮，則語之尊天、事鬼；國家務奪、侵凌，即語之兼愛、非攻。故曰：擇務而從事焉。（《墨子‧魯問》）

所謂「國家昏亂」、「國家貧」、「國家憙音湛湎」、「國家淫僻無禮」、「國家務奪、侵凌」，是墨子對所處戰國時代各諸侯國出現的諸多問題的概括，而「尚賢」、「尚同」、「節用」、「節葬」、「非樂」、「非命」、「尊天」、「事鬼」、「兼愛」、「非攻」則是為救治上述五種國家病症提出的方略或措施。《墨子》一書中最重要的篇章《尚賢》（上、中、下）、《尚同》（上、中、下）、《兼愛》（上、中、下）、《非攻》（上、中、下）、《節用》（上、中、下）、《節葬》（上、中、下）、《天志》（上、中、下）、《明鬼》（上、中、下）、《非樂》（上、中、下）、《非命》（上、中、下），恰是對這十種治國方策或措施的論說，由此可切近地領會墨家立教之初衷和墨子的自成一種格局的學說的底蘊。單以「尚賢」、「非攻」、「兼愛」而論，墨、儒兩家學說未嘗沒有相通

之處，但儒家由「仁」說「愛」、由「德」、「藝」稱「賢」，認可「內聖」的獨立價值或其超功利的價值，墨家所求「賢」、「愛」的價值則必至落實於「交相利」之「利」。同是駁斥告子學派所謂「仁內義外」之說，儒、墨兩家卻是如此的不同：孟子謂告子「彼長而我長之」所說的「義」，其「義」之所出非在於「彼長」，而在於我「長之者」，「長之者」出於我長之之心，所以「義」發於內心而非由外鑠（見《孟子·告子上》）。墨家則謂：「仁，愛也；義，利也；愛利，此也；所愛所利，彼也。愛利不相為內外，所愛利亦不相為外內。」（《墨子·經說下》）前者辨仁義內在只就仁義皆內發於人之心性而論，決不以「利」參與其中；後者辨仁義不分內外卻以「愛利」與「所愛利」皆不相為內外而論，「利」於是與「義」連為一體，也因此與「仁」連為一體。

2 以「言必有三表」為「是非利害之辨」立「儀」

> 子墨子言曰：必立儀。言而毋儀，譬猶運鈞之上而立朝夕者也，是非利害之辨不可得而明知也。故言必有三表。何謂三表？子墨子言曰：有本之者，有原之者，有用之者。於何本之？上本之於古者聖王之事；於何原之？下原察百姓耳目之實；於何用之？廢（發）以為刑政，觀其中國家百姓人民之利。此所謂言有三表也。（《墨子·非命上》）

墨子以「三表」立「儀」，意在為「是非」之辨尋找一個可循守的標準，但確立這一標準終究還是出於「利害」──儘管是「興天下之利，除天下之害」──的考慮。這標準由三條準則構成：證之於歷史，以「古者聖王之事」為「本之者」；考之於眾人的經驗，以「百

姓耳目之實」為「原之者」；驗之於現實效果，以「國家百姓人民之利」為「用之者」。在墨子看來，一種正確的主張或言論，必當於歷史有所「本」，在經驗中有其「原」，而最終則在於它對實現「興天下之利」這一根本價值有所「用」。就儒家學說祖述堯舜、憲章文武並倡說「天視自我民視，天聽自我民聽」（《尚書・泰誓》，《孟子・萬章上》有引）而言，其對墨子「立儀」於「三表」的做法應當不會有較大的異議，儘管「本」、「原」、「用」三表之說畢竟為實用的功利價值所囿。但墨子提出以「三表」為「儀」是在其《非命》篇中，他由此批判所謂儒家「以命為有」的觀念，有著鮮明的針對性。然而，認定儒者「以命為有」，並把這「命」解釋為一種不可損益的定命或宿命，顯然出於對主流儒家學說的誤讀或曲解。孔子確實說過「道之將行也與，命也；道之將廢也與，命也」（《論語・憲問》）一類有關「命」的話，但這「命」不過是指某一時期由人未可從心駕馭的外部條件所造成的態勢，並不就是墨子所批評的「命富則富，命貧則貧，命眾則眾，命寡則寡，命治則治，命亂則亂，命壽則壽，命夭則夭」（《墨子・非命上》）的那種「命」。孔子從未把他要推行的「道」諉之於「命」，否則他便不至於在厄於陳蔡、困於衛、「累累如喪家之狗」的遭遇下「知其不可而為之」了。

3 以「天之所欲」為「人之相愛相利」的終極依據

> 子墨子曰：天下從事者，不可以無法儀；無法儀而其事能成者，無有也。……然則奚以為治法而可？故曰：莫若法天。天之行廣而無私，其施厚而不德，其明久而不衰，故聖王法之。既以天為法，動作有為，必度於天。天之所欲則為之，天所不欲則止。然而天何欲何惡者也？天必欲人之相愛相利，而不欲人之相惡相賊也。（《墨子・法儀》）

如果說「兼相愛，交相利」是墨家學說的主導價值取向，那麼，這價值取向的最終依據便是墨子所謂的「天志」或「天之所欲」。「莫若法天」是墨者對自己的終極信念的宣吐；儘管「法天」之義的確立所取的是哲理論說的方式，卻終究帶著濃重的宗教情愫。「天」以其「行廣而無私」、「施厚而不德」、「明久而不衰」，為人提供了一種楷模和法度，而由此透露的「天之所欲」乃是「人之相愛相利」。墨家相信，作為人的楷模和法度的「天」也是人間是非善惡的仲裁者、賞罰者。「天」並不為人安排「命運」──像「執有命者」所信從的那種「命」，「天」也不只是為人立一種範型而不過問塵世事務──像古希臘後蘇格拉底時期伊比鳩魯學說中的「神」那樣。在墨子這裡，「天」除開以其「志」、「意」（「欲人之相愛相利，而不欲人之相惡相賊」）啟示人類外，「天」也有公正或正義的品格和足以實施公正或正義於人間的力量。所以他在說「天之志者，義之經也」（《墨子・天志下》）的同時，也警告世人──尤其是「王公大人卿大夫」以至「天子」：「順天意者，兼相愛，交相利，必得賞；反天意者，別相惡，交相賊，必得罰。」（《墨子・天志上》）

4 對「儒之道」中「足以喪天下」的「四政」的詰難

子墨子謂程子曰：儒之道足以喪天下者四政焉。儒以天為不明，以鬼為不神，天、鬼不說，此足以喪天下。又厚葬久喪，重為棺槨，多為衣衾，送死若徙，三年哭泣，扶後起，杖後行，耳無聞，目無見，此足以喪天下。又弦歌鼓舞，習為聲樂，此足以喪天下。又以命為有，貧富壽夭、治亂安危有極矣，不可損益也。為上者行之，必不聽治矣，為下者行之，必不從事矣，此足以喪天下。（《墨子・公孟》）

　　為墨子所責難的上述儒家「四政」，除「厚葬久喪」外，其他三政或者並非「儒之道」之本然，而只是責難者的歸咎之詞，如所謂「以命為有，貧富壽夭、治亂安危有極矣，不可損益」；或者其意趣並無過錯，詆斥其「足以喪天下」反倒顯露出詆斥者的褊狹，如所謂「儒以天為不明，以鬼為不神」，或所謂「弦歌鼓舞，習為聲樂」。墨子對儒者「命」意識的臆斷上文已有所辨正，而儒、墨在「天鬼」、「聲樂」問題上的歧見則可作如是分辨：（一）墨家「尊天」、「事鬼」，在相當程度上把「天」、「鬼」實體化了，借著實體化了的「天」、「鬼」對人們作「相愛相利」的說教往往易於從利害的誘導滑轉為神祕的他在力量的控儡。這也許用在外在功利的合理求取上是有效的，只是終究不足以潤澤或陶冶人的內在心靈。儒家並非不主張尊「天」敬「鬼」（祖先），但這與儒者重德性、人格的價值取向一致的尊「天」敬「鬼」行為，既不在於功利的謀圖，也決不賦予「天」、「鬼」以神通和借此干預人間事務的權威。「鬼」在儒家這裡是已故祖先的代稱，為儒者所宣導的對鬼神的祭祀原只是為了「慎終追遠」以使「民德歸厚」（《論語‧學而》）。「天」，亦如「鬼」，儒家稱「天」是為著提撕人的終極追求所當有的那種神聖感，這「天」終不過是虛靈的大化流行的「天」或所謂義理之「天」。（二）儒家重「樂」，乃是因著「樂」有陶染人的心靈、情致以導人於「為仁」、「崇德」的作用，孔子為此而有「興於詩，立於禮，成於樂」（《論語‧泰伯》）之說。與儒家借重「樂」昇華人的心靈境界不同，墨家「非樂」是由於「樂」在他們看來無助於實際功利的求取。墨子曾駁斥儒者「樂以為樂」的說法，謂：「今我問曰：『何故為室？』曰：『冬避寒焉，夏避暑焉，室（且）以為男女之別也。』則子告我為室之故矣。今我問曰：『何故為樂？』曰：『樂以為樂也。』是猶曰：『何故為室？』曰：『室以為室也。』」（《墨子‧公孟》）這樣的論辯

之詞看似邏輯嚴謹，渾無疏漏，實際上卻透露出兩個致命的問題：其一，以「何故為室」比之「何故為樂」，是把「室」與「樂」都置於實用價值的追問中，這種比擬的不相應在於比擬者所持實用價值一元論的褊狹。其二，以「室以為室」的措辭譏諷「樂以為樂」之說的空洞有涉詭辯，因為「室以為室」中前後兩「室」字義相同，而「樂以為樂」則前「樂」為「樂」（ㄩㄝˋ），後「樂」為「樂」（ㄌㄜˋ，悅樂）。

問題與思考：

1. 人物簡介及範疇釋義：

   墨子　墨家　尚賢　尚同　兼愛　非攻　節用　節葬　天志

   明鬼　非樂　非命

2. 簡答：

   （1）簡析墨家的「三表法」。

   （2）何謂「兼相愛，交相利」？

3. 思考與論述：

   試論墨家的「法天」（「以天為法」）思想。

附錄五
莊子學說講授提綱

一　莊子學說之宗趣

　　莊子學說與老子學說神韻相貫，皆以「道」為樞紐而因任自然。莊子所謂「夫道，有情有信，無為無形」（《莊子‧大宗師》），固是對老子所謂「道之為物，惟恍惟惚。惚兮恍兮，其中有象。恍兮惚兮，其中有物。窈兮冥兮，其中有精。有精甚真，其中有信」（《老子》二十一章）的重申；莊子所謂「明白入素，無為復樸，體性抱神」（《莊子‧天地》），也正是老子所謂「見素抱樸，少私寡欲，絕學無憂」（《老子》十九章）的另一種說法。莊子所謂「大道不稱」、「道昭而不道」（《莊子‧齊物論》），明顯上承老子所謂「道可道，非恆道」（《老子》一章）、「道恆無名」（《老子》三十二章）、「道隱無名」（《老子》四十一章）；莊子所謂「不以心捐道，不以人助天」（《莊子‧大宗師》）、「無以人滅天」（《莊子‧秋水》），也無非是對老子「人法地，地法天，天法道，道法自然」（《老子》二十五章）的某種遮詮。對於莊子正如對於老子說來，致「道」也是致「樸」、致「虛」、致「靜」、致「純白」，但這「為道」既然是取法「自然」，便不是「有為」而致，而是「無為」地「自化」、「自正」（《老子》三十七章、《莊子‧秋水》、《莊子‧在宥》）。不過，莊子以「坐忘」（《莊子‧大宗師》）、「心齋」（《莊子‧人間世》）闡說道家的修養，雖與老子「為道日損」（《老子》四十八章）相契，卻別具一種格局，而且同

是講「無為而無不為」（《老子》四十八章、《莊子・至樂》），莊子以其「無不為」落在「逍遙」處而「游」於萬化，顯然比起老子來更多些「備於天地之美，稱神明之容」（《莊子・天下》）的學術期許。「上與造物者遊，而下與外死生無終始者為友」（同上），這「無為」而「無不為」的「遊」中最能見出莊子恣縱不儻、虛靈不滯的精神境界。

《史記・老莊申韓傳》謂莊子「其學無所不窺，然其要本歸於老子之言」，這說法雖嫌略簡，卻堪稱允當。《莊子・天下》以對「百家之學」（實則只是墨翟、禽滑釐，宋鈃、尹文，彭蒙、田駢、慎到，關尹、老聃諸家之學）的批評為鋪墊陳述莊子學說「萬物畢羅，莫足以歸」，雖不無自矜之嫌，但對尋味莊子學說的真蘊卻極有價值。其云：

> 芴漠無形，變化無常。死與？生與？天地並與？神明往與？芒乎何之？忽乎何適？萬物畢羅，莫足以歸。古之道術有在於是者，莊周聞其風而說之。以謬悠之說，荒唐之言，無端崖之辭，時恣縱而不儻，不以觭見之也。以天下為沈（沉）濁，不可與莊語，以卮言為曼衍，以重言為真，以寓言為廣。獨與天地精神往來，而不傲倪於萬物；不遣是非，以與世俗處。其書雖瑰瑋，而連犿無傷也；其辭雖參差，而諔詭可觀。彼其充實，不可以已。上與造物者遊，而下與外死生無終始者為友。其於本也，弘大而辟，深閎而肆；其於宗也，可謂稠適而上遂矣。雖然，其應於化而解於物也，其理不竭，其來不蛻。芒乎昧乎，未之盡者。

二　莊子與《莊子》

莊子（約前369─前286），名周，宋國蒙地人。做過蒙地的漆園

吏。因其是蒙人，後人又稱其為蒙莊。從《史記》和《莊子》的有關記載看，莊子家境貧窶，但從不為勢利所動。他「以天下為沈（沉）濁」，情願以隱居的方式「獨與天地精神往來」。

《史記・老莊申韓傳》記莊子云：

> 莊子者，蒙人也，名周。周嘗為蒙漆園吏，與梁惠王、齊宣王同時。其學無所不窺，然其要本歸於老子之言，故其著書十余萬言，大抵率寓言也。

又云：

> 楚威王聞莊周賢，使使厚幣迎之，許以為相。莊周笑謂楚使者曰：千金重利，卿相尊位也；子獨不見郊祭之犧牛乎？養食之數歲，衣以文繡，以入太廟，當是之時，雖欲為孤豚，豈可得乎？子亟去，無汙我，我寧遊戲汙瀆之中自快，無為有國者所羈，終身不仕以快吾志焉。

「終身不仕」而「無為有國者所羈」，是莊子的隱士志趣所向，也是「道通為一」（《莊子・齊物論》）、「恣縱而不儻」的境界所在。《史記》中的這段記載，可能源自《莊子・秋水》所記莊子於濮水拒仕的故事，細節略有出入，但線索及原委大體一致。

關於莊子其人，從《莊子・至樂》所記莊子妻死「鼓盆而歌」的故事和《莊子・列禦寇》所記「莊子將死」時告誡其弟子的話，亦可略見一端。《莊子・列禦寇》記莊子將死云：

> 莊子將死，弟子欲厚葬之。莊子曰：「吾以天地為棺槨，以日

月為連璧，星辰為珠璣，萬物為齎送，吾葬具豈不備邪？何以加此？」弟子曰：「吾恐烏鳶之食夫子也。」莊子曰：「在上為烏鳶食，在下為螻蟻食，奪彼與此，何豈偏也！」

《漢書・藝文志》著錄《莊子》五十二篇，今僅存三十三篇。此三十三篇分「內篇」（七篇）、「外篇」（十五篇）、「雜篇」（十一篇）三部分，其篇次可能經由西晉時的向秀、郭象重新編訂。經歷代學人考證，《莊子》「內篇」雖有個別段落存疑，但大體說來系莊周本人所撰；「雜篇」中的《讓王》（第二十八篇）、《盜蹠》（第二十九篇）、《說劍》（第三十篇）、《漁父》（第三十一篇）等四篇系後人偽託之作，「外篇」、「雜篇」中的其他各篇則多為莊子後學演述莊子學說之作，也有某些文字依文體風格而論似為莊周親撰。

《莊子》一書最可注意的文字是「內篇」的《逍遙遊》、《齊物論》和「雜篇」的《寓言》、《天下》。《逍遙游》、《齊物論》乃莊子學說全副精神所集，或《莊子》一書論「道」之「道樞」所在。讀解《莊子》一書其他各篇，須以《逍遙遊》、《齊物論》所論為衡鑒，領會《逍遙遊》、《齊物論》亦須輔以《莊子》其他諸篇的讀解。

《天下》一文是《莊子》全書之「序」，其評說先秦諸家思想，及對莊子本人學說的紹介，都極莊重而有深度。其謂「百家之學」：「多得一察焉以自好」，「判天地之美，析萬物之理，察古人之全，寡能備於天地之美，稱神明之容。」這對「百家」的批評中正蘊涵了一種承諾，即莊子對自己的學說的「配神明，醇天地，育萬物，和天下，澤及百姓」的承諾。

一如老子論「道」與論「名」密不可分，莊子以《寓言》一文集中闡發了其名言觀，並由此述說了《莊子》一書的言語特徵。近人張默生視《寓言》為「《莊子》的鑰匙」，這是極有見地的，儘管他只是

更多地出自語言表達方式的視角，尚未上升到語言哲學的層面。《莊子‧寓言》云：

　　寓言十九，重言十七，巵言日出，和以天倪。

　　「寓言十九」是說《莊子》一書「寓言」（以此意寓於彼言之言）的成分占了十分之九，「重言十七」是說《莊子》一書「重言」（借重那些為人們看重的賢哲之言而言）的成分占了十分之七；「寓言」中可以有「重言」，「重言」中也可以有「寓言」，兩者相涵互容，所以「十九」、「十七」的說法並不相抵牾。「寓言」、「重言」可以說是兩種不同於通常表達方式的表達方式，但就二者皆是「巵言」（不執著於某一定向的圓通而富神韻之言）而言，就《莊子》一書所言無不是「巵言」而言，「巵言日出，和以天倪」所說的已不僅僅是語言的表達方式，而是一種涉及語言局限之反省與消解的語言哲學了。人們通常所使用的語言，在從一個特定的向度上敞開事物的某一性狀時往往遮蔽了此一事物的其他性狀，因而反倒使人無從窺見事物本然之全貌。莊子論「道」，欲求道術之整全以避免陷於一曲，除境界上有一種覺悟外，亦對言詮本身的局限有所反省與檢點。「道可道，非恒道；名可名，非恒名」，老子這一論斷中所蘊涵的名言觀為莊子所承繼。這見於《莊子‧寓言》的如下說法：

　　不言則齊，齊與言不齊，言與齊不齊也，故曰無言。言無言，
　　終身言，未嘗言；終身不言，未嘗不言。

　　這段話是說：物有其道，不去言說它，它是完備的，這完備的狀況與對它的言說是不一致的，所以說不要執著於語言。說那些不執著

於一偏的話，雖終身去說，卻未嘗在說；雖終身不說，卻未嘗不在說。莊子論道不能不言，但這「言」是「言無言」，亦即所謂「巵言」。「巵言」無論說多少，無論怎樣日出不已，總是與自然之道的分際相應和的。

三　莊子思想大要

1　「大道不稱」而「寓諸庸」

正像在老子那裡一樣，「道」在莊子看來，只可在踐履中體認或冥證，不可以知解的方式界說。《莊子・知北遊》借虛擬人物「無始」的口說：「道不可聞，聞而非也；道不可見，見而非也；道不可言，言而非也。知形形之不形乎，道不當名。」這說法用《莊子・齊物論》中的話作歸結，即是所謂「大道不稱」、「道昭而不道」。「聞」、「見」、「言」、「名」不是近「道」、致「道」的方式，但「道」畢竟非憑空的虛擬，對其有所感悟的人勉強可以訴諸婉轉的形容或詭譎的喻示。《莊子》全書，無一處對「道」作概念式的界定，卻處處都在喻說「道」的神致（「油然不形而神」──《莊子・知北遊》）。對於「道」的指點最出神而最易領會的莫過於《莊子・大宗師》中的如下一段話：

> 夫道，有情有信，無為無形，可傳而不可受，可得而不可見；自本自根，未有天地，自古以固存；神鬼神帝，生天生地；在太極之先而不為高，在六極之下而不為深，先天地生而不為久，長於上古而不為老。

　　「道」雖「無為無形」，卻能「神鬼神帝」、「生天生地」而無時無處不在。「神何由降？明何由生？聖有所生，王有所成，皆原於一。」（《莊子・天下》）「道」（「一」）固然存在於「神明」和「聖」、「王」那裡，「道」亦在萬物中無所不存，莊子說，它「在螻蟻」、「在稊稗」、「在瓦甓」，甚至「在屎溺」（《莊子・知北遊》）。「道」並非天地萬物之上而超離天地萬物的實體，它從不由天地萬物之外或之上向天地萬物發號施令。它「寓諸庸」（「庸也者，用也」——《莊子・齊物論》），天地萬物的「自正」、「自化」即「道」之發用。

　　「自正」、「自化」亦即「自然」，《莊子・繕性》所謂「莫之為而常自然」固是說「道」在於「自然」，《莊子・應帝王》所謂「順物自然而無容私焉，而天下治矣」亦固是說「道」在於「自然」，而《莊子・齊物論》所謂「物固有所然，物固有所可，無物不然，無物不可」，則未嘗不是說「道」在於「自然」。

2　「明白入素，無為復樸，體性抱神」

　　「夫道，覆載萬物者也，洋洋乎大哉！」（《莊子・天地》）莊子如此稱讚「道」之發用，卻也援引老子的話謂其「為而不恃，長而不宰」（見《莊子・達生》）。這「不恃」、「不宰」的德性，即所謂「自然」之「素」、「樸」、「虛」、「靜」。老子謂「為道日損」，所「損」者不外是與「恃」、「宰」相關的造意、起念、欲望，所致者則是所謂「見素抱樸，少私寡欲，絕學無憂」（《老子》十九章）。莊子把「為道」稱為「修渾沌氏之術」，其術即為「明白入素，無為復樸，體性抱神」（《莊子・天地》）。《莊子・應帝王》中有一則殘鑿渾沌的寓言，這寓言最可說明何謂「修渾沌氏之術」。

　　　　南海之帝為儵，北海之帝為忽，中央之帝為渾沌。儵與忽時相

與遇於渾沌之地，渾沌待之甚善。儵與忽謀報渾沌之德，曰：
「人皆有七竅，以視聽食息，此獨無有，嘗試鑿之。」日鑿一
竅，七日而渾沌死。

「渾沌」是「道」的擬名，它意味著一種「自然」之「樸」。任
何人為的造作、措意或非措意之雕琢都會毀了這自然之「樸」，都會
與「道」相乖離。因此，「為道」，說到底乃是返於「渾沌」，返回
「白」、「素」、「樸」。此「白」、「素」、「樸」便是「道」通萬物之
「性」，便是「道」賦予萬物之「神」。

明「白」、入「素」、復「樸」（因而體「性」抱「神」），最要去
除的是人的機變巧智之心，莊子稱其為「機心」。他借一則寓言中的
老丈之口說：

有機械者，必有機事；有機事者，必有機心，機心存於胸中，
則純白不備；純白不備，則神生不定；神生不定者，道之所不
載也。（《莊子‧天地》）

「純白」，亦即「素」、「樸」。道家的「道」一元論也是「樸」一
元論，「為道」亦可說是為「樸」。「樸」（因而有「真」）是人生的一
重至關重要的價值，它意味著對一切飾意造作的打落，向著人的元始
真切處的返回。天性之「樸」是可貴的，但以此為人生的唯一價值卻
未始不是老莊哲學的偏至。

3 「吾喪我」，以「相忘乎道術」

「復樸」（《莊子‧天地》）或「復歸於樸」（《老子》二十八章），
在老子那裡訴諸「損」，在莊子這裡訴諸「忘」。其實，「損」、「忘」

相通，它們都是棄知、去欲、革除機心的生命踐履，只是「忘」的功夫顯得更「自然」些罷了。在經驗的世界中，有著血肉之軀的人總是物件性的存在物，這物件性也是人的存在的有待性。「有待」使人有可能牽累於物，使人的諸多欲求因之生髮、膨脹。隨著欲念的生髮、膨脹，以滿足欲念為目的的知識、技能也應運而增；與滋長著的欲念、增益中的知識相一致，人的機變、巧智而至於偽詐之心（機心）遂愈益宰製了人。在莊子看來，人被「機心」所役使便「神生不定」，「神生不定」則「道之所不載」。倘要「體性抱神」不棄於「道」，人便不能不脫開血肉之軀的支配，亦即「喪」其為血肉之軀所驅動的機心之「我」。《莊子・齊物論》開篇即點出了「喪我」之旨，以引達物我相對待之境的泯塗（「齊物論」或「齊物」）。其云：

> 南郭子綦隱機而坐，仰天而噓，嗒焉似喪其耦。顏成子游立侍乎前，曰：「何居乎？形固可使如槁木，而心固可使如死灰乎？今之隱機者，非昔之隱機者也。」子綦曰：「偃，不亦善乎而問之也！今者吾喪我，汝知之乎？……」

「喪我」之後之「吾」已非「喪我」之前之「吾」，此時之「吾」不再為血肉之軀、機巧之心所驅遣。「形如槁木」，喻一種忘其形骸的狀態；「心如死灰」，喻一種機心、欲念不再滯留於心的情景。此非謂生機的消歇，而是指「喪我」之後之「吾」與「道」的契合。「喪我」即是「忘己」，莊子謂：「忘乎物，忘乎天，其名為『忘己』。忘己之人，是之謂入於天。」（《莊子・天地》）「忘物」、「忘己」是物我雙忘，就這種「忘」是我與物界限消泯，因而物我同化於「道」而言，亦可謂之「物化」。《莊子・大宗師》有「魚相忘乎江湖，人相忘乎道術」之說，並分外提出「坐忘」一語以喻說道家「入

於天」、入於「道」的修養路徑及其可能達至的境界。這是以一種寓言而重言的方式述說的：

> 顏回曰：「回益矣！」仲尼曰：「何謂也？」曰：「回忘禮樂矣。」曰：「可矣，猶未也。」他日復見，曰：「回益矣！」曰：「何謂也？」曰：「回忘仁義矣。」曰：「可矣，猶未也。」他日復見，曰：「回益矣！」曰：「何謂也？」曰：「回坐忘矣。」仲尼蹴然曰：「何謂坐忘？」顏回曰：「墮肢體，黜聰明，離形去知，同於大通，此謂坐忘。」仲尼曰：「同則無好也，化則無常也，而果其賢乎！丘也請從而後也。」

既已「坐忘」，則心通於「道」，不為物累，不為形累，不為機心所役。此種「坐忘」之境，在《莊子‧人間世》中稱為「心齋」：

> 顏回曰：「回之家貧，唯不飲酒、不茹葷者，數月矣，如此則可以為齋乎？」曰：「是祭祀之齋，非心齋也。」回曰：「敢問心齋？」仲尼曰：「若一志，無聽之以耳，而聽之以心；無聽之以心，而聽之以氣。聽止於耳，心止於符。氣也者，虛而待物者也。唯道集虛，虛者心齋也。」

「虛」者，無欲也。既無起於血肉之軀之欲，也無精神上的趣知覓巧之欲。「心」由此而得以「齋戒」，是之謂「心齋」。

4 「無所待」，「以遊逍遙之虛」

「坐忘」、「心齋」是一種對塵垢界無所趣求的精神狀態，無求於塵垢便可不牽累於塵垢或「無所待」（《莊子‧逍遙游》）於塵垢。「無

待」——無所依賴，無所遷就——於外物，心靈遂可作自由盡致之「遊」，此之謂「逍遙遊」。同是稱「道」而「復樸」，老子由「守雌」、「守黑」、「守辱」（《老子》二十八章）而以屈求伸（所謂「大直若屈」——《老子》四十五章），所貴在於一種謹慎、謙沖之人生態度，莊子則由「忘」而「遊」以神往於「逍遙」（《莊子・逍遙遊》）、「天放」（《莊子・馬蹄》）、「恣縱而不儻」的心靈境界。老莊皆以「道法自然」為歸，但各具一種風致，不必強以高下、正偏相判。

　　「逍遙」而「游」，「遊」而「逍遙」，是《莊子》一書的神韻所在，開篇《逍遙遊》之題名「逍遙遊」三字既是該篇的破的之語，也是全書的點睛之筆。「逍遙」（「消搖」）作為一種價值，指對物境無所憑恃的那種灑脫，指自然、率性、無所拘牽的那種逸致。《莊子》一書以「逍遙」或「遊」描摹「道」的運作或體「道」、得「道」者的心靈境界處頗多，殊難一一引述。下略舉幾例，以見莊子學說「逍遙」無待，神「游」萬化之旨：

　　　　若夫乘天地之正，而禦六氣之辯，以遊無窮者，彼且惡乎待哉！故曰：至人無己，神人無功，聖人無名。（《莊子・逍遙遊》）

　　　　聖人不從事於務，不就利，不違害，不喜求，不緣道；無謂有謂，有謂無謂；而遊乎塵垢之外。（《莊子・齊物論》）

　　　　假於異物，託於同體；忘其肝膽，遺其耳目；反復終始，不知端倪；芒然彷徨乎塵垢之外，逍遙乎無為之業。（《莊子・大宗師》）

　　　　予方將與造物者為人，厭則又乘夫莽眇之鳥，以出六極之外，而遊無何有之鄉，以處壙埌之野。（《莊子・應帝王》）

　　　　古之至人，假道於仁，託宿於義，以遊逍遙之虛，食於苟簡之

田，立於不貸之圃。逍遙，無為也；苟簡，易養也；不貸，無出也。古者謂是采真之遊。(《莊子‧天運》)

問題與思考：

1. 人物、典籍簡介及範疇釋義：

莊周　《莊子》　「逍遙遊」　「齊物論」　寓言　重言　卮言

有待　無待　物化　坐忘　心齋

2. 簡答：

（1）簡析「大道不稱」而「寓諸庸」。

（2）簡析「明白入素，無為復樸，體性抱神」。

（3）簡析「惟道集虛，虛者心齋也」。

（4）簡析「若夫乘天地之正，而御六氣之辯，以遊無窮者，彼且惡乎待哉」。

3. 思考與論述：

試從「道」、「樸」、「忘」、「遊」諸範疇的內在關聯上論述莊子學說之大旨。

中華文化思想叢書 A0100061

由「命」而「道」:先秦諸子十講（修訂版）　上冊

作　　　者	黃克劍
特約編輯	王世晶
發 行 人	陳滿銘
總 經 理	梁錦興
總 編 輯	陳滿銘
副總編輯	張晏瑞
編 輯 所	萬卷樓圖書股份有限公司
排 　版	林曉敏
印 　刷	百通科技股份有限公司
封面設計	斐類設計工作室

出　　　版　昌明文化有限公司

桃園市龜山區中原街 32 號

電話 (02)23216565

發　　　行　萬卷樓圖書股份有限公司

臺北市羅斯福路二段 41 號 6 樓之 3

電話 (02)23216565

傳真 (02)23218698

電郵 SERVICE@WANJUAN.COM.TW

大陸經銷

廈門外圖臺灣書店有限公司

　　電郵 JKB188@188.COM

ISBN 978-986-496-369-0

2018 年 3 月初版

定價：新臺幣 400 元

如何購買本書：

1. 劃撥購書，請透過以下郵政劃撥帳號：

帳號：15624015

戶名：萬卷樓圖書股份有限公司

2. 轉帳購書，請透過以下帳戶

合作金庫銀行　古亭分行

戶名：萬卷樓圖書股份有限公司

帳號：0877717092596

3. 網路購書，請透過萬卷樓網站

網址 WWW.WANJUAN.COM.TW

大量購書，請直接聯繫我們，將有專人為您

服務。客服：(02)23216565 分機 10

如有缺頁、破損或裝訂錯誤，請寄回更換

國家圖書館出版品預行編目資料

由「命」而「道」：先秦諸子十講 / 黃克劍

著. -- 初版. -- 桃園市：昌明文化出版；臺北

市：萬卷樓發行, 2018.03

　冊；　　公分. -- (中華文化思想叢書)

ISBN 978-986-496-369-0(上冊：平裝). --

1.先秦哲學　2.文集

121.07　　　　　　　　　　　　107004357